먼 곳의 그림내에게

김성동 지음

좋은날

먼 곳의 그림내에게

지은이 · 김성동 / 펴낸이 · 최정현 / 펴낸곳 · 좋은날 / 초판인쇄 · 1999년 5월 25일 / 초판발행 · 1999년 5월 30일
등록일자 · 1995년 12월 9일 / 등록번호 · 제 13-444호 / 주소 · 서울시 서대문구 충정로 3가 8-5호 (동아 아트 1층)
전화번호 · 393-0417,8 팩시밀리 · 313-0104

•책 값은 뒤표지에 있습니다. •잘못된 책은 바꿔 드립니다.

먼 곳의 그림내에게

하나객담 한마디

글 쓰는 사람이 될 줄은 정말 꿈에도 몰랐다. 이 할 일 많은 사바세상에서 기껏 잔소리꾼이 될 줄은.

부처가 되고 싶었다. 이 어둡고 답답해서 힘겨웁기만 한 욕계화택(欲界火宅)의 이치와 저 우주 삼라만상(森羅萬象)의 진리를 막힘없이 두루 통달한 부처가 되어, 이 티끌 세상의 온갖 악(惡)과 더러움을 멸하고 선(善)과 아름다움만을 받들어 행하고 싶었다.

그런데…… 맴돌아 글을 쓰는 자가 되고 말았다. 풍진세상의 온갖 선악과 미추와 시비를 물고 늘어져서 콩팔이 새 삼륙으로 시시콜콜 잔소리를 늘어놓고 그 잔소리의 품삯을 받아 추한 목숨을 부지하는 자가 되고만 것이다.

어찌 슬프지 아니하랴. 일찍이 보리(菩提)의 아름다운 마음을 내어 부처를 이루고자 하였으나 기껏 한 잔소리꾼이 되고만 자의 가슴 속에 어찌 또 만가지의 감회가 없으랴. 생각하면 입천장에 적이 앉으면서 송진 같은 식은땀이 흐르고 오구구 몸뚱이는 또 오그라든다.

그러나 이 중생(衆生)이 진실로 슬퍼하는 것은 진정한 잔소리꾼의 길이 부처에의 길만큼이나 아득하게 멀기만하다는 데에 있다. 진실로 진정한 잔소리꾼이 되고자 할진데 무엇보다도 먼저 세상사의 이치를 통달해야만 할 게 아닌가. 세상사의 참된 이치를 헤아리지 못하는 자로서 어찌 또 세상사의 선악미추를 잡고 늘어져 잔소리를 늘어놓을 수 있겠는가. 생각하면 생각할수록 흙내음이 고소할 뿐이다. 희망이라는 말처럼 인간을 타락시키는 게 또 있을까.

산문집이라는 것을 엮어보는 심정은 착잡하다. 때꼬장물이 잘잘 흐르는 누더기를 걸치고 저잣거리로 나서는 기분이다. 꽃 피고 새 우는 봄이라지만 이 중생의 눈에는 민들레꽃 한송이 보이지 않고 참새소리 하나 들리지 않는다. 편의상 4부로 나누어 보았지만 일관된 주제를 놓고 써내려간 글이 아니므로 당연히 산만할 것이다.

삶이 즐거웠으면 좋겠다. 즐겁게 눈을 뜨고 즐겁게 밥을 먹고 즐겁게 글을 쓰다가 즐겁게 잠을 자며 즐겁게 꿈을 꿀 수 있다면 얼마나 좋을까. 산다는 것이 너무 힘들다. 살아 있다는 것이 치욕스럽다. 마음도 아니요 물질도 아니며 부처 또한 아니라고 옛사람은 말했다는데, 이 하늘 밑의 벌레는 시방 무엇을 찾고 있는가. 어디로 가고 있는가. 찬물 한 모금의 영험도 없을 이런 글을 쓰기 위하여 이 중생은 또 몇 그루의 소나무를 없이하는 업(業)을 짓고 있는가. 옴남 옴남 옴남.

김 성 동

차례

하나객담 한마디 / 4

1부 · '산문'에 기대어 / 9
『만다라』의 '지산 법운' 스님에게 / 11
'등산'과 '입산' / 14
'산문'에 기대어 / 18
산신각·칠성각으로 가는 까닭 / 24
스스로 그곳에 계신 부처님 / 28
중생의 노래 / 31
영원한 납자 '지효' 스님 / 35
아름다운 얼굴 / 43
원경스님 / 54
'일원론 철학'으로 돌아가자 / 61

2부 · 닭 울음소리를 기다리며 / 65
닭 울음 소리를 기다리며 / 67
한 맺힌 우금고개 / 70
백제는 없다 / 74
내폿벌 너른 가슴 / 85
문허진 성터 / 89
'문민시대'라는 말 / 99
우리나라는 '반도'가 아니다 / 102
'단기'로 돌아가자 / 106
'백의민족'에 대한 생각 / 109
무너지는 무릉도원 / 113
그리운 민족정신 / 116

차례

3부 · 그리운 옛 시인 / 119

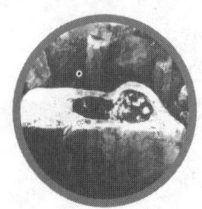

역사소설에 대한 생각 / 121
그리운 옛 시인 / 135
어두운 숲속에서 / 145
다시보는 수택본들 / 155
보고싶은 얼굴들 / 164
고독한 '방외인' / 175
'송기원' / 185
'황석영' / 195
'박정만'을 추억함 / 211
'외야'에서 게걸음으로 / 224
황야에서 / 235

4부 · 사라져 버린 것들을 위하여 / 241

배꼽을 보호하자 / 243
옷을 입어야 사람이다 / 246
목마른 영혼 / 249
무엇을 어떻게 먹을 것인가? / 253
다시는 돌아갈 수 없으리 / 257
놀랍고 슬펐던 까닭 / 262
사라져 버린 것들을 위하여1 / 265
사라져 버린 것들을 위하여2 / 281
사무치게 그리운 당신 / 301
길 위에서 /303

1부

'산문'에 기대어

산마다 골마다 범종소리 울려퍼지고
욕망의 꼬리표를 매어단 연등빛 눈부신 초파일에,
미망(迷妄).
'마음'은 분명 하나이겠으되
그 하나의 마음에서부터 비롯되어 백천 가지를 넘어
팔만사천 가지로 가지를 뻗어 새끼를 쳐
마침내 그 본디 자리인 한마음까지를
갈가리 찢어 발기고야 마는 번뇌망상……

 잠 못 이루며 현실과 인간조건의 한계를 괴로워하던 선근중생(善根衆生)들은 집을 떠나 산으로 갔다. 길이 끝나는 곳에는 산이 있었고, 신새벽의 이슬을 헤치며 산길을 더듬어 들어간 사람들은 '그 무엇'을 찾아 다시 저자로 내려오고는 하였다. 육체 또는 현실에 절망한 중생들에게 있어 산은 꿈이요 희망이며 그리고 꺼질 줄 모르고 빛나는 한 줄기 구원의 장명등이었다.

『만다라』의 '지산知山 법운法雲' 스님에게

　이렇게 스님들의 이름을 적어놓고 보니 눈물겨웁소. 날카로운 정으로 정수리를 내리쩍히운 듯 아득하여지면서 입천장에는 적이 앉고 물 묻은 손으로 전기를 만졌을 때처럼 부르르 부르르 온몸은 그리고 또 떨려오는 것이오. 스님들의 이름을 원고지 위에 적어보았던 것이 74년 늦가을이었으니, 어언 스물여섯 해가 지나가 버린 것이오이다 그려.
　스님들을 만나고 싶은 생각은 추호도 없었소이다. 부처가 되고 싶었을 뿐이었소. 이 어둡고 답답해서 숨가쁘게 힘겨웁기만 한 사바세계의 이치와 저 우주 삼라만상의 참된 이치를 막힘이 없이 올바르게 두루 깨우친 부처가 되어 그 어느 것에도 막힘이 없이 구만리 장천을 훨훨 날아다니는 한 마리의 새가 되고 싶었을 뿐이었소. 대자유인이. 그러함에도 불구하고 마침내는 당신들을 만나게 되고 말았으니 아무래도 업(業)인가 보오이다. 무명(無名)의 수레바퀴 아래서 세세생생을 두고 윤회(輪廻)할 수밖에 없는 중생의 슬픔 말이외다.
　이른바 종교라는 것을 초역사적인 것으로 인식하고 있는

대다수 종교인들의 돌멩이처럼 굳어버린 의식에 장군죽비를 내려치고 싶었소. 사람이라는 이름의 동물이 이 세상을 혼자서는 살아갈 수 없는 것과 마찬가지 이치로 어떤 경우에도 종교 또는 종교인은 현실을 초월하여 있을 수 없으며, 세상에서 필요로 하는 것은 더럽고 냄새나는 진흙탕 똥바다 속을 헤매고 다니는 유불(遊佛)일 터이지, 깊은 산속에서 다만 홀로 미소할 뿐인 좌불(坐佛)은 아닐 것이라고 굳게 믿고 있었던 것이오.

아쉬운 점이 있다면 지산스님 당신의 격렬한 방황이 마침내는 허무의 울타리를 벗어나지 못한다는 데 있을 것이오. 끝없이 현실 안주를 거부하며 진실과 진리를 찾아 헤매는 당신의 방황은 얼마든지 값질 수 있는 것이지만, 이윽고는 죽음으로 끝나버리고 말았으니 말이오이다.

법운스님.

사람들은 그리고 당신의 삶을 주목하지 않는 듯 합니다. 모든 일에 두려워하고 자기회의적인 당신의 행적은 지산스님의 선명한 그늘에 가리워져 언뜻 눈에 뜨이지 않는 것처럼 보이지요. 그러나 피안(彼岸)행 열차표를 찢어버리고 저잣거리의 중생들 속으로 힘껏 달음박질쳐 가는 모습은 그 어떤 가능성으로 하여 아름답습니다. 당신의 삶은 아직 끝나지 않았으므로 그 어떤 희망일 것이기 때문이오.

아무래도 당신들을 다시 만나봐야 될 듯 하오이다. 당신들을 왜 만나지 않느냐고 사람들이 물어올 때마다 이삼십대의 열정만으로는 어려우므로 적어도 한 쉰살쯤 먹은 다음이라야 가능할 것이라고 대답하고는 하였었는데 이 중생의 나이 어언 쉰이오이다 그려. 더구나 지금은 가치관 자체가 사라져버린 정신의 대공황 시대이니, 당신들의 목소리가 더욱 듣고 싶은 것이오. 옴 미기미기 야야미기 사바하.

'등산登山'과 '입산入山'

'야호' 소리에 기가 막힌다. 기가 막히니 숨이 차고 숨이 차니 말이 잘 안 나오는데, 사람들은 두 손바닥을 모아 입에 대고는 목이 터져라 소리친다. '야호!' '야호!'.

그러지 않아도 아수라장이 되고 있는 주말 도시 근교의 산들은 뜻도 모르면서 마구 질러대는 '야호' 소리에 몸살을 앓는다.

지난해의 두어 철을 산사에서 보낸 적이 있는데 참으로 기가 막히던 것이었다. 산꼭대기까지라도 올라가서 질러대는 '야호' 소리라면 참아주겠는데 산중턱에 있는 절마당 앞의 수각(水閣)에서 물을 마시기 전이면 꼭 질러대는 '야호'인 것이었다. 심지어는 법당 앞에서도 '야호'다.

필자가 알기로 '야호'는 국제적인 산악 구조요청 신호이다. 낮에는 호루라기 깃발 거울 연기로 야간에는 랜턴 불꽃을 1분에 6번 깜빡거린 다음 1분 쉬고 다시 6번 신호를 보내는데, 알았다는 신호가 오면 1분에 3번 길게 신호를 보내주고 나서 1분간 쉬었다가 다시 1분간 길게 신호한다. 이것은 먼 거리일 경우이고 가까운 거리에서는 '야호'를 외쳐 구조를 요청한다. 그리고 이것은 어디까지나 위급한 경우를 당하여 구조를 요청하는 신호이므로 평상시에는 사용을 자제하여야 한다.

"한국사람들은 왜 산에만 올라가면 야호를 비롯하여 기괴한 소리들을 질러대는지 모르겠다. 꼭 적군이 내습했다는 신호인 줄 알았다."

홍콩 주둔 영국군 용병으로 88올림픽 때 미8군에 파견나왔던 네팔 쿠르카 족 병정이 한 말이라고 한다. 히말라야 산맥에 있는 용감무쌍한 종족인 그 병정은 깊이 잠들었던 새벽 남산에서 들려오는 '야호' 소리에 그만 적군이 내습했다는 신호라고 생각, 비상을 걸었다는 것이다.

산행(山行)을 떠나면서 사람들은 '등산 간다'고 한다. 산에 올라간다는 말이다. 산꼭대기에 올라가서는 무슨 산의 무슨 봉우리 또는 정상을 정복하였다고 한다.

이 말은 사람과 사연을 나누어서 보는 시구의 이원론 철학에 그 사상적 뿌리를 두고 있다. 민족적 사회적 약자와 자연생태계를 구조적으로 수탈하고 침략하여 마침내는 정복해버리고 마는 제국주의 패권주의의 논리가 나오게 되는 배경이다. 이른바 기계론적 세계관 또는 기계론적 이데올로기에 바탕을 둔 자본주의가 나오게 되는 배경이다.

산을 정복하여 발 아래 두는 것이 아니라 더불어 함께 영향을 주고 영향을 받으면서 살아가야 할 이웃으로 보았던 것이 우리 민족이었다.

일원론 철학이 나오게 되는 사상적 배경으로 산은 언제나 친근하면서도 두려운 외경(畏敬)의 대상이었다. 돌아가 의지해야 될 정신의 귀의처였으므로 몸가짐을 조심하였다. 대소변을 함부로 본다거나 웃고 떠들며 소리쳐 노래부르지 않았다. 언어를 극도로 자제하면서 정신의 귀의처에서 들려주는 '침묵의 언어', 그 높은 가르침의 말씀을 듣고자 옷깃을 여미었다.

잠 못 이루며 현실과 인간조건의 한계를 괴로워하던 선근중생(善根衆生)들은 집을 떠나 산으로 갔다. 길이 끝나는 곳에는 산이 있었고, 신새벽의 이슬을 헤치며 산길을 더듬어 들어간 사람들은 '그 무엇'을 찾아 다시 저자로 내려오고는 하였다. 육체 또는 현실에 절망한 중생들에게 있어 산은 꿈이요 희망이며 그리고 꺼질 줄모르고 빛나는 한 줄기 구원의 장명등이었다.

산을 올라가는 '등산(登山)'이 아니라 산으로 들어가는 '입산(入山)'이라는 표현을 쓰게 되는 이유였다. 등산은 서구문명을 직수입하여 자신들 것으로 만들어버린 일본사람들이 번역해낸 말이고 우리 민족은 예로부터 입산이라고 일컬어 왔다.
 등산과 입산의 차이. 여기에 세기말의 질곡을 뚫어낼 수 있는 실마리가 있다고 한다면 지나친 비유일까. 아니다. 그렇지 않다. 언뜻 사소해 보이는 이 표현의 차이에 산업문명의 질곡을 뚫어낼 수 있는 비밀이 있다. 등산을 하지 말고 입산을 하자. 거기서부터 시작하자.

'산문山門'에 기대어

　나는 사람인가?
　두 개의 눈과 두 개의 귀와 한 개의 코와 한 개의 입과 한 개의 혀와 두 개의 팔과 두 개의 다리와 그리고 지어 보기 싫게 불쑥 튀어나온 앞부끄리와 붓으로 콕 찍은 듯 쏙 들어간 뒷부끄리까지를 한 몸뚱이 속에 갖추고 있다해서 나는 사람일 수가 있는 것인가. 때가 되면 밥을 먹고 때가 되면 잠을 자고 때가 되면 쏟아내고, 이따금 그리워하고 애와텨하고 쓸쓸해하고 허무해하면서, 그렇게 또 이따금 밤의 책상 앞에 아그려쥐고 앉아 줄밤을 새우며 삶의 본뜻과 시방 이렇게 여기에 있어야 할 까닭을 스스로에게 물어보는 때를 가져본다고 해서 나는 사람일 수가 있는 것인가.
　나는 누구인가. 더구나 나는 누구이고 나는 무엇이며 나의 본디 참모습은 무엇인 것인가. 나는 어디서부터 왔으며 시방 어디로 가고 있는 것인가. 아니, 무엇보다도 나는 살아 있는 것인가. 살아서 숨쉬고 있는 것인가. 아아, 참으로 나는 시방 살아서 이런 물음이나마 스스로에게 던져보고 있는 것인가. 그러한가. 그렇다면 내게도 희망은 있는 것인

가. 당시롱 정녕 꿈과 희망은 있고, 당시롱 모든 것은 될 수 있으며, 당시롱 그리하여 나는 어떤 될끼를 지니고 있는 솔봉이인가.

그러나 지금은 가을. 언제나 나를 막막하게 하고 언제나 나를 쓸쓸하게 하고 언제나 나를 슬프게 하는 잔인한 계절.

그렇다. 언제나 끝날 수 있을 것인지 아득하고 또 아득해서 다만 천 근의 바위를 안고 있는 듯 가슴이 답답할 뿐이던 겨울은 가고, 겨울은 가서 마침내는 꽃 피고 새 울고 바람 부는 봄이 오더니, 여름이 타다 남은 재로 그렇게 가을은 온 것이다. 가을은 오고 밤이 와서 배냇병처럼 또 슬픔은 오는 것이다. 슬픔은 오는 것인데, 슬픔은 그러나 아릿다운 한송이 꽃을 피워내기 위한 봄밤의 산비릇인가, 아니면 짙푸르게 우거질 푸나무를 위한 한여름 대낮의 뙤약볕. 아니면 또 시들어 떨어지는 나뭇잎을 안타까워하는 가을 저녁의 목어(木魚)소리. 아아, 그것도 아니라면 다만 가을이 왔고 다만 밤이 왔으므로 배냇병처럼 되풀이되고 있을 뿐

인 쉰한살 먹은 가을사내의 비린내 나는 옻진 이통. 모를 일이다. 모를 일이기에 내 가슴 속에서는 흙바람 부는 날의 벌판처럼 워낭소리 낭자한 것인가.

언제부터인가 나는 가을이 되면 까닭모를 그리움과 까닭모를 애와팀과 까닭모를 쓸쓸함과 까닭모를 막막함으로 잉큼잉큼 뛰는 가슴을 가라앉히느라 하얗게 밤을 밝히는 날이 많아지는 것이다. 사계(四季)는 끝없이 윤회(輪廻)하고 그 윤회의 수레바퀴는 너무도 빨리 돌아가고 있으며, 삼도천(三途川) 저 너머로 흘러가버린 유년시절— 까닭없이 배알티하고 싶고 까닭없이 집을 나가버리고만 싶던 소년시절은 철벽 같은 누리들과 더구나 은산철벽 같은 어른들의 악지센 힘 앞에 무참히 꺾이어져 버렸는 데다가, 마안한 꿈과 활찐 될끼 앞에 기뻐 춤춰야 될 청춘은 죽어버리고, 낙엽지는 중년의 대마루판에 올라서 버린 것이다. 성(性)과 성(聖)의 갈등과 낮과 밤의 모순과 현실과 이상의 부조리 속에서 쉰한살— 52년 9개월짜리의 싯누런 내 중년은 그렇게 또 처참하게 주주물러 앉고있는 것이다.

빈손.

마침내 나는 보아버렸던 것이다. 이윽고 나는 알아버렸던 것이다. 나의 삶을. 삶의 참모습을. 조악한 화학주 한 모금 담겨있지 않은 내 삶의 빈잔을. 빈잔 가득 담겨있는 바람을. 슬픔을. 슬픔의 호수 깊숙이 가라앉아 있는 허무를. 가없고 밑 모를 허무의 바다를. 알곡인 줄 알고 열심히 주워담은 이삭이 참으로는 모두 쭉정이뿐이었다는 참일을 알게 되었을 때, 나는 끝 모를 허무의 바다에 빠져 허위적거리는 한 마리의 날개 상한 새였던 것이다. 그 어느 것에도 막힘이 없고 걸림이 없는 대자유의 푸른 하늘을 훨훨 날아다니기 위하여 나는 또 얼마나 많은 낮과 밤에 걸쳐 바람 불고 비 내리고 눈보라는 또 휘몰아치는 무명(無明)의 산야를 외오 돌았던가.

가을은 또 하나의 절망이다.

낮과 밤의 차이만큼이나 되면서도 어쩔수 없이 함께 할 수밖에 없는 부조리하고 모순에 찬 하늘 밑 벌레의 이원성(二元性)으로부터 벗어나고 싶다. 귀울음뿐인 현실의 진구렁창으로부터 벗어나 새처럼 훨훨 깨달음의 푸른 하늘을 날고 싶다. 갈등과 모순을 떠나서 하늘 밑의 벌레는 존재할 수 없고 부조리를 벗어난 생활은 무너지며, 고통스러운 땀의 시련이 없는 항해는 의미와 가치가 없다고 사람들은 말하지만, 그러나 이런 귀 시끄러운 입염불들이 지금 내게 무슨 쓸데가 있는가. 죽살이판의 똑 고른 틈을 보여주며 산은 언제나 저만큼 우뚝 서서 말이 없고, 무엇보다도 지금은 가을인 것을. 여름이 타다 남은 재가 한 송이 살사리꽃으로 피어 흔들리고 있는 중유(中有)의 계절인 것을.

참혹. 참혹.

손끝 하나 움직일 힘이 없구나. 풀먹여 다린 여학생의 교복 목달개처럼 빳빳하던 고추잠자리의 날개도 소줏빛으로 물들어 투명하고, 50도짜리 조선 소줏빛으로 물들어 투명한데, 어떻게 하나. 어떻게 이 가을을 넘기나. 양말도 벗고 신발도 벗고 그렇게 푸른 정맥 내어비치는 순백의 맨발로 뒷산에나 오를거나. 솔수펑이 우거진 숲으로 갈거나. 숲으로 가서 살모사 까치 독사 좋아하는 휘파람이나 불거나. 휘파람이나 불어서 독사에게라도 물릴거나. 허나 독사한테 물린들 무슨 낙이 있으랴. 여름에 다 탕진해버려서 아무리 원한을 품고 싶어도 이빨에는 독이 하나도 없는 것을. 아니, 무엇보다도 한때 솔바람소리 귀 시리던 숲이 없고 사람이라는 이름의 숨탄것들이 죄 잡아먹어버려 물려볼 긴짐승이 없는 것을.

나는 왜 사람으로 태어난 것일까. 왜 나는 나무나 풀이나 꽃이나 새나 황토흙 같은 것으로 태어나지 않고 어쩌자고 하고많은 미적이 가운데서도 가장 독하고 징그러운 하늘 밑의 벌레로 태어나서 밥을 먹지 않으면 배가 고프고 잠을 자지 않으면 졸음이 오고 혼자 있을 때면 쓸쓸해지는 것일까.

몸뚱이는 사라지고 넋살만이 남았으면. 가래침과 고름과 피와 침과 눈물과 정액과 오줌똥으로 뭉쳐진 추악한 몸뚱이는 모두 인연따라 흩어지고 고추잠자리의 날개처럼 해맑은 넋살만이 남아서 대자유의 맑고 밝은 하늘을 훨훨 날아다녔으면. 아아, 성(性)은 가고 성(聖)만 남았으면.

가을이다.

아무리 손목에 힘을 줘봐도 '가을'이라는 단어는 똑바르게 써지지 않는다. '가'자와 '으'자까지는 어떻게 간신히 쓸 수 있다고 해도 마지막 리을 받침을 써넣을 힘이 없어서 겨우 기역자가 되고 만다. 윽. 가을은 그리하여 겨우 '가윽'이 되는 것이다.

그렇다. 가을에는 아무 것도 할 수가 없다. 그래서 하루종일 산문(山門)에 기대어 저 멀리 열두 고개로 이어진 산자락의 끝이나 바라보며 쓸쓸해하는 도리밖에 없는 것이다. 처참하다. 아으. 아으.

오늘 저녁에도 뒷산의 산죽(山竹)숲에서는 어김없이 목탁새가 울고 눈을 들어 앞을 보면 눈물 같은 산그리매가 발등을 덮어온다. 발을 굴러 산그리매가 털어내면 기다렸다는 듯이 뒤를 이어 밀려오는 것은 그리고 놀. 놀은 가사(袈裟)빛이다.

이내처럼 자욱한 가사빛 놀을 헤치며 누가 오고 있는 것 같다. 누구인가 소리쳐 나의 이름을 부르며 산모롱이를 돌아오고 있는 것 같다.

오고 있다. 옷자락이 보인다. 믈옥으로 순정(純正)한 물명주 옷자락을 뵤―뵤― 새의 나래짓처럼 펄럭이며 화장걸음쳐 내게로 오고 있는 사람은 누구인가. 숨이 멎는 것 같다.

산신각·칠성각으로 가는 까닭

……칠성(七星)은 더욱 황당무계해서 웃음거리가 아닐 수 없다. 별을 상(像)으로 하여 받들 바에는 하늘에 있는 별이 매우 많은 터에 어찌 유독 칠성만을 위하는 것인가. ……아, 그 나머지의 천왕(天王)·조왕(竈王)·산신(山神)·국사(國師) 따위는 허황하고 탄루(誕陋)해서 처음부터 말할 가치도 없는 터이므로 지금 개의치 않는다.

「불교유신론」이라는 논문에서 만해 한용운 선생이 부르짖은 대목이다. 절에 모셔져 있는 모든 상과 그림 가운데서 오직 석가모니 부처님의 모습을 본떠 만든 상 하나만을 남겨두고 다 없애버리자는 것은 그것들이 불교 본래의 것이 아니라는 까닭에서이다. 위없는 진리를 추구하는 불교의 입장에서 보자면 이 세상에 나타나고 있는 모든 현상들은 진리의 거짓 모습이므로, 현상을 본떠 만든 상과 그림들은 현상의 거짓 모습이니, 거짓 모습의 거짓 모습인 상과 그림에 집착해서는 안 된다고 보는 것이다.
온갖 미신에 사로잡혀 깨어나지 못한 의식으로 살아왔음

으로 해서 강도 일제의 식민지로 떨어지게 되었다는 애통하고 분한 마음에서 모든 비과학적인 것들을 깨뜨려버리자는 만해의 심정을 모르는 바는 아니다. 문제는 그러나 무엇이 진정한 과학이고 무엇이 진실로 미신이냐는 데 있다. 진리에 이르는 방법의 차이인 것이다. 민족은 어느 민족이든지 간에 그 민족만이 가지고 있는 철학체계가 있다. 진리에 이르는 방법이 다 다르다는 말이다.

단군조선 이전부터 우리 민족에게는 고유한 형태의 철학체계가 있었으니, '용(龍) 신앙'이 그것이다. 가장 상서로운 동물로 꼽은 게 용이었으며 하늘의 별한테 제사를 드리고 산신, 곧 호랑이와 더불어 이야기를 나누었다. 사람과 자연을 대립물로 보는 것이 아니라 더불어 함께 살아가야 할 생명공동체로 보았던 것이다. 일원론 철학이다. 중요한 것은 가치관인데, 우리 민족이 중심이 되는 절대의 가치로 두었던 것은 '아름다움'이었다. 흰빛을 숭상해온 데서 비롯된 백의민족의 유래도 그렇듯이 그 종국적 가치를 밝음의 근원인 태양, 곧 하늘에 두었다. 신선사상이 나오게 되는 배경이다. 신선사상의 정신을 이어받은 것이 낭가(郎家)인데, 묘청의 좌절 이후 사대주의 세력의 철저한 탄압을 받아 가뭇없이 사라지기에 이르렀다. 다른 민족의 철학체계인 불교·유교·기독교한테 다 먹혀버리고 신앙의 형태로나마 겨우 남아있는 찌끄러기의 모습이 바로 산신각이며 칠성각인 것이다. 신선의 세상, 곧 평등하고 자유로운 새 세상

을 그리워하는 민중들의 꿈과 희망이 산신·칠성·조왕·용왕의 형태로 녹아들었다고 보면 된다. 어찌 슬프지 아니하랴.

예나 이제나 몰리고 쏠린 밑바닥의 사람들은 절에 가더라도 대웅전으로 가지 않는다. 커다란 영웅, 곧 부처님이 계시다는 대웅전을 옆눈으로 흘겨보면서 쫓기듯 산길로 접어든다. 그리고 두 손으로 치맛자락을 모아잡고 허위허위 숲길을 헤쳐 산신각이나 칠성각으로 간다.

빼앗기고 억눌려서 거덜이 난 중생들이 대웅전으로 가지 않고 산신각이나 칠성각으로 가는 까닭이 어디에 있는가.

금박 단청이 눈부신 팔작 기와집 대웅전 높다란 보료 위에 좌정한 채로 금물 곧 돈물을 뒤집어 쓰고 있는 부처는 우리의 부처가 아니라고 보는 것이다. 혈색좋고 배 나온 주지승의 부축을 받으며 대웅전으로 들어가는 것은 부잣집 '싸모님'들이고, 몰리고 쏠려서 꽉 찌그러진 무지렝이 아낙네들은 산신각으로 가고 칠성각으로 간다. 그리고 거기에 엎드려 비나리를 한다.

  만해가 짧게 보았다는 까닭이 여기에 있다.

스스로 그곳에 계신 부처님

……생육하고 번성하여 땅에 충만하라. 땅의 모든 짐승과 공중의 모든 새와 땅에 기는 모든 것과 바다의 모든 고기가 너희를 두려워하며 너희를 무서워하리니 이들은 너희 손에 붙이었음이라. 무릇 산 동물은 너희의 식물이 될지라.

서양정신의 밑뿌리인 기독교 성경 창세기에 나오듯 서양사람들이 가장 높은 가치를 두는 것은 사람이다. 자연도 아니고 신도 아니고 오직 사람이다. 서양역사를 삼천년으로 잡을 때 자연에 가치를 두었던 것은 고대 천년말고는 없으니 기독교가 나오기 전이요, 중세 천년을 신에게만 가치를 두었다가 그것이 사람한테로 옮겨진 것이 근세 천년의 역사이다.

서양사람들이 숭배하여 마지않는 '모나리자' 그림에는 자연이 없다. 자연이 있다고 해도 커다란 사람의 얼굴 뒤에 희미한 그림자로만 겨우 보이는 산과 들이다. 그런데 동양화에서 주가 되는 것은 산수화이다. 산은 높고 골은 깊어 낙락장송 우거진 사이로 수정처럼 맑은 물이 흘러내리는데 두둥실 떠 흘러가는 일엽편주이고, 그 무심하게 떠 있는 일엽편주 위에 찍혀있는 점 하나가 사람이니, 사람 또한 자연의 한 부분으로 보았음이다.

우리 민족을 중심으로 한 동양사람들이 가장 높은 가치를 두었던 것은 천지신명이었다. 정화수 한 대접 떠놓은 뒤란 장독대 앞에 엎드려 간절하게 두 손 모아 비나리를 하고 사랑하는 남녀간에 맹세를 치거나 무슨 하냥다짐을 둘 적마다 입에 올리던 것이 천지신명이었다. '신명' 이라는 것도 천지를 창조하였다는 무슨 '신' 을 가리키는 것이 아니라 흥겨운 신과 멋을 말한다.

옛사람들이 즐겨 찾았던 것은 들판의 돌부처님이었다. 시줏돈을 장만할 길 없는 풀잎사람들이 농사짓는 틈틈이 찾아뵈옵고 마음 속으로부터 우러나오는 마음을 공양드렸던 돌미륵은 그러나 말이 없다. 천년을 넘게 입을 함봉한 채 논두렁 밭두렁과 산자락에 그냥 그렇게 서있을 뿐이다. 봄이면 꽃이 피고 가을이면 잎이 떨어졌다가 북풍한설 몰아치는 삼동을 견디어낸 끝에 봄이면 다시 또 새싹을 틔워내는 나무나 풀이나 또 온갖 숨탄것들마냥 스스로 그렇게 그곳에 있을 뿐이니, 자연인 것이다.

그립고 슬퍼서 울고 웃고 사랑하고 미워하고 또 분노하는 사람들이 마침내 그렇게 되고자 하였던 것이 돌미륵이었다. 꽃이 되고 풀이 되고 나무가 되고 물이 되고 바람이 되고 흙이 되고 돌이 되고자 하였다. 그것이 바로 참성품을 보는 길이요 부처가 되는 길이라고 믿었다. 언감생심 눈에 보이지도 않는 신이 되고자 하지 않았고, 늘 그대로 있지 않고 끊임없이 움직여 바뀌는 물질만을 좇아가다가 아이오 한줌 땅보탬이 되고야마는 사람이 되고자 하지도 않았다.

부처가 된다는 것은 꽃이 된다는 말이다. 연꽃만이 아니라 찔레꽃도 좋고 민들레도 좋고 채송화도 좋고 며느리밥풀꽃도 상관없으니, 자연인 까닭이다. 스스로 그렇게 그곳에 있는 것. 참되고 선하고 아름답고 거룩한 것.

땅의 숨구멍을 막아버리는 아스팔트 이차선 따라 승용차로 달려가 보는 절길은 숨막힌다.

'중생衆生'의 노래

애홉다. 일찍이 보리(菩提)의 아름다운 마음을 내어 부처를 이루고자 하였으나, 업(業)이었던가. 욕계화택(欲界火宅)의 온갖 선악과 미추와 시비를 짯짯이 살펴보면서 콩팥이 새삼륙으로 시시콜콜 잔소리나 늘어놓고 그 잔소리의 품삯을 받아 추한 목숨을 부지하는 잔소리꾼이 되고 만 자의 가슴 속에 어찌 또 만가지의 감회가 없으랴.

참으로 살기 좋은 세상이라고들 말한다. 이렇게 편리하고 풍요로운 '컴퓨터 세상'을 못 보고 죽은 예전 사람들은 불쌍하다고도 말들 한다. 그렇다. 손쉽고 편리한 것만으로 본다면 분명히 살기 좋은 세상임에 틀림없다.

그러나 과연 그러한가. 절대빈곤은 사라졌다지만 사람들은 허기진 영혼을 채울 양식이 없어 비틀거리고 있고, 지구 최후의 분단체제는 아직도 완강하며, 무엇보다 마음놓고 숨을 쉬고 마음놓고 물을 마시고 마음놓고 밥을 먹을 수 없는 지경에 이른 지 벌써 오래다.

무릇 꿈과 환상 속에서 살아가는 것이 사람이라는 이름의 중생일 것이다. 꿈과 환상을 걷어내버린 냉혹한 현실의

현장이야말로 세계의 참모습이며 진리의 본디 자리라는 것은 깨달음을 얻은 이들의 법어(法語)일 것이고, 거지반의 중생은 꿈과 환상 속에서 살아가게 마련이다. 사람이 이 세상을 살아간다는 것은 결국 꿈과 환상이 깨져가는 과정인 것이며 나이를 먹을수록 사람들은 그리하여 세상이 재미없다고들 한다. 적어도 땅을 어머니로 알고 살았던 농본주의 시대까지는 그러하였다.

그러한 생각 또한 이제는 할 수조차 없게 되었으니 모든 것들이 남김없이 까발려지고 있기 때문이다. 꿈도 없고 환상도 없으며 신비로운 비밀의 세계도 없으니 희망 또한 있을 수 없다. 인간이라는 이름의 중생은 마침내 '단백질의 최고 형태'에 지나지 않는다는 것이 증명된 마당에 무슨 꿈이 있고 희망이 있을 수 있다는 말인가. 스산하면서 참으로 모골이 송연한 이야기지만 우리는 그것을 인정하지 않을 도리가 없다.

그렇다면 무엇이 남는가. 돈인가. 돈이 모든 것의 주인이고 모든 것을 결정하는 자본주의만이 남는가. '컴퓨터'와 '유전공학'으로 대표되는 '과학'만이 남는가.

중생은 이른바 과학이 모든 것을 다 해결해 줄 것으로 굳게 믿어 의심하지 않는다. 그 과학은 이제 중생의 하나일 뿐인 인간의 손으로 또다른 생명체를 만들어낼 수 있는 지경에까지 와있다.

무릇 이 우주에 존재하는 모든 것은 다 중생의 업력(業力)에 의해 만들어져 성주괴공(成住壞空)하는 윤회(輪廻)를 되풀이하게 마련이니 깨달음을 얻어 그 윤회로부터 벗어나야 한다고 가르쳐온 것이 불교였다.

그런데 이른바 'DNA'의 가공할 육박 앞에서 업이며 윤회가 살아남을 수 있는 것인지. 우리 인류가 지금까지 영원불멸하고 오묘 불가사의한 절대의 '그 무엇'이라고 믿어 의심하지 않았던 '생명'까지가 하나의 '정보'로 규정되고 그 정보의 집합과 이동이며 조립에 의하여 만들어진다면 이런 경천동지할 상황에서 불교는 무슨 대답을 하고 어떤 해결책을 제시해 줄 수 있을 것인지. 일체중생의 일체번뇌에 대해 막힘없이 대답해 주고 해결책을 제시해 줄 수 있을 때만이 진리라고 할 수 있다면 더구나 그러하다.

망상(妄想)인가. 산마다 골마다 범종소리 울려퍼지고 욕망의 꼬리표를 매어단 연능빛 눈무신 조파일에, 미망(迷妄). '마음'은 분명 하나이겠으되 그 하나의 마음에서부터 비롯되어 백천 가지를 넘어 팔만 사천 가지로 가지를 뻗고 새끼를 쳐 마침내 그 본디 자리인 한마음까지를 갈가리 찢어발기고야 마는 번뇌망상. 손잡이 없는 표주박으로 삼라만상(森羅萬象)의 온갖 번뇌망상을 퍼마시던 경허선사(鏡虛禪師)의 노랫소리에 눈물만 흐르누나.

　흰 구름아 너는 왜
　날이면 날마다 산으로만 날아가니
　세상이 그렇게도 더럽거든
　나를 좇아 이곳으로 돌아오렴.

＊앞부끄리:생식기　뒷부끄리:항문　당시롱:아직도　솔봉이:촌티 못 벗은 어린애　마안한:끝없이 먼　활쩐:넓게 펼쳐진　듬:질서　살사리꽃:코스모스

영원한 납자衲子 '지효智曉' 스님

무성하게 줄기를 뻗치고 있는 등나무 그늘 아래 그 노승은 반듯이 척추를 펴고 두 손을 모아 배꼽 근처에 댄 전아(典雅)한 자세로 앉아 있었는데, 눈길을 내리깔고 있는 것으로 봐서 깊은 명상에 잠겨 있는 것 같았다. 약간 야윈 듯한 노승의 얼굴은 늦가을 고춧대 위에 앉은 잠자리의 날개처럼 투명하게 맑아서 차라리 슬퍼보였고, 내 것의 두 배나 되어 보이는 짙은 눈썹은 서리가 앉은 듯 백미(白眉)였으며, 반듯한 콧날과 단정한 입매 그리고 귀밑에서 턱으로 흐르는 선이 우아하게 아름다와서 마치 청솔 위에 올올히 좌정하고 있는 한 마리의 학을 연상하게 하였다.

많이 모자라는 소설명색 『만다라』에서 감히 그려본 바 있는 스님을 처음 뵈옵게 된 것은 이 하늘 밑의 벌레가 열아홉살 나던 해 찔레꽃머리였다. 저 상원사의 한암노사한테 계를 받은 신심깊은 우바이였던 왕고모 반성행(般省行)보살님 댁에서였는데, 50년대 초의 정화불사(淨化佛事) 당시 할복하시었던 자리가 덧나서 무문관(無門關) 6년결사 중에 잠깐 치료차 나오신 것이라고 하였다. 5년 전 범어사 평생수도원에서 열반에 드신 성운당 지효대선사. 정상적인 사회생활을 해나갈 수 없는 출신성분임을 알고 가출과 귀가를 되풀이하며 괴로워하던 끝에 다니다 말다 하던 고등학교에 자퇴서를 던진 채 불근닥세리 마음밭을 헤매고 있던 열아홉살짜리 어린 넋한테 스님께서는 이렇게 말씀하시었다.

"삼난봉(三難逢)이라. 대저 중생에게는 세 가지의 어려움이 있으니…… 첫째 사람으로 태어나기 어렵고, 사람 가운데서도 사내로 태어나기 어렵고, 사내로 태어났다고 하더라도 부처님의 정법을 만나기 어려운 것이 그것이다. 맹귀우목(盲龜遇木)이니…… 그대가 사람의 몸을 받아 이 세상에 나오게 된 것은 눈먼 거북이가 저 태평양바다 한가운데 모가지만 겨우 들어갈만한 구멍이 뚫려 있는 나무판때기를 만나기처럼 지극히 어려운 일이거늘, 금생의 한평생이 얼마나 된다고 닦지않고 게으름만 피우겠는가. 사람으로 태어나기도 어렵지만 부처님의 올바른 법을 만나기는 더욱 어려운 일이구나. 금생에 놓쳐버리면 억만겁을 지나도 다시 만나기 어려울 것인즉, 어떻게 하겠는고?"

나는 스님을 따라갔다. 마지막 조선인이신 할아버지의 장탄식과 애짭짤한 홀어머니의 한숨소리가 눈에 밟히지 않는 것은 아니었으나, 스님을 따라 산길을 톺아오르는 나의 가슴은 마구 두방망이질을 치던 것이었다.

스님은 다시 무문관으로 들어가시고, 나는 큰절에서 행자생활을 시작하였다. 여섯 달이 지났을 때 십계(十戒)를 받은 나는 정각(正覺)이라는 불명과 함께 스님의 상좌가 되어 무문관의 시자실로 가게 되었다. 지금은 계룡산 대자선림에서 격외도리(格外道理) 하나로 중생들과 그 도를 함께하신다는 정영스님께서 세운 무문관의 아래층에는 시자실이 달려있고 천장에 조그만 구멍이 뚫려있어 그곳으로 공양을 넣어드리게 되어 있었다.

스님한테서 받은 공안(公案)은 '무자(無字)'였는데, 『만다라』에서 마루도리로 삼았던 것처럼 그것은 '병 속의 새'였다. 산이었고 바다였으며 도저히 뛰어넘을 수 없는 벽이었다. 세상의 그 어떤 학문이나 과학 또는 제아무리 날카로운 상상력으로도 접근이 불가능한 수수께끼였다. 위층에서 면벽(面壁) 중이신 스님한테서는 기침소리 하나 들려오지 않는데, 나는 오직 새가 힘차게 깃을 치며 하늘 높이 날아오르는 환각이며 환시 또는 환청에 시달리느라 끙끙 신음소리를 내는 것이었다.

"새는 여전히 움직이지 않는다. 영원히 날지 않을 것처럼 두 다리를 굳건히 딛고 서서, 시간과 공간을 외면한 채, 날개를 파닥이기를 거부하는 완강한 부동의 자세로, 날아야 한다는 자신의 의무를 포기하고 있는 것 같다. 이따금 살아있음을 확인하듯 끄윽끄윽 음산하면서도 절망적인 울음소리만을 낼 뿐."

무문관을 나오신 스님을 모시고 서울역으로 갔다. 해인총림으로 내려가는 기차 안에서 스님은 많은 이야기를 해주시었다. 중으로서 해야 될 무엇보다도 첫째이며 그리고 또 마지막 길인 참선공부하는 법이며, 중노릇 하는 법이며, 대중처소에서 살아가는 법도며…… 그렇게 나는 '중'이 되어가고 있었다.

"관생(冠省). 서신을 접견하였으며 문귀 중 회의 운운하는 귀절이 유하니 무엇을 회의하는 지는 몰라도 별첨 지각 선사 법문을 적어 보내니 심찰하여 공부를 지어나가되 일구월심(日久月深)하다보면 필연코 확철대오(確澈大悟)할 터이니 참구(參究)하도록."

해인총림 소림원에 주석(住錫)하고 계신 스님의 하서(下書)를 받자옵게 된 것은 두류산 동국선원에서였던가. 할아버지한테 떼를 쓰고 응석을 부리는 어린 손자아이처럼 막막하기만한 심사를 글월로 적어 올리었던 것이다. 법(法), 곧 진리라는 것이 말과 글에 있는 것이 아니라는 것을 알게 되었을 때 마침내 가 닿을 수밖에 없는 언덕이 '방황'이라는 것은 그리하여 만고불변의 진리로 되지 않겠는가. 지금까지의 삶을 우선 정리하여 봄으로서 처음부터 다시 시작하여 보겠다는 각오 아래 찾아낸 형식이 이른바 '소설'이 었으니, 이것은 또 무슨 업보인가.

　스님께서는 나라는 중생의 업보를 익히 알고 계셨던 듯하다. 신원적(新圓寂)에 드시는 그 마지막 순간까지 오로지 대중에 처하여 지내며 화두(話頭)를 놓지 않은 왈수좌(首座)였던 스님께서 이 많이 모자라는 제자명색한테 차라리 문자공부나 시켜보고자 하시었던 것이 그것을 웅변하여 주고 있다. 아직도 줄대어 찔러오고 있는 냉전시대의 독침인 이른바 '신원조회'에 걸려 성사되지는 못하였으나 이 어리석은 반거충이 비인(非人)을 일본에 있는 무슨 불교대학에 보내고자 애를 쓰셨던 것이었다. 스님이 보여주신 그러한 마음씀은 이 치룽구니 같은 물건이 하산한 다음에도 한 번 더 있었는데, 아. 이것은 또 무슨 도리라는 말인가. 종이때기로 된 이른바 '쫑'을 포기한 자가 비벼볼 수 있는 언덕으로 거의 유일한 것이 바로 '문학'이던 것이었으니.

　언제나 나는 스님의 시자(侍者)였고 또 그것을 큰 영광과 보람으로 여기었다. 스님한테서는 언제나 서릿발 같은 운수납자(雲水衲子)의 풍모가 넘치었으니, 건혜(乾慧)도 못되는 견처(見處)를 가지고 법상에 올라 저 천년전 중국 선승들의 어록이나 되뇌이는 세상에도 흔한 이른바 '큰스님'들과는 그 유와 격이 다르기 때문이다. 스님께서 오식 한 분 인정하고 존숭(尊崇)하였던 큰스님은 전강조실(田岡祖室)이었는데, 스님을 시봉(侍奉)하고 갔던 용화선원(龍華

禪院) 뜨락에서 조실스님이 돌멩이로 써보여주시던 '판치생모(板齒生毛)' 네 글자가 어제인 듯 새롭게 떠오르니, 모두가 금생에는 다시 뵈올 수 없는 어른들인 탓인가.

무너진 절터만 남은 사자산 법흥사 적멸보궁에 홀로 계신 스님을 찾아 뵈었던 것은 76년 여름이었다. 엎갚음이었겠지만 소설 한편 써보았다는 죄로 만들지도 않았던 승적을 빼앗긴 채 황토먼지 숨막히는 불볕의 황야를 헤매이고 있음을 익히 알고 계심에도 불구하고 스님께서는 오로지 참선공부 말씀만 하시었다. 머리터럭을 기르고 물들인 옷을 걸친 속인의 몰골로 내복 한 벌 사가지고 다시 찾아 뵈었던 78년 겨울에도 또한 똑같은 말씀만 하시었으니, "화두는 성성(惺惺)한고?" 퇴설당에서 대중과 함께 처하여 계시던 스님께서는 이른바 소설이며 환계(還戒)에 대하여서도 아무런 말씀이 없으시었다. 범어사에서 있었던 49재에 참례하여 큰절을 올리는데 스님의 할소리 귓청을 찢는 것이었다.

"정각수좌! 뭣을 하고 있는고?"

다음은 스님의 마지막 시자였던 동초스님한테서 들은 이야기이다.

임자생(壬子生)이니 연랍(年臘) 84세였던 스님은 입적의 그 마지막 순간까지 화두를 놓지 않으셨다고 한다. 은사스님에 대한 입에 발린 칭송이나 문학적 수사가 아니라 참으로 그러하였으니 스님과의 마지막 철을 함께 정진하였던 범어사 선방(禪房) 스님들이 증명하고 있다. 입적하시기 얼마 전부터는 대중들이 거동이 불편하신 스님께 당신의 방사에서 와선(臥禪)을 하시도록 권하였으나 시자의 부축을 받아서라도 반드시 대중들과 함께 좌복위에 앉아 계시던 스님이었다고 한다. 그러다가 몸을 바꾸게 될 즈음에서는 할 수 없이 와선을 하시게 되었는데, 절레절레 도머리를 치는 의사였다고 한다.

세속에서 말하는 이른바 의학적 소견으로는 이미 사망선고를 내려야 마땅한 정황인데 아직도 살아계시다는 것이 도무지 불가사의한 일이라며 혼백이 다 떠나버린 육신 가운데서 살아있는 것은 오직 '눈' 하나뿐이라고 하더라는 것이었다. 이뉘와 작별하게 되는 청정(淸淨)의 마지막 일순까지 살아계시던 갓난아이의 그것처럼 갓맑은 눈동자가 꿰뚫어 놓치지 않고 있던 것은 빽빽이 화두였을 것이라고 하였다. 다비(茶毗)를 젓수시던 날 금정산 일대에는 비가 내렸다고 하였다. 등산객들의 증언을 곁들여 그곳에서 발행되는 〈국제신문〉엔가에 났었다고 하였는데, 다비장에만 비가 오지 않았다는 것. 다비장 위 하늘에 걸려 있는 것은 그리고 세갑션 무지개였다는 것.

스님께서는 일체의 상(相)을 드러내지 않던 어른이시다. 세상에서도 그 유례가 없는 세갑션무지개 이야기와 함께 신문에 났었다는 말을 들었기에 처음으로 하여보는 말이지만 평안북도 정주에서 태어나 오산학교를 나와 일제 때 만주에서 독립운동을 하던 스님이시다. 단 한 차례도 법상에 올라가본 적이 없는 순정한 납자였으므로 어록 또한 없다. 투명하게 맑은 백사리(白舍利) 7과를 남기어 중생들한테 감당할 수 없는 번뇌를 안겨주신 스님의 『행장기』를 정리하여 보라는 것이 49재 때 모였던 문도들의 합의였다. 오직 화두 하나로 살다가신 스님의 발자취를 찾아모아 필자한테 건네주기로 한 지 5년이 지난 지금까지 그러나 무슨 까닭으로 아무런 연락이 없으니, 스님의 삼십방(三十棒)을 각오하고 이런 망상(妄想)을 피워보게 되는 소이연이다.

밀의 벌레:사람. 찔레꽃머리:초여름 찔레꽃이 필 무렵. 불근닥세리:불모지. 애짭잘하다:가슴이 미어지도록 안타깝다. 안타까워서 애가 타는 듯하다. 마루도리:주제. 비인:중. 치룽구니:바보. 청정:수학에서 말하는 가장 작은 수. 갓맑다:아무 잡된 것이 섞여있지 아니하여 깨끗하다. 세갑선무지개:세쌍무지개

아름다운 얼굴

큰스님의 경계는 내가 알지 못한다. 비록 한 철을 그 회상에서 나며 몇 차례의 법문을 듣고 또 납자(衲子)들 사이에서 회자되던 전설적인 일화들을 지대방에서 들었다고는 하나, 아지 못게라. 부처와 중생이 과연 둘인지 하나인지. 생사와 적멸이 과연 둘인지 하나인지. 염화실(拈花室)의 선창(禪窓)에 어리던 그림자만을 뵈었을 뿐임이니, 신원적(新圓寂)에 드신 지 3년째를 맞아 추모전을 갖는데 발(拔)을 달아 보라는 부탁을 받고서 망설이고 또 망설였던 까닭이 진실로 여기에 있음이다. 하물며 큰스님으로 말하자면 저 경허당 성우(惺牛) 대선사 이후로 끊어질 듯 끊어질 듯 실낱같이 이어져오던 조계선맥(曹溪禪脈)을 불끈 들어올려 놓은 바 있는 해동(海東) 선가(禪家)의 종장이 아니시던가.

무릇 언어와 문자를 여읜 자리에서부터 비롯되는 것이 선가의 가풍이다. 이 세상의 어떤 말이나 글로써도 드러낼 수 없는 오묘 불가사의한 세계가 바로 그 자리이니, 개구즉착(開口卽錯) 아니던가. 문답무용.

　대저 말이 입 밖으로 나오게 되는 것은 목구멍과 혀와 입술과 이가 서로 어울림으로써 소리가 이루어지는 것이요, 붓과 먹과 종이와 벼루와 물이 서로 어울려서 그 말을 받아 적었을 때 글이 되는 것이다. 말과 글이 이루어지는 이치가 진실로 이와 같을진대, 말의 근원이 과연 어디에 있다 하겠으며 글월은 또 과연 어디서부터 왔다 하겠는가. 꿈 같고 허깨비 같고 그림자 같고 이슬방울 같고 또한 번개와도 같은 것이 중생들의 살림살이라고 하였거늘, 하물며 말과 글이겠는가.

　그러나 또한 가만히 생각하여 보면 금강(金剛)도 언어요 화엄(華嚴)도 언어이며 덕산(德山)의 방(棒)도 언어요 임제(臨濟)의 할(喝)도 언어이며 납자들의 본분사인 천칠백 공안(公案) 또한 언어로 이루어졌으니, 언어와 문자를 여의고서 어찌 또 부처를 말하고 중생을 말할 수 있다는 말인가. 무엇보다도 그리고 큰스님의 법문 또한 언어와 문자로 그 모습을 드러내었던 것이 아니던가. 무릇 문자는 지혜를 담는 그릇이요 지혜는 또 언어와 문자라는 수레를 통해서만 그 구체적인 모습을 드러낼 수 있으니, 문업(文業)을 짓게 되는 소이연이다.

　분별이었다. 차별이었다. 대립이었다. 상극이었다. 모순이었다. 분별이었고 차별이었고 대립이었고 상극이었고 모순이었으므로 갈등이었다. 갈등으로 날이 새고 갈등으로 날이 저무는 죽음의 세계였다.

그래서 가게 된 곳이었다. 가야산 해인총림의 선방(禪房)이었다. 무문관 시자실에서 노장님 시봉을 하며 '병 속의 새' 화두를 챙겨 보았다지만, 처음으로 가보게 되는 대중처소였다. 1971년이었던 것으로 기억되니, 어언 스물여덟 해가 지나가 버리었다. 겨울이었다.

제방(諸方)에서 모여든 70여 명의 눈 푸른 납자들이 극락전(極樂殿)과 퇴설당(堆雪堂)과 선열당(禪悅堂)에 나뉘어서 대장부 일대사업인 생사일대사(生死一大事)를 해결하기 위하여 화두를 참구하였다. 극락전에는 당시의 방장(方丈)이셨던 고암스님과 필자의 은사이신 성운당 지효 노장님을 비롯하여 미타주력(彌陀呪力)을 하시는 수산스님과 율원(律院)의 율주(律主)이신 일타스님 같은 원로 중진스님들이 계셨고, 퇴설당에는 가행정진을 하시는 구참납자들이 계셨으며, 선열당에서는 보통정신을 하였는데, 선열당 하판의 끝자리에 필자는 끼어 앉았던 것이었다.

시월 보름의 동안거 결제날에는 백련암에 주석하고 계신 성철선사(性徹禪師)께서 법문을 하셨고, 초하루와 보름이면 고암 방장스님과 자비보살에 원력보살로 이름 높으시던 지월유나스님과 기산입승스님과 일타율사스님께서 법문을 하여 주시었다. 납월 팔일 성도재(成道齋) 때는 칠일간 용맹정진을 하였다.

세 끼의 공양시간과 정랑(淨廊)에 드나드는 것을 빼놓고는 결가부좌로 화두만을 좇는 것인데, 견딜 수가 없는 것이었다. 죽을 작정으로 이를 옥물고 한 사흘간은 어떻게 버텨보았으나 도무지가 견딜 수 없는 것이었다. 잠. 막무가내로 퍼부어 내리는 잠. 수마(睡魔). 화두는 어느덧 사라져버리고 먼 골짜기에서 들려오는 송뢰소리며 설해목 넘어지는 소리가 시나브로 잦아들면서 어느덧 고개는 또 밑으로 꺾여지는 것이었는데, 경책을 도는 스님의 장군죽비가 어깻죽지를 후려갈기던 것이었다. 소스라치게 놀라 도망간 화두를 끌어당기노라면 어느덧 또 방선(放禪)을 알리는 죽비소리가 들려오던 것이었다.

해제날이 되었다. 궁현당 큰방에는 3백여 명의 사부대중들이 모여 앉아 있었다. 선원과 강원과 율원과 염불원과 종무소와 산내 암자의 비구 비구니 사미 사미니, 그리고 경향 각지에서 온 우바이 우바새들의 눈길이 일제히 법상 위로 쏠리었다. 백련암 산길을 내려오신 큰스님께서 주장자를 들어 세 번 법상을 치시었다.

"한 생각도 일어나지 아니하여 앞과 뒤가 끊어지니, 움직일 때나 가만히 있을 때나 틈이 없고 자나 깨나 한결같으니 깨끗하고 또 깨끗하여 잡을 수가 없다. 안타깝고녀, 죽어 살아날 수가 없으니 언구(言句)를 의심하지 않는 것이 큰 병이니라. 몰록 절벽에 매달려서 손을 놓아 죽었다가 다시 살아나면, 만고(萬古)에 걸쳐 어둡지 않는 한 줄기 광명이 하늘에 빛나고 땅을 덮으며 옛을 비추고 지금에 떨치나니, 알겠느뇨! 봄이 오기 전에 비오니 꽃이 일찍 피고 가을 지난 뒤 서리 없으니 잎 늦게 떨어지네."

 짙은 눈썹에 부리부리한 눈매의 호상(虎相)이요 당당한 체구여서 투구 안 쓴 장수 같은 풍모의 성철선사였는데, 과시 명불허전이었다. 양의 동서와 시의 고금을 넘나드는 해박한 지식도 지식이려니와 무엇보다도 놀라운 것은 그 눈빛이었다. 착 가라앉은 목소리로 나직나직 옛 조사스님네들의 법문이며 게송을 곁들여 납자의 본분사를 들려줄 때면 깊은 못을 떠올리게 하는 맑은 눈에서 솔바람이 이는 듯하였고, 정법안장(正法眼藏)과 열반묘심(涅槃妙心)을 돈오돈수(頓悟頓修)의 죽비로 내려칠 때면 화등잔만이나 하게 벌어지는 두 눈에서 펄펄 쏟아지던 것은, 그리고 불덩어리였다. 성음 또한 찌렁찌렁한 철성(鐵聲)이었다.
 물을 뿌린 듯 고요한 정적 속에서 이어지던 법문이 육조법맥(六祖法脈)을 열거하던 대목에 이르렀을 때였다. 수좌들의 맨 앞줄에 앉아 계시던 노장님께서 벌떡 일어나더니 법상 앞으로 가 절을 하는 것이었다. 법거량(法擧揚)을 하겠다는 표시였으니, 철스님 특유의 돈오돈수론으로 지해종도(知解宗徒)들을 가차없이 내려치던 장군죽비가 동산 노스님쯤에까지 이르렀을 때였을 것이다. 철스님과 마찬가지로 노장님 또한 성정이 불칼 같은 분이시라 성음이 너무 빠르면서도 짧았으므로 그때에 던졌던 거량의 내용이 어떤 것이었던가는 기억에 없다. 다만 철스님이 무어라고 하는데 노장님이 법상을 밀쳐 엎을 기세로 다가섰고, 법상 뒤에 있던 시자들이 나와 철스님 앞을 막아섰던 것인데, 재미있는 것은 방 안에 있던 수좌들의 반응이 두 편으로 나뉘었다는 점이다. 반쯤은 철스님 편이었고 반쯤은 노장님 편이었다. 한 소식을 한 큰스님한테 무례하다는 것이 전자였고, 선승이 주장자 몇 번 치고 내려오면 족하지 무슨 말이 그렇게 많으냐는 것이 후자였다. 스물여덟 해가 지나간 지금도 그때의 정경이 아련한 그리움으로 떠오르니, 중생상이었다. 중생상(衆生相)이 곧 진실상(眞實相)이므로 수좌동네에서나 볼 수 있는 아름다운 모습이었다.

　오해 없기 바란다. 돈오돈수와 돈오점수를 둘러싼 불교사상사적 논쟁에 어리석은 한 분별지(分別知)를 보태자는 것도 아니다. 다만 한 가지, 말과 글을 여읜 자리에서 홀로 빛나는 것이 진리이므로 '돈'이니 '점'이니 하는 것은 다 사족(蛇足)에 지나지 않는다는 점만을 말하고 싶을 뿐. 정작으로 내가 하고 싶은 말은 그날 밤에 있었던 일이다.

　눈이 내렸던가. 아마 내렸을 것이다. 목화송이 같은 눈송이가 펑펑 쏟아져 내리는 가파른 산길을 일 킬미터로 가량 올라가는 동안 노장님이 하신 말씀은 딱 한마디였으니, "화두가 순일(純一)한고?" 조그만 손전등을 켜든 나는 노장님의 등을 밀며 퍼부어 내리는 눈밭을 뚫고 백련암까지 올라갔는데, 동선(動禪)을 하시었던가. 철스님과 마찬가지로 평생을 화두 하나로 살아오신 노선객(老禪客)의 발걸음은 균일한 것이었다.

 백련암에 당도한 노장님은 필자한테 잠시 기다리라 하고는 시자의 안내도 없이 철스님의 방으로 들어가시었고, 염화실 선창에 어리는 두 분 노랍(老衲)의 그림자를 바라보며 송뢰소리에 귀를 기울이고 있는데, 어? 몇 마디의 말씀들을 나누시는 것 같았는데 들려오는 것은, 그리고 웃음소리였다. 사형사제간인 두 분 노랍이 함께 터뜨리는 웃음소리였고, 철스님의 웃음소리가 더 크셨던 것 같다. 호상을 활짝 펴며 호탕하게 터뜨리시는 철스님의 웃음소리에 송뢰소리도 그 여린 떨림을 멈추고 있었다.

 이 기절초풍하고 혼비백산하는 정신의 대공황 시대를 위하여 영원한 산승(山僧) 성철스님은 많은 가르침을 남겨주시었다. 그러나 투철한 본분종사(本分宗師)이셨던 스님의 분상에서 보자면, 저 유명한 『백일법문』이라든지 옛 조사스님들의 기본 사상체계를 소개한 『선문정로(禪門正路)』와 돈오돈수론의 구체적 안내서인 『본지풍광(本地風光)』 또한 배암의 발이 될 것이다. 저잣거리에서 회자되는 어록이며 장좌불와(長坐不臥)라든지 동구불출(洞口不出)이나 생식과 무염식 그리고 독학으로 이루셨던 외국어 실력과 5천 권이 넘는 진장보적(珍藏寶籍)들 또한 구구한 잠꼬대가 될 것임은 물론이고.

큰스님께서 사무치게 말씀하시고 또 적어 남기셨던 법문의 골자는 간단하다. 한마디로 줄여서 공안을 타파하여 사람사람마다 본래부터 이루고 있던 부처의 자리로 돌아가자는 것이었다. 중생이 곧 부처이니 현실 이대로 곧 극락세계가 되기 위한 구체적 실천덕목으로 제시하신 것이 수도오계(修道五戒)였으니—

　첫째, 하루에 세 시간 이상 자지 말라.
　둘째, 말을 많이 하지 말라.
　셋째, 문자를 보지 말라.
　넷째, 과식하지 말고 간식하지 말라.
　다섯째, 쓸데없이 돌아다니지 말라.

김호석 화백을 통하여 스님을 뵈옵는 심회는 착잡하다. 산은 산이 아니고 물은 물이 아닌 말법시대를 살아가는 중생으로서는 만 가지의 감회가 어우러져 명치끝이 타는 것 같다. 늘 그대로 있어 없어지지 않는 것은 부처의 성품밖에 없다고 그토록 사무치게 말씀하시던 어른이 무슨 까닭으로 방광(放光)을 하고 사리(舍利)를 남기셨으며 또 진영(眞影)까지 그리게 하여 중생들의 마음을 미혹되게 하시는가.

산에 가면 절이 있고 절에 가면 불상이 있지만 어리석은 중생들은 불상 속에 무엇이 있는지 모른다. 또 굳이 알고자 하지도 않는다. 불상 속에 무엇이 들어 있다는 것을 사무치게 가르쳐 주는 이를 가리켜 우리는 '스님'이라고 높여 부른다. 길을 가르쳐 주는 분이므로 '스승님'이다. 스님은 이 스승님이 줄어  서 된 말이다. 손에 쥐어주지 않으면 그 참다운 가치를 모르는 게 하근기(下根機) 중생들이니, 사리탑을 세우고 추모전을 여는 백련암 스님들의 자비심을 내 알겠다.

얼마 전 서울에서 열렸던 '역사인물전'에서 이미 보여준 바 있지만, 김호석은 아주 탁월한 화가이다. 저 강도 일제에 의하여 끊어졌던 우리 민족 고유의 인물화 기법인 전신사조(傳神寫照)를 근 한 세기만에 되살려낸 사람이어서만이 아니라, 작가정신이 그렇다. 대추씨처럼 뾧뾧한 조선의 선비정신을 창조적으로 오늘에 되살려 지켜내고자 하는 이 예술가는 어떤 경우에도 절대로 허투로 그리지 않는다. 그리고자 하는 대상이 손아귀에 쏙 들어올 때까지 한겨울에도 냉방에서 정신을 벼리며 심지어는 먹물을 갈아 몇 되고 마셔버리기까지 하니, 물아일여(物我一如)의 경지에 도달하고자 하는 원력에서이다.

 여느 수묵화의 경우에도 그렇지만 인물화의 경우에는 더구나 그리고자 하는 그 사람의 정신세계와 합일되기 위하여 갖은 고행(苦行)을 마다하지 않는다. 철스님의 진영을 그리는데 꼬박 3년이 걸렸다. 처음 일년간은 한 점도 못 그리고 고심참담 먹물만 마시다가 꿈에 스님의 현몽하심에 힘입어 붓을 들기 비롯하였다. 김호석 화백이 식은땀을 흘리는 것은 그리고자 하는 내용 곧 인물과의 정신적 합일만이 아니니, 기법이다. '인물화를 그리는 종이는 사람의 피부와 질감이 같아야 한다'는 저 선인들의 말씀을 좇아 닥나무 껍데기를 두드려 순수 조선종이를 만들었고, 철스님의 얼굴색을 내는 데 쓰여진 색은 스님께서 입산 전 사시던 생가 방 구들장 밑에서 파낸 흙이었으며, 장삼과 가사는 진달래 가지를 태운 재와 고욤을 짓이겨 얻은 액체를 발라 색을 낸 것이니— 마침내 내용과 형식의 변증법적 통일을 이루었음이다.

 용맹정진을 하는 납자인 듯 천일기도를 드리는 보살인 듯 이처럼 지극히 간절하게 사무치는 마음으로 이루어진 작품이 모두 40여 점. 지난해 서울 전시가 끝난 다음 백련암에 모신 표준진영에는 당대의 유학자인 임창순 옹의 찬(贊)이 들어 있어, 큰스님의 법을 우러르는 중생들의 그리움을 담고 있다.

 김호석이 보여주는 큰스님의 모습은 지극히 섬세하다. 눈썹 한 올 땀구멍 하나까지도 놓치지 않는 붓놀림의 정치함과 얼굴의 주름살이며 그 주름살 위에 칠하여진 색깔까지가 생전의 모습과 과연 방불하니, 김호석의 마음이 마침내 큰스님의 마음에 가 닿았음이다. "내가 그리고 싶은 것은 인간 성철이었다. 가장 일상적이며 인간적인 모습에서 깨달음을 이룬 모습을 그리고 싶었다"는 화가의 말처럼 표준진영을 빼놓고는 모두 '인간 성철'의 여러 모습들을 발랄한 수묵법으로 보여주고 있으니— 결가부좌를 해제한 자세로 현하지변을 토하는 모습과, 벌에 쏘이지 않으려고 눈살을 잔뜩 찌푸린 모습에, 장좌불와가 아닌 와선삼매(臥禪三昧)에 든 모습이며, 세숫대야에 비치는 당신의 얼굴을 들여다보고 있는 모습 등…… 참으로 인간적인 모습들이 그것이다. 가부좌를 하고서 벽을 바라보거나 뒷짐을 진 채로 무변허공과 마주 서 있는 모습에서는 또 육신의 덧없음을 깨우쳐 주시는 듯하여 문득 망연하여지는 것이니, 김호석의 붓끝이 몰록 선화(禪畵)의 경지에 이르고 있음에서이다.

전시된 그림들을 보면서 다만 큰스님의 높은 도와 덕을 찬탄하는 것만으로는 부족하다. 발심(發心)을 하여야 한다. 어서 빨리 참선공부를 잘 하여 큰스님과 같은 경지에 올라가보겠다는 원력을 세우라는 것이 '인간 성철'을 그린 화가의 참뜻임을 알아채는 일일 것이다. 큰스님의 장군죽비가 어깻죽지를 내려치는 것만 같다.

"어허, 구구한 잠꼬대가 어찌 이리 많은고?"

'원경圓鏡' 스님

일단의 고등학생들을 데리고 온 한 객승이 있었는데, 꿈같고 허깨비 같고 물거품 같고 그림자 같은 이 사바세계에서의 삶을 『구운몽』의 주인공처럼 한바탕 휘젓고 다니고 싶었던 것일까. 스스로 지은 이름이 성진(性眞)이라고 하였다. 60년대 말쯤이었을 것이다. 경기도 안성땅에 있는 칠장사라는 옛절에서였다.

배코친 머리에 먹물옷을 걸치고 있었으나 화두를 들고 침음하는 비구(比丘)라기보다는 천군을 질타하는 장수의 풍모였다. 큰 키에 깍짓동만하게 엄장 큰 체격이었고 솥뚜껑 같은 손에 웃을 때면 또 꼭 쇠솥 부서지는 소리가 나서 한눈에도 범상한 중으로는 보이지 않았는데, 무엇보다도 나의 마음을 끌어당겼던 것은 눈빛이었다. 쏘는 듯 날카로운 눈빛이었는데, 그것은 잠깐. 한 또는 깊은 슬픔을 간직하고 있는 사람 특유의 그 바닥 모를 어둠 같은 것이라고나 할까. 묘하게 사람을 끌어당기는 듯하다가도 탁 밀쳐내고 탁 밀쳐냈다가도 다시 또 바짝 끌어당기는 듯한 그런 눈빛이며 얼굴이었다. 아하, 당신도 맺혀있는 것이 많은 중생이

로구나. 풀어야 할 업장이 두터운 중생이야. 의례적인 몇 마디 말고는 거의 이야기를 나누지 않았는데, 산문을 벗어나며 그가 하는 말은 전혀 엉뚱한 것이었다.

"고시공부를 한번 해보시오."

두 번째로 그를 만나게 된 것은 수원에서였다. 수원 시내에 있는 포교당. 엉뚱하게도 그는 포교당의 주지실을 차지하고 앉아 있었는데, 한마디로 살벌한 분위기였다. 정식으로 무슨 임명장 같은 것을 받지도 않은 채 힘으로 그냥 밀고 들어가 눌러앉아 있는 눈치였고, 주먹잡이 칼잡이들이 호시탐탐 쳐들어올 기회를 노리고 있는 분위기임에도 불구하고, 전혀 태연한 자세였다. 가호적을 만들기 위해서 필요했던 것이 주지라는 직함이었다는 것을 알게 된 것은 그의 신분이 밝혀진 다음의 일이다.

객승들이 바둑을 두는 자리에서 내가 훈수를 하였던가. 그가 나의 기력(棋力)을 물어왔고, 프로 1급이라는 말에 나를 끌고간 곳은 기원이었으니, 확인을 해보자는 것이었다. 주먹이든 잡기든 뺑이 많은 것이 객승 사회이기 때문이었다. 수원에서 가장 센 사람을 불러오라고 그가 소리쳤고, 원장이라는 이와의 대국에서 내가 불계승을 거두는 것을 본 그는 나를 끌고 중국집으로 가더니 비싼 요리를 시켜주며 이렇게 말하였다.

"많이 먹어두라구. 객질을 하더라도 우선 근력이 있어야 되니께."

처음 만났을 때부터 서로 범상하게 보아 넘기지 않았다는 것을 확인하게 된 우리는 담박 가까워져 많은 곳을 돌아다니게 되었다. '쫑'을 만든 그와 본격적인 객질을 하게 되었던 것인데, 과묵한 그의 입에서 자주 나오는 지명이 예산 지방이었다. 예산땅에 있는 신양·대흥…. 대흥이 나의 본고향이라는 것을 알게 된 그의 눈이 반가움으로 빛났고, "신양에 큰 인물이 있었는데…"라는 나의 말에 그의 눈이 지그시 감겨지는 것을 보았다. 그러나 그것으로 그만이었다. 이상한 침묵에 빠져들던 우리는 성환과 성거 사이의 해 저문 철길을 하염없이 걸어가고 있을 뿐이었다. 입산 전의 이야기를 하지 않는 것이 출가 사문들의 불문율이기도 하였지만, 꿈에라도 누가 엿들을까 하마 두려워 가슴 속 저 깊은 곳에 꽁

꽁 묻어둘 수밖에 없는 '출신성분'이었던 것이다.
 선방을 떠돌면서도 문득문득 떠오르는 것이 엷은 산그늘에 덮혀 있는 것 같은 그의 얼굴이었는데, 어디에도 머물지 못하는 한 마리 새처럼 객승으로 표표히 떠돈다고 하였다. 산철에 어쩌다 만날 때면 잡담 제하고 나를 끌고 가는 곳이 꼭 있었으니, 중국집의 골방이었다. 형편이 안 좋을 때라도 하다못해 삼선간자장이나마 곱배기로 시켜주며 "많이 먹으라"고 하는 것이었다. 어떻게 하든 많이 먹고 힘을 내서 공부를 하라고 말하는 그의 꺼칠하게 검버섯이 핀 얼굴은 중이라기보다는 삼촌 또는 친형님의 그것이었다. 웬일로 목이 메인 나는 자장가락이 잘 넘어가지 않았는데, 「목탁조」라는 소설로 해서 만들지도 않았던 '쯩'을 빼앗긴 '무승적 제적' 시절이었다. 불볕의 황야를 헤매던 75년 여름.
 다시 저자의 잡답에 묻히게 된 나는 '소설'을 쓰는 일에 식은땀을 흘리느라 절집쪽과는 왕래가 없었다. 그러다가 다시 그의 소식을 듣게 된 것은 10·26이 일어나면서였다. 이상한 중이 하나 나타났다고들 쑤근대는 것이었다. 이정 선생의 혈육이라고 하였다. 이정(而丁) 박헌영 선생의 실자(實子). 날카로운 정으로 골을 쪼개듯 문득 오는 것이 있었다. 생김새를 들어보니 틀림없었다. 우리나라 근세 선불교의 큰 별이신 전강대선사의 법능(法燈)을 이어받은 송담 큰스님의 상좌인 그는 원경(圓鏡)이라는 본이름으로 돌아가 있었는데, 왕년의 성진스님이었다. 문학동네 쪽 진보적

문인들의 모임에서 자주 볼 수 있게 된 그의 얼굴에는 산그늘이 조금 엷어져 있었다.

한밭에 있는 집을 떠났던 것은 83년 5월이었다. 아버지와 아버지를 포함한 그 시대의 헌걸찬 정신들이 과연 무엇을 위해서 어떻게 움직이다가 그리고 마침내는 좌절하게 되었는가를 밝혀보자 하였던 「풍적(風笛)」 1회분 3백장이 잡지에 실리고 2회분을 써보낼 날짜가 보름밖에 남지 않았을 때였다. 명정의 서울거리를 헤매다가 인천까지 흐르게 되었던 것은 주안 용화선원(龍華禪院)에 그가 있다는 소문을 들었기 때문이었다. 소설가 황석영·비평가 최원식·인천 운동권의 맹장 이호웅 등과 어울려 3박4일쯤 마셨을 것이다. 마감 날짜는 이제 열흘밖에 남지 않았고, 정신이 번쩍 났다. 나는 제주도로 갈 작정이었다. 입관 직전의 상태였음에도 불구하고 제주도가 떠올랐던 데는 근거가 있었으니, 휴전선 이남의 땅은 안 가본 데가 없을 정도였던 방황의 계절에도 최후의 순례지로 남겨두었던 곳이 제주도였던 것이다. 비행기를 탈 수 있게 김포공항까지만 데려다 달라고 말하며 나는 그의 차에 올랐고, 그리고는 이내 가사상태에 빠져들었다.

눈을 떠보니 여주에 있는 흥왕사였다. 우선 몸조리부터 시키려고 절로 데리고 갔던 것이다. 일주일이 남았을 때 나는 만년필의 뚜껑을 열었는데, 원주를 다녀오자고 하는 것이었다.

김지하 시인을 만나서 바람이나 쏘이고 오자는 것이었는데, 이상하게도 산을 내려가기가 싫은 것이었다. 몸주신의 통고였겠지만, 아주 싫었다. 그러나 나는 산을 내려갔고, 춘사(椿事)를 당하게 된 것은 김 시인과 하룻밤 하룻낮을 통음한 끝에 돌아오던 길이었으니, 이것은 또 무슨 인연일까. 어떠한 인과율의 쇠사슬에 얽매여 있기 때문일까.

아직까지도 물어보지는 않고 있으나 나를 처음 만나던 날 고시공부를 하라고 했던 까닭은 무엇일까. 왜 그랬을까. 깨달음의 넓은 바다로 나가기 위한 진정한 공부야 물론 언어와 문자를 떠나는 데서부터 비롯되는 것이지만 짐작이 가기는 한다. 사교입선(捨敎入禪)이고 불립문자(不立文字)라고 하지만 사교입선하고 불립문자하기 위해서도 먼저 버려야 할 알음알이를 갖추고 봐야 하지 않겠느냐는 뜻으로 받아들이시니, 내가 소설을 써서 밥을 먹게 될 팔자인 것을 알고 있었던 것일까. 나의 혼인 선물로 보내준 것이 1백여 권의 고전이었다. 더욱더 부지런히 갈고닦아 지금 이 순간에도 구만리 장천을 중유(中有)의 넋으로 떠돌고 계실 그이들의 원혼을 천도해 드릴 수 있는 소설을 써내라는 뜻이겠는데, 그러나 몸은 편하지 않고 마음 또한 산란하여 입을 열면 목소리는 떨려나오고 붓끝은 자꾸 흔들려 파지만 쌓여가니, 이것은 또 무슨 과보인가. 원경스님한테 자장면 얻어먹은 것이 너무 오래되었기 때문일까. 우선 근력이 부쳐 글을 못 쓰겠다.

배암의 발을 덧붙이자면 나의 선고와 화상의 선고이신 이정 선생과는 사제지간이라고 할 만큼 돈독하였던 동지의 관계였다. 나의 왕고(王考)와 화상의 왕고 또한 한 고향으로서의 세의(世誼)가 있었으니, 인연의 수레바퀴는 3대에 거쳐 이어져 내려오고 있는 것이다. 생각하면 무서운 일이 아닐 수 없다. 서로간에 풀고 녹여내야 할 업이 무겁다는 생각이다. 옴 미기미기 야야미기 사바하.

'일원론 철학'으로 돌아가자

서양사람들의 관심은 '사람'한테 있고, 중동사람들의 관심은 '신(神)'에 있고, 동양사람들의 관심은 '자연'에 있어 왔다.

자연에 가치를 두는 우리 민족의 관심은 특히 더해서 사람과 자연을 한 가지로 보았다. 사람 또한 자연의 한 부분으로 보았던 것이다. 사람이 죽으면 '돌아갔다'고 하는 것이 그것을 웅변하여 주고 있다.

어디로 돌아가는가. 자연으로 돌아간다. 왔던 곳으로.

이른바 일원론 철학이다. 불교며 유교며 기독교 같은 외래 종교들이 들어오기 훨씬 이전부터 그래왔다. 저 단군왕검 이전부터 우리 민족의 정신체계를 안받침하고 있던 중심사상인 것이다.

이러하던 것이 무너지기 시작한 것은 서양의 이원론 철학이 들어오면서부터였다. 여기에 모든 문제의 뿌리가 있다. 사람과 자연을 나누어서 보는 데서부터 생태계의 파괴는 이미 예정된 것이었다. 사람이 보다 안락하고 편리한 삶을 위하여 자연계를 끊임없이 학살하고 약탈하고 정복하고

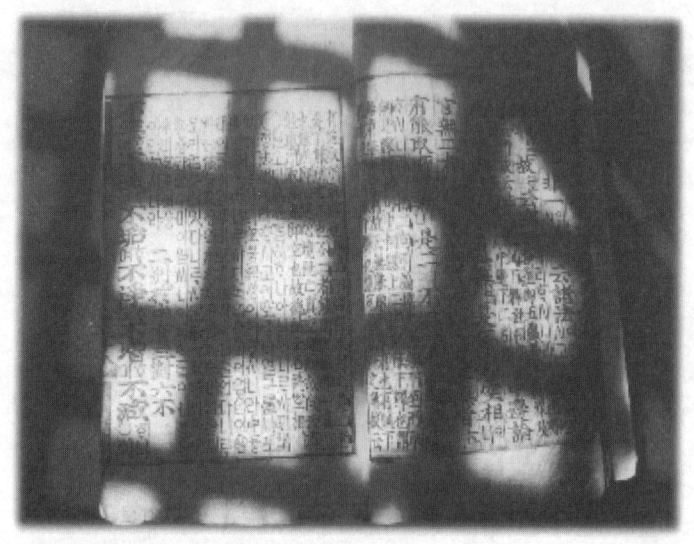

파괴함으로써 마침내는 자연계로부터 보복을 당하기에 이른 것이다.

  사람과 자연만을 나누어서 보는 것이 아니라 나와 남을 나누어서 본다. 더불어 함께 살아가야 할 생명공동체로 보지 않고 나와 내 식구만의 보다 안락하고 편리한 삶을 위하여 너와 이웃들을 쳐서 물리쳐야 할 '적'으로 본다. 개인주의와 이기주의가 나오게 되는 철학적 근거로 이른바 자본주의이다.

  보기를 하나 들어보자.

  안정적 생활용수의 확보와 농업용수·공업용수의 확보라는 명분 아래 지금도 전국 곳곳에서 '댐'이 만들어지고 있는데, 팔당댐이 들어서고 나서 양평 일대가 남녘땅에서 가장 추운 '시베리아'가 되었다. 자연의 이치를 역행해 생태계가 파괴됨으로써 자연 또한 미쳐버린 까닭이다. 댐을 만들어 식량 증산과 공산품 증산을 한다는 것은 결국 물질이 풍부해지면 사람의 삶도 행복해진다는 이른바 개발·성장 위주의 기계론적 가치관과 기계론적 이데올로기로부터 비롯되는 것인데, 과연 그러한가.

'행복'의 개념에 대하여, 어떻게 사는 삶이 진정으로 행복한 삶인가에 대하여, 참으로 심각하게 다시 생각해보지 않으면 안 된다. 갈수록 물질은 풍성해지는데 사람들은 왜 비틀거리는가. 생산력 증대만을 위한 이른바 성장·개발 위주의 유물주의적 가치관으로는 진정한 행복에 이를 수 없다. 모든 것을 물량과 수치로 계산하는 '경제가치' 중심에서 '생명가치' 중심으로 가치관과 세계관을 바꾸지 않고서는 사람들은 더욱 비틀거릴 수밖에 없다.

이른바 '환경문제' 또한 마찬가지.

쓰레기를 줄이고, 합성세제를 쓰지 않고, 유기농산물을 먹고, 물을 정화시키고, 배기가스를 줄이고, 명산에 길을 뚫고 댐을 막는 것을 반대하는 등 이른바 '환경개량주의'가 나름대로의 의미는 있으나 근본적으로 커다란 의미가 없다는 생각이다. 생태계 파괴가 어디서부터 비롯되는 것인가 하는 근원의 문제에는 눈을 돌린 채 더럽고 냄새나는 것들을 눈에 안 보이게끔 치우는 것에 지나지 않아 오히려 환경을 악화시킬 뿐이다.

어떻게 할 것인가.

우리 민족을 중심으로 한 동양의 자연관 또는 세계관은 서양과 정반대의 시각에 있어 우리에게 한 가닥 희망을 준다. 움직이는 것이든 움직이지 않는 것으로 보이는 것이든 무릇 이 우주에 존재하는 모든 것들은 다 부처의 성품, 곧 생명의 근본이 있다고 갈파함으로서 중생공동체를 주장한 불타(佛陀)는 물론이고 동양의 많은 철인과 사상가들이 주창한 것이 바로 사람과 자연의 합일을 말한 생명공동체의 세계관이었다. 사람만이 홀로 존귀하므로 자연은 사람의 보다 안락하고 편리한 육체주의적 삶을 위하여 정복되어야 마땅한 객체가 아니라, 사람 또한 끊임없이 살아움직여 성장·변화해가는 자연의 일부이므로 삼라만상(森羅萬象)과 더불어 함께 살면서 그 영적 조건을 진보시켜 나가야 한다고 본 것이 그것이다. 일원론 철학이다.

2부

닭 울음소리를 기다리며

그렇게 웅숭깊은 백제의 미소를
잃지않고 살아온 사람들이었는데,
어이할거나, 뽕나무밭이 푸른 바다로 변하여 버리는
이 가공할 '컴본주의' 시대를 어이할거나.
살아 숨쉬는 모든 것들을 낳고 길러주시는
흙을 공경하지 않고서는 마침내 그 몫을 받을지니,
두렵고녀 버력이여.

외밭에 첫물 따니 이슬에 젖었으며, 앵두익어 붉은 빛이 아침볕에 바히도다. 목맺힌 영계소리 익임벌로 자주 운다. 드는 낫 베어다가 단단히 헤쳐놓고, 도리깨 마주서서 짖내어 두드리니, 불고 쓴 듯하던 집안 아이오 흥성하여지는 것이었다.

닭 울음소리를 기다리며

　잠 못 이루며 주어진 삶의 틀과 사람의 테를 괴로워하던 선근(善根) 중생들은 집을 떠나 산으로 들어갔다. 티끌 같은 이끗다툼으로 아수라장을 이루고 있는 저잣거리를 벗어난 곳에는 산이 있었고, 신새벽의 이슬방울을 헤치며 안돌이 지돌이로 산길을 더듬어 올라간 사람들은 '그 무엇'을 찾아 다시 저자로 내려오고는 하였다. 몸뚱이 또는 주어진 삶의 틀거리에 숨막히는 뭇 목숨들에게 있어 산은 꿈이요 희망이며 그리고 언제나 꺼져서는 안 되는 한 줄기 구원의 장명등이었다. 지치고 허기진 중생들에게 있어 산은 그 지친 몸뚱이와 넋을 달래주는 심알의 보금자리였으니, '그 무엇'을 찾아보고자 목마른 사람들이 허위단심으로 올라갔던 까닭이다.

　굽이굽이 뻗어내려오던 흰두루 큰 줄기의 신령한 기운이 마이산(馬耳山)에서 북으로 치닫다가 금강(錦江)을 그 허리로 하여 용 몸뚱이에 닭벼슬 형국으로 좌정하고 있으니, 계룡산(鷄龍山)이다. 물결처럼 흘러가고 있는 스무남은 개의 봉우리들 사이사이 일곱개의 골짜기에서 흘러나오는 물

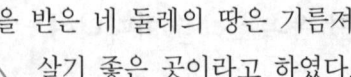
을 받은 네 둘레의 땅은 기름져 살기 좋은 곳이라고 하였다. 논밭이 넉넉하므로 씨뿌리고 거두기에 알맞아 사람들이 한번 살면 그 자리를 옮겨야 하는 근심이 없게 되니, 예로부터 낙토(樂土)로 일컬어져 왔음이다.

가파르지 않아서 숨가쁘지 안되 애초롬하여 벋놀지 않으니 아기자기하게 산과 물이 더불어 함께 조화를 이루고 있는 산. 슴배일 뿐 찌르듯이 달려들지 않는 물. 옛날 이야기처럼 넉넉하게 흐르다가 동학군(東學軍)처럼 아이오 봉우리가 솟아오르고 각색의 초목이 우거져 숲은 울창한데 골짜기는 또 천길로 깊어 어머니의 젖무덤처럼 따스한 산. 그리하여 마침내 세상풍진에 찢겨지고 바스라진 풀잎사람들의 몸과 마음을 저분저분이 어루만져 감싸주는 산. 피란의 산. 변혁의 산. 혁명의 산. 아아, 기다리는 산. 계룡산.

한반도의 산천치고 어느 곳인들 역사와 민중의 피어린 숨결이 고동치고 있지 않은 산천이 있으리오만, 계룡산만큼 민중들의 비원(悲願)이 서리서리 또아리를 틀고 있는 곳은 또 없을 것이다. 갑사(甲寺)와 동학사(東鶴寺)와 신원사(新元寺) 같은 옛절과 이른바 '신흥종교의 성지'로 알려졌던 신도안을 그 품안에 안고 있는 산이어서가 아니라,

저 정감록(鄭鑑錄)의 약속된 땅이어서가 아니라, 세상이 애짭잘하고 사는 것이 괴로운 사람들의 마음 속에 살아있는 산으로서, 그리고 또한 모로미 이루어져야 할 민중들의 비원을 상징하고 있는 산임으로 해서 더구나 그러하다.

여말선초 이래 정감록의 성지로 알려진 계룡산은 세기말의 캄캄한 밤을 살고 있는 우리에게 많은 생각을 하게 하여 준다. 피란의 정밤중과 변혁의 신새벽이 한 가지의 옹근 그리움으로 가 닿게 되기를 사무치게 떨리는 마음으로 바라고 있는 곳. 저 임존성(任存城) 싸움에서 무너진 다음부터 천년을 넘게 백제유민들의 비원을 담고 있는 산. 불가와 선가와 독가와 무속까지를 한 품안에 아우르고 있음으로 해서 우리 민족을 필두로 한 제3세계 민중들의 고통이 상징적으로 집약되어 있는 계룡산은 오늘의 우리에게 무엇을 말하여 주고 있는가. 살림의 땅인 이곳에 들어와 있는 것은 죽임의 흉기들이니, 아아 닭 울음소리는 과연 언제 들려올 것인가.

한 맺힌 우금고개

가보세 가보세
을미적 을미적
병신 되면 못 가보리

바짓가랑이에서 자개바람이 일게끔 종종걸음 쳐봐야 보릿고개 찔레꽃머리에 얻어다 먹고 꾸어다 쓴 장리쌀에 장리돈에 환자쌀 갚고 나서 수십 가지에 이르는 이지가지 명색의 가렴잡세까지 물고 보면, 새앙쥐 볼가심할 것도 없었다. 보릿고개는 나중 일이고 우선 당장 기나긴 삼동을 날 양식마저 막막하여 쌀이라고는 밥에 뉘 섞이듯 한 보리곱삶이 뚜껑밥으로 아침은 빨리 먹고 점심은 건너뛰었다가 시래기죽이나 고구마 찐 것으로 저녁을 얼른 먹고 일찍 코그루를 박는 것으로 긴긴 해를 넘기었는데, 그것마저 어려운 집에서는 물 붓고 끓여낸 술지게미로 겨우 연명하고 있었으니— 그들은 하나같이 수건머리요 패랭이짜리며 민머리 알상투인 농투산이 종 백장 몽구리 갓바치 숯무지 쇠점 일꾼 여리꾼 떠돌뱅이 술장수 고공살이 같은 상놈과 상놈

도 못 되는 종놈이나 장사치 아니면 바치쟁이나 그 밑에 딸려 있던 '아랫것들'이었다. 그때에 풀잎사람들이 그토록 참혹하니 굶주리게 되었던 것은 삼정(三政) 문란이 기중 큰 탓이었지만, 민족의 명운이었다. 이른바 세계사의 흐름, 서구 자본주의 열강의 도마름이었던 일본의 행악 탓이었으니— 조선팔도 골골마다 왜상(倭商)을 풀어 온갖 물화를 훑어갔고, 그렇게 훑태질하여간 돈으로 조선의 질 좋은 쌀을 헐값으로 훑어갔던 것이었다.

이때에 펄럭인 깃발이 동학이었다.

사발통문 한 번에 봄잔디에 불 붙듯 땅속으로 물 젖듯이 퍼져서 풀 버히듯 버히어도 버힌 풀에 새싹이 나오듯 다시 또 꾸역꾸역 솟아나오는 '아랫것들'인 것이었으니, 사람

대접을 받아보자는 것이었다. 길 가던 자는 우물이나 개천을 향해서 절하면 되고 산에서 나무하던 자는 숫돌물 앞에서 절하면 되니, 입도식(入道式)은 무엇이고 삼팔주(三八呪)는 또 무슨 하나객담이더란 말인가. 양반 상놈 구별없이 상하 없고 귀천 없고 남녀 없고 존비 없이 사람마다 똑같으니, 인내천. 사람이 곧 한울이요 한울이 또한 곧 사람이니 어디서든 만나면 서로 맞절하고 서로 말 올려주며 밥이 되면 밥으로 죽이 되면 죽으로 보리감자만 쪄도 집집이 돌리고 콩 한 쪽도 서로 나누어 먹으니, 모두가 똑같이 단군할아버지의 핏줄을 이어받은 한 식구인 것이었다.

징이 울렸다. 죽창을 들었다.

'보국안민' '척왜척양'. 무너미 고개 뒷산으로부터 봉황산 뒷기슭에 이르기까지 삼사십 리를 연이어 산 위에 진세를 펼치니 사람으로 마치 병풍을 두른 것 같던 갑오년 동짓달 초아흐레— 우금고개를 무너뜨릴 듯 함성을 지르며 오르고 또 되오르던 그 사람들은 꽃잎처럼 떨어져 갔으니, 아 조선의 명운이 다하였음인가. 이노우에 공사가 진두지휘하는 일본군의 최신식 양총 앞에 맥없이 무너지는 죽창 쇠창 활 환도 화승대인 것이었다.

귀꿈맞은 생각이지만— 전주성을 두려뺀 기세로 서울까지 짓쳐올라갔더라면 우리 민족의 오늘은 어떻게 되었을까. 남북접 갈등이 없었더라면. 우금고개 싸움에 김개남 부대가 힘을 합쳤더라면. 동학군에게도 크루프 기관포가 있었더라면.
   갑오년을 앞뒤로 죽어간 사람들이 아흐, 삼사십만. 언제나 애짭잘한 그이들의 호곡소리 상기도 귓청을 찢나니—

    새야 새야 파랑새야
    녹두밭에 앉지 마라
    녹두꽃이 떨어지면
    청포장수 울고 간다

'백제百濟'는 없다

미나리꽃아 미나리꽃아
저 꽃 펴서 농사일 시작헤서
저 꽃 지두룩 농사일 필역허세
얼럴널널 얼널널 상사뒤—
어여뒤여 어뒤여 상사뒤—
미나리꽃아 미나리꽃아
저 꽃 펴서 븐화험을 자랑마라
구십소광(九十韶光) 잠깐 간다.
취령봉에 달이 뜨구
사비강에 달이 진다.

    충청남도 예산지역 농군들이 모심고 벼바심하고 밭매고 길쌈하고 나물캐고 나무할 때 부르던 메나리 소리로 <산유화가(山有花歌)>이다. 천3백년 전에 망해버린 나라 백제사람들이 부르던 노래 가운데 오늘까지 전하여져 오는 것으로 정읍사(井邑詞)말고는 없다. 선운산 무등산 방등산 지리산은 노랫말은 없이 그 이름만 기록으로 전하여 오지만 <산유화가>는 전수히 입에서 입으로 이어져 불리워지고 있는 이른바 구전민요이다. 『증보동국문헌비고』라는 옛책에 보면 '백제가곡으로 산유화가가 있는데, 음조가 매우 처연하였다'는 딱 한 구절이 나온다. 노랫말로 미루어 망국의 한을 간직한 채 극심한 지역차별 속에서 살아갈 수밖에 없었던 백제유민들이 불렀을 것으로 짐작될 뿐, 노래의 본디 모습이 얼마나 보존되어 오고 있는 것인지는 알 도리가 없다.

같은 <산유화가>이지만 예산지역을 뺀 다른 충청도지역에 구전되어 오는 것은 노랫말의 머리가 다르니, '미나리꽃아 미나리꽃아'가 아니라 '산유화여 산유화여'로 되어 있다. 그런데 왜 예산지역에서만 유독 '산유화여' 대신 '미나리꽃아'로 바뀌어진 것일까?

이것은 말 또는 그것을 옮겨 적는 글자가 시대의 변천에 따라 본디의 표현이 바뀌어 다른 것으로 되는 이른바 전성(轉成) 과정으로 봐야 한다. 산유화(山有花)→ 산유화(山遊花)→ 뫼놀꽃→ 뫼나리꽃→ 미나리꽃으로 바뀐 것이다. 산의 옛말이 '오름'이었고 그것이 '뫼'가 되었다가 한자말이 들어오면서 '산'으로 바뀌었으니, 거꾸로 미나리꽃→ 뫼나리꽃→ 뫼놀꽃→ 산유화(山遊花) → 산유화(山有花)로 되었다고 볼 수도 있겠다.

한자와 우리 본디말이 뒤섞이고, 구체적인 삶에서부터 나온 민중의 토박이말들이 지식인들의 붓끝에 의하여 기록으로 옮겨지면서 한문투로 왜곡되고, 세월이 지나는 동안 그 본디의 뜻과는 전혀 다르게 바뀌어 버린 경우가 허다한 것은 비단 노랫말에만 국한된 것은 아니지만, 한 가지 재미있는 것은 이 〈산유화가〉가 백제의 강역이었던 충청·전라도만이 아니라 영남쪽에도 구전되어 오고 있다는 사실이다. 어떤 특정한 노래가 특정한 지역에 전파되어 오랜 세월 동안 명맥을 유지하기 위해서는 반드시 그럴만한 곡절이 있어야 한다.

신라지역에서 백제 노래가 불리워지기 위해서는 백제사람들의 집단적 이주가 있어야 한다. 그러나 백제 멸망 이후 영남과 양호(兩湖) 사이에는 그러한 역사적 사실이 없다.

그렇다면 영남지역에서 백제 노래가 전하여온다는 사실을 어떻게 설명해야 할까. 여기서 필요한 것이 역사적 상상력이다. 문자로 전하여 오는 이른바 역사책 너머에 자리잡고 있는 당대의 진실에 육박해 들어가는 눈 같은 것. 무릇 권력을 잡은 쪽에서 자기들이 하는 행위의 정당성과 민족사적 법통을 주장하기 위하여 만들어진 것이 이른바 정사(正史)라는 이름의 역사책이라고 한다면, 더구나 필요한 것이 '역사의 눈'일 것이다.

지금도 마찬가지지만 전쟁이 일어나면 쌍방간에 엄청난 파괴가 따르게 마련이다. 전승국이라지만 신라 또한 많은 시설들이 파괴되어 있었을 것이다. 외세를 끌어들여 한 어거지 통합일망정 삼국 통합을 이루었으므로 백제땅 고구려땅 나누지야 않았겠지만, 어디서부터 복구의 망치질을 하느냐 하는 복구의 우선 순위는 있었을 것이고, 그것이 모국인 신라쪽이었을 것임은 너무도 당연한 사실이었을 터. 고구려까지 멸망시킨 것은 그 8년 뒤이니, 백제쪽 망국민  들 가운데서도 우선 각 방면의 바치 곧 기술자와 힘센 장정을 집단적으로 끌어다가 갖은 복구사업에 부려먹었을 것 또한 쉽게 짐작할 수 있다.

여기에 영남쪽에서 구전되어 내려오는 <산유화가>가 백제쪽 망국민들이 불렀던 노래일 것이라는 추측의 근거가 있다. 신라에 강제로 이끌려가 갖은 일을 다 하던 백제 망국민들이 잃어버린 나라와 생이별하게 된 부모형제 처자권속을 사무치게 그리워하면서 부르던 노래라는 것. 일제한테 나라를 빼앗기면서부터 불리워지기 비롯하였던 조선민중의 슬픈 상징노래인 <아리랑>을 보면 더구나 그러하다.

'저 꽃 펴서 변화함을 자랑 마라 : 구십소광 잠깐 간다.'
'부소산도 평지되고 구룡포도 평원되니 : 세상일을 누가 알꼬' 같은 대목은 더구나 가슴을 치니, 전승국 백성이 된 신라쪽 사람들의 오만하고 방자한 행동에 대한 슬픈 저항을 담고 있는 것이다.

'백제 왜 이런댜?'
'백제 그런 말 말어.'
'백제 개같안나넌 소리 그만둬'

이치에 닿지 않는 말을 듣거나, 터무니없게 엉뚱한 말을 듣거나, 도저히 가망없는 이야기를 들었을 때면 지금도 쓰고 있는 말이니, 금강유역 백제유민들한테서 들을 수 있다. 임존성이 무너지고 나면서부터 생겨난 말이다. 이미 망해버린 백제를 입에 올려본들 무슨 소용이 있느냐고 탄식하던 당시 사람들의 비통한 심정은 천3백년이 지난 지금까지도 백제권역 사람들의 가슴 속 저 깊은 곳에 가라앉아 끊어지지 않고 이어져 내려오고 있는 것이다. 이미 망해버린 백제를 말해봐야 가슴만 아플 뿐이니 백제 이야기는 숫제 다시 입에 올리지도 말자는 절망의 장탄식인 것이다.
군사깡패들에 의한 광주 살륙전이 일어났을 때 금강유역 사람들이 보였던 첫 번째 반응이 있었으니, 또한 '백제'였다. 그들은 이렇게 말하면서 숨을 죽였던 것이다.

"백제 이게 뭔 난리다?" 무릇 역사의 주체는 문화사이고, 문화사의 구체적 표현은 언어로 되니, 세상의 그 어떤 폭력으로도 인멸시킬 수 없는 정신의 뿌리가 된다.

'구다라나이!'

천 척의 배로 선조의 나라를 구하러 왔다가 백강전투에서 당군(唐軍)에게 일패도지 한 다음, 일본에서 생겨난 말이었다. '구다라나이' 라는 이 일본말은 '백제는 없다' 라는 뜻인데, '쓸데없다' 는 말도 된다. 이미 망해버린 백제를 말해봐야 무슨 소용이 있느냐며 자탄에 빠졌던 백제후예들의 탄식소리였으니 금강유역 백제유민들이 쓰고 있는 말과 같은 뜻이다.

'아아, 백제 주류성이 무너졌으니, 이 일을 어찌해야 좋다는 말인가. 백제의 이름이 오늘로써 끊겼으니, 선조의 무덤에 참배하러 어찌 오갈 수 있다는 말인가.'

『일본서기(日本書記)』 천지(天智) 3년 9월초에 나오는 기사이니, 백제의 후예들이 통곡하는 모습이 눈에 보이는 듯하다. 백제의 서울인 웅진에는 비류백제의 시조인 구이(仇台)를 비롯하여 역대 선왕들의 무덤이 있었으므로 광개토대왕에게 패한 비류백제의 마지막 왕 응신(應神)이 왜국으로 망명하여 천황이 된 다음에도 계속해서 왕복참배가 이루어지고 있었다. 공주에서 발굴된 송산리 고분군이 비류백제의 왕실릉지라는 연구결과가 있다. 그렇다면 왜국에서 천 척의 병선을 보내 백제 광복군을 도왔던 것은 단순히

백제한테서 받은 문화적 은혜에 대한 보답차원에서만이 아니라 조상의 무덤이 있는 웅진땅에 왕복하며 혈통의 뿌리를 확인하겠다는 간절한 인간적 소망으로부터 비롯된 것으로 보아야 한다.

 백제로부터의 망명정권으로 이른바 천황가(天皇家)를 세웠던 이들은 임존성과 주류성이 무너진 7년 뒤 그 이름이 아름답지 못하고 추한 '왜(倭)'를 버리고 '일본(日本)'이 되면서, 선조의 무덤이 있는 백제를 멸망시킨 신라와 인연을 끊어버렸다. 이들은 당제국을 끌어들여 조국 백제와 또 형제의 나라인 고구려를 멸망시킨 신라와 불구대천의 원수가 된다. 비록 성공한 적은 없으나 끊임없이 신라 정벌을 꾀하며 신라가 망한 다음에도 왜구(倭寇)라는 이름의 해적집단으로 하여금 고려와 조선을 집요하게 괴롭힌다. 비류백제의 후예들이 세운 천황가의 왕권이 약해지면서 단순한 해적떼로 전락한 것이기는 하지만, 집요한 왜구 내습의 근거에는 이처럼 조상의 무덤에 왕복 참배하겠다는 간절한 인간적 소망이 담겨 있었던 것이라고 볼 수 있다. 임진왜란을 일으켜 조선을 침략한 풍신수길의 명분이 가도입명(假道入明)이었는데, 명(明)을 치러가기 위하여 조선의 길을 빌리겠다는 이 말이 안 되는 말 속에는 당제국의 후예인 명제국을 쳐 백강전투의 패배를 설욕하겠다는 역사적 복수의지가 담겨 있는 것이었다.

일제 36년의 역사·문화적인 뿌리는 무엇인가?

두루 알다시피 일본이라는 나라에는 '사무라이'라는 독특한 '칼의 문화'가 있다. 이른바 '무사도'라고 하는 일본인 특유의 이 잔혹무비한 칼의 문화를 놓고 여러 가지 해석이 있는데, 그 연원이 우리나라의 삼한시대로부터 비롯되는 게 아닐까 하는 것이 필자의 조심스러운 생각이다. 우리 민족이 일본열도로 흘러들어 간 것은 삼한과 고조선 때부터이니, 가야·고구려·비류백제·온조백제·신라·발해가 각각 저마다의 해로를 따라 일본열도로 건너갔던 것이다. 그것은 조국이 멸망하여 망명의 형식이 되기도 하고, 정치적 소외집단의 신천지 개척 형식이 되기도 하였으며, 보다 나은 삶의 터전을 찾기 위한 생존의 방편으로 채택되기도 하였다.

앞서가는 우수한 문화를 지녔던 이들이 미개한 수준의 토착 원주민들에게 벼농사법과 직조기술 그리고 절기문화를 가르쳐 주며 지배세력으로 자리잡게 되는 것은 지극히 당연한 일이었다. 물론 원주민의 저항에 부딪쳐 그들을 제

압하기 위한 여러 차례의 크고 작은 싸움이 있었고, 그런 과정에서 저마다 한 지역을 다스리며 영토를 넓혀나가던 여러 도래세력들이 부딪쳐 싸우는 기간을 거쳐 열도의 통일을 이루게 되니, 일본국의 탄생이 그것이었다. 일본이라는 나라 이름으로 열도의 여러 도래세력들을 통합하였다고 하나, 출신지의 뿌리가 다른 그 세력들은 끝없이 갈등하고 반목하면서 쟁투를 벌일 수밖에 없었다. 천황가 곧 중앙집권세력이 강성했을 때는 평화를 유지하였으나, 장군(將軍) 곧 각 지역의 실력자들이 강성해졌을 때는 분열하여 쟁투를 벌이었으니, 무사계급이 그 주역이었다.

  열도의 여러 무사계급 곧 도래세력을 통합한 것이 풍신수길이었고, 분출하는 무사계급의 경제적 욕망을 충족시켜 주기 위한 방편으로 선택된 것이 임진왜란이었다. 7년전쟁에서 패한 일본은 다시 분열되어 오랜 내분 기간을 거치다가 다시 통합하게 되니, 이른바 메이지 유신이다. 앞서가는 서구문물을 받아들여 국력을 기른 일본이 군국주의로 되면서 고개를 드는 것이 이른바 정한론(征韓論)이다. 멀리 신라정벌론으로부터 비롯되는 이 정한론이 우리의 처지에서는 용서할 수 없는 침략이 되지만 구묘지지(仇墓之地)를 되찾겠다는 비류백제 후예들의 처지에서는 복고(復古)가 되니, 역사의 무서운 인과관계로 된다. 일제 36년의 역사문화적 뿌리에는 놀랍게도 백강전투가 자리잡고 있는 것이다.

  일본사람들이 좋아하는 우리의 문화재 가운데 도자기가

있다. 임진왜란을 일으킨 일본인들은 우리나라에 와서 수많은 악행을 저질렀는데 그들이 집중적으로 끌고갔던 것이 도공들이었을 만큼 우리의 도자예술에 빠져드는 그들의 탐욕은 거의 광적인 것이라 할 만하다.

일본인들이 최고의 보물로 꼽는 다기가 이른바 '이도다완(井戶茶碗)'이라는 것이다. 그들이 거의 종교적 경외심을 가지고 보드라운 보라빛 비단보에 싸서 다섯 겹의 상자 속에 모셔두고 있는 '이도다완'은 놀랍게도 평범한 사발이다. 한 세대 전까지만 하더라도 시골의 주막집에서 흔하게 볼 수 있던 막사발이다. 조선시대의 어느 이름 없는 사발대정이 아무렇게나 빚어놓은 지극히 평범한 막사발일 뿐이다. 당시의 민서(民庶)들은 그 그릇에 보리밥도 담아 고추장에 비벼먹고 막걸리도 따라 마시고 또 물도 퍼 마시었다. 좀더 잘 만들어 보겠다는 의식적 기교가 없었으므로 아름다움과는 거리가 멀다. 배고프면 밥을 먹고 졸리면 잠을 자는 선승처럼 그저 무심한 마음으로 물레를 돌리고 손을 놀려 민서들의 밥상에 쓰일 사발을 만들었을 뿐이다. 이른바 작품이니 예술이니 하는 인위적 기교가 들어있지 않은 자연 그 자체인 것이다.

그럼에도 불구하고 일본사람들은 왜 그토록 숭배하는 마음으로 그 사발을 모셔두는가. 대답은 간단하니, 그 사발에는 자연이 있다. 지극히 자연스러운 것이 최고로 아름다운 것이라는 우리 민족 특유의 일원론 철학으로 안받침 되어 있는 것이다. 그리고 그것이 바로 일본이 잃어버리고 있는 조선문화의 뿌리였던 것이다.

일본 군국주의자들이 집요하게 되풀이하여 가르치고 있는 반조선적 교육체계로도 바꿔놓지 못하는 부분이 있으니, 마음이다. 지배세력의 악랄한 노력에도 불구하고 대다수 일본 민중들의 마음 속 저 깊은 곳에는 할아버지의 나라, 그 문화적 원천에 대한 지울 수 없는 그리움이 있는 것이다. 1979년 구주(九州)지역 일본인들이 공주와 자매결연을 맺고 송산리 고분군 앞에 엎드려 대성통곡을 한 것이라든지 인사동 골목에서 하찮은 다식판이나 찻종 또는 호랑이가 담배 피우는 민화 앞에서 눈물짓는 것들이 다 여기서부터 비롯되니, 이른바 귀소본능인 것이다. 고향을 그리워하는 마음.

이른바 '왜색문화'가 밀려들고 있다. 한 세기가 넘게 이미 골수에 젖어버린 왜색문화만 하여도 숨이 찬데, '월드컵 공동개최'라는 이름 아래 왜색문화는 이제 공식적으로 이 땅에 넘쳐날 전망이다. 저 임존성의 함락과 함께 불리워지기 비롯한 〈산유화가〉를 떠올려보며 아울러 일본문화의 근원을 생각하여 보는 마음은 착잡하기만 하니, 백제는 없다.

내폿벌 너른 가슴

눈부셔라.
 오동꽃이 피고, 들쥐가 변하여 메추리가 되고, 분홍빛과 초록빛이 고루 뒤섞이어 둥글면서도 이지러진 데 하나 없이 마치 특등 공장바치가 한뉘의 그 솜씨를 다하여 빚어놓은 것 같은 갑션무지개가 처음 나타나고, 능수버들 꽃솜과 갯버들꽃이 못물 속으로 들어가서 개구리밥이 되고, 우는 뻐꾹새가 그 날개를 떨치고, 오디새가 베짜는 소리를 내며 뽕나무 가지에 내려앉으니, 봄.
 연초록 진노랑으로 모판 가득 자라는 볏모는 비단폭을 깐 듯, 시루를 엎어놓은 양 고만고만하게 엎드려 있는 멧자락 밑으로 펼치어진 너르나 너른 들판에는 흰 옷 입은 농군들이 어기지기 엎드리어 한시 반시도 해찰부리지

않고 그 사대육신 팔만사천 마디를 놀리어대고 있으니—
깊드리에는 쏟아 보내고 높드리에는 또 두렁을 돋우어 콸
콸 차르르 쏟아져 내리는 골짜기의 물을 받아야지. 괭이 삽
가래 들고,

> 사해창생 넝군덜아
> 픵생신고 원망마라
> 사농공고 생긴뒤에
> 귀중헐손 넝사로다
> 얼널럴럴 상사디여

써레 쟁기 손싸개 움직이며, 어저귀 먼저 베고 삼밭에 호
미질. 마을마다 실 뽑느라 물레소리 요란한데, 우거진 덤불
숲은 불을 질러 태우고, 가래질 쟁기질로 불근닥세리까지
일구어, 지아비는 씨 뿌리고 지어미는 물레 돌려 길쌈을 하
니—
 외밭에 첫물 따니 이슬에 젖었으며, 앵두익어 붉은 빛이
아침볕에 바히도다. 목맺힌 영계소리 익임벌로 자주 운다.
드는 낫 베어다가 단단히 헤쳐놓고, 도리깨 마주서서 짓내
어 두드리니, 불고 쓴 듯하던 집안 아이오 흥성하여지는 것
이었다.
 충청도에서도 기중 살기 좋은 곳으로 꼽히었던 데가 내
포(內浦)였다. 원효스님이 지었다는 민간전승 비결인 「원

효결(元曉訣)」에 의하면 금강 위쪽 고을인 서산·당진·예산·홍성·청양·보령·서천이 '우리나라의 내장과도 같은 곳이므로 내포라 한다'고 되어 있다.

 지세가 한모퉁이에 멀리 떨어져 있고 또 큰 길목이 아니므로 임병양란에도 적군이 들어오지 못하였으므로 예로부터 사람이 살만한 곳으로 여기어져 온 까닭이다. 물산이 가멸진 곳이므로 인물 또한 어느 곳과도 가잘빌 수 없게 넉넉한 곳이어서 숱하게 걸출한 실학자와 독립운동가와 혁명열사며 문학인에 그리고 내포 특유의 소릿바디인 중고제(中高制)의 명창들을 내어놓았다. 깊은 산과 큰 골짜기는 없으나 바다가 가까워 어염시수의 걱정이 없고 뱃길이 편리하며 서울과 멀지 않은 까닭에 뉘뉘로 이어오는 내력있는 집안들이 많다. 산천이 평평하고 어여쁘며 서울 남쪽에 가까운 곳이어서 예로부터 낙향한 사대부들이 많이 사는 곳이 되었는데 서울과 가까워서 풍속에 큰 차이가 없으므로 서울에 사는 사대부들이 여기에 전답과 집을 장만하여 살림의 근본이 되는 곳으로 만드는 이가 많았으니, 이른바 '충청도 양반'이라 불리게 된 소이연이다. 땅이 기름져 소출이 넉넉하므로 인심이 순후하여 붙임성이 있고 가난한 이를 불쌍히 여길 줄 알아 서로 도와주는 풍속이며 성품이 간사하거나 또 거칠지를 않아 겉보매로는 언뜻 데면데면하게 무덤덤하여 보이나 속 깊은 잔정들을 간직하고 있다. 제물 엣사람들인 것이다.

그렇게 웅숭깊은 백제의 미소를 잃지 않고 살아온 사람들이었는데, 어이할거나. 뽕나무밭이 푸른 바다로 변하여 버리는 이 가공할 '컴본주의' 시대를 어이할거나. 살아 숨쉬는 모든 것들을 낳고 길러주시는 흙을 공경하지 않고서는 마침내 그 앙을 받을지니, 두렵고녀. 버력이여.

문허진 '성城'터

서울역에서 장항선 기차를 타고 2시간쯤 가다 보면 충청남도 예산역에 닿게 된다. 역전 오른쪽 길가에서 광시로 가는 버스를 타고 30분쯤 가다 대흥면 동산리에서 내려 20분쯤 산길을 올라가노라면 천년은 족히 넘었을 느티나무 몇 그루 사이로 조그마한 절이 나오니, 대련사이다.

대련사 곁으로 난 오솔길을 따라 숲은 드물고 잡목만 흔한 낮은 숲속을 지나 지레목에서 잠깐 땀을 들이다가 다시 허위허위 한 10분쯤 오르다보면 저만큼 노루막이가 보이면서 문득 으악새 우거진 더기가 나오니, 임존성이다. 님이 계신 곳.

임존성으로 올라가는 길은 대련사 쪽 말고 또 하나 있으니, 교촌리쪽이 그곳이다. 왕조시대의 향교말인 교촌리에서 내려 면사무소쪽으로 곧게 뚫린 길을 따라 조금 가다보면 옛 대흥고을 아사의 일부인 동헌이 나온다. 밥술이나 먹던 집의 사랑채보다 작은 동헌명색 앞에 서 있어 눈길을 끄는 것은 78년 저수지 바닥에서 건져올려 전설이 사실로 확인된 고려시대 이성만, 이순 형제 효제비이니, 이곳이 내력

닭울음소리를 기다리며 89

있는 예절의 본향임을 웅변하여 준다.

향교 대성전을 지나 지금은 그 터만 남아있는 사직단(社稷壇) 서낭당(城隍堂) 여단(주인이 없는 외로운 혼령을 제사 지내주던 제단)을 둘러보다가 고개를 들면, 저만큼 산성이 보인다.

덤불에 뒤덮인 된비알 위로 희뜩거리는 돌무더기. 말림갓인가. 떡갈나무 피나무 갈매나무 자귀나무 상수리나무 단풍나무 소태나무 동백나무 오리나무 산대추나무 물푸레나무 산밤나무 개벚나무 소나무 낙엽송 사이로 철쭉 아그배나무 화살나무 진달래며 오이풀 모시풀 산국 까치수염 으름 산포도 칡덩굴이 서로 얼크러지고 설크러진 푸나무서리 틈으로 난 오솔길은 숨가쁘다. 그러나 고을원이 기우제를 지냈다는 '용바위'와 비가 올 때까지 밤낮으로 치성을 드렸다는 '원바위' 옆댕이로 보이는 '칠성바위' '메바위'에 '묘순이바위'를 찾다보면, 어느덧 산성이다.

육칠십자 넓이에 열자 이상으로 깊게 판 다음 삼화토(三和土)를 집어넣고 달구질을 하여 돌처럼 굳게 다져 장군샘에서 끌어온 물을 가득 담아두었다가 터뜨려 쳐들어 오는 당군을 수장시켰다던 해자(垓子)자리 위로 바람이 지나간다. 슬피 우는 으악새를 헤치며 안으로 들어가 보면 발에 차이는 백제시대의 기왓장이며 옹기그릇 조각들. 저만큼 꼭대기쪽 마늘쪽봉우리 위에 설치되었던 보(堡)는 흔적도 없고 궁혈(弓穴)도 없고 망대(望臺)도 없어, 등딱지에 울

통불통한 쇠미늘 붙인 갑옷 입고 투구 쓰고 쇠갈고리 쇠사다리 던져올려 기어오르던 저 나당 연합군이며 왕건군이며 몽골군이며 조선주차 일본군을 향하여 칼로 치고 창으로 찌르고 활로 쏘고 화승대를 쏘고 돌멩이를 내려 굴리고 고춧가루 잿동이며 사금파리 기왓장에 끓는 물을 퍼붓던 성가퀴 또한 이제는 그 자취조차 가뭇없이 사라지고 말았으니, 세월인가. 흑치상지(黑齒常之) 장군이 마시며 용력을 길렀다는 장군샘터 사방으로는 보리수나무가 숲을 이루고 있는데, 그 열매가 꼭 앵두만 같다.

마늘쪽봉우리에 오르자 성 뒤쪽은 모두 대패로 민 듯한 민탈인데, 제비집처럼 달랑 매달려 있는 것은 '상여바위'이다. 무너지는 성과 함께 몸을 던졌다는 백제 광복군 3만명의 원혼이 서려 있는 곳.
 차마 눈을 줄 수 없어 고개를 돌리노라면 이마에 와 걸리는 것이 원수봉이다. 산성이 있는 봉수산은 세 봉우리로 되어 있는데, 무슨 까닭으로 그랬던 것일까. 두 봉우리만을 묶어 성을 두르고 한 봉우리는 남겨두었는데, 흑치상지를 앞세운 당군이 쳐들어왔던 곳이 바로 산성과 비슷한 높이의 그 봉우리였던 것이었다. 마을 사람들은 지금도 그 봉우리를 가리켜 원수봉이라고 부른다.
 원수봉 너머로 물결치며 흘러가고 있는 것은 금북정맥(錦北正脈)이다. 백두대간을 타고 흘러내려오던 멧줄기가 태백에서 갈라져 서쪽으로 달리던 금북정맥이 바다에 막혀 불끈 그 마지막 힘을 쓰다가 주저앉은 오서산 너머로 아스라한 황해 바다인데, 발 밑으로 보이는 것 또한 쪽빛으로 짙푸른 바다이니, 예당저수지이다.
 둘레가 백 리나 되는 이 바다 같은 저수지가 판을 벌인 것은 일제시대였다. 정조때 시작된 무한천(無限川)의 보막이 비럭질이 애초의 그 연원이라지만 정작으로 판이 이루어진 것은 일제시대였고, 조선 농민의 등골을 빼먹자는 것이 그 속내평이었음을 밝혀두는 것은 차라리 한갓진 군소리가 되리라.
 임존성의 뜻이 왜 '님이 계신 곳'인가. 일본의 정사책이라고 하는 『일본서기』의 어느 사본에 보면 임존성을 임서리산(任敍利山) 또는 임검삼(任劍山)이라고도 썩어 있는

데, 임서리산을 우리말로 하면 '님수리재'로 읽히운다. 수리란 두(頭)·정(頂)·왕(王)의 뜻이 있으며, 임검산은 '님금재'로 읽혀져 가운데 금을 임금왕으로 볼 때 두 말은 모두 본디 '왕중 왕의 성'이라는 뜻이라고 한다. 우리쪽에는 기록이 전혀 없으므로 고증할 길은 없지만, 유명한 묘순(妙順)이 남매에 얽힌 전설을 보면 아마도 백제 이전의 마한시절부터 내포 일원의 주요한 거점이 아니었던가 추측된다. 원효스님이 지었다는 민간전승 비결인「원효결」에 의하면 '이곳이 우리나라의 내장과도 같은 곳이라 내포라 한다' 하였으니, 더구나 그러하다.

　대흥고을의 진산(鎭山)인 봉수산을 2.5킬로미터에 걸쳐 테를 메듯 둘러싸고 있는 임존성은 백제 광복군의 마지막 보루였다. 세계 최강이었던 당제국의 군대와 연합한 신라군에 밀려 무너져버린 조국 백제를 다시 일으켜 세우기 위한 백제유민들의 피어린 항쟁의 자취가 남아있는 곳. 무왕의 조카요 의자왕의 사촌 아우였던 복신·승려 도침·장군 지수신·흑치상지·사타상여 같은 이들을 지도부로 하여 불퇴전의 민족자주정신으로 일어나 4년동안 싸워 2백여 성을 수복하면서 기세를 떨치다가 마침내는 사비성을 에워쌈으로써 조국광복을 눈앞에 두었으니, 소정방이 의자왕과 태자 효(孝)·왕자 태(泰)·틍(隆)·연(演) 및 대신과 장졸 88인을 비롯하여 백성 1만 2천8백7인을 당나라의 서울로 끌고간 지 다섯 달 만의 일이었다.

그러나 아, 애홉다. 마침내는 백제의 명운이 다 하였음인가. 아니면 당장 유인궤와 머리좋은 김춘추가 쓴 정치 공작의 승리? 왜국에 가 있던 왕자 풍(豊)을 모셔다가 왕으로 삼고 결사항전을 벌였으나 복신은 도침을 죽이고 풍왕은 또 복신을 죽이는 골육상잔의 내분이 일어나고 마는 것이었으니. 임존성이 무너지는 데 결정적인 것으로 작용한 것은 흑치상지와 사타상여 같은 장수들이 당군에 항복하고 나서 거꾸로 저희들이 그토록 지켜내고자 애를 쓰던 성 안으로 짓쳐들어왔다는 사실이다.

흑치상지는 백제 서부사람으로서 키가 7척이 넘었는데 날래고 억세며 지략이 있었다. 소정방이 백제를 멸망시킨 다음 의자왕을 가두고 군사를 놓아 함부로 노략질을 하자 흩어졌던 백제 군사들을 모아 임존성으로 가서 굳게 지키니, 열흘 안에 모여든 군사가 3만이었다. 정방이 군사를 정비하여 그를 쳤으나 이기지 못하였고 상지는 마침내 2백여 성을 회복하였다. 당 고종이 사신을 파견하여 타이르매 그만 유인궤에게로 가서 항복하였다.

『삼국사기』에 나오는 기사이다. 기사에는 당으로 간 흑치상지가 돌궐 등 여러 나라를 치는 정복전쟁에 공을 세워 높은 벼슬살이를 하다가 반란사건에 무고되어 처형당하였다고 나오는데, 그것은 우리의 관심사가 아니다. 그토록 출중한 용력과 무예를 지니고 조국광복전쟁을 벌이던 사람이 당 고종이 보낸 사신의 회유에 넘어갔다는 점이 다만 안타까울 뿐.

백제 7백년의 역사는 임존성의 함락과 함께 마감된다. 그러나 과연 그럴까? 이른바 정사에서는 이것으로 끝나지만, 역사를 올바르게 바라보고자 하는 '역사의 눈'은 끊어진 것 같던 백제의 역사를 다시 이어놓고 있으니 초야 사학자인 임승국 선생의 이야기를 들어본다.

백제가 망하던 서기 660년 왜국의 왕은 38대 사이메이였다. 제명천황(齊明天皇). 제명은 무왕의 딸이다. '서동요'로 유명한 백제 무왕과 신라 선화공주 사이에는 36명의 자식이 있는데, 그 아들 가운데 하나가 의자왕이고 딸 가운데 하나가 사이메이다. 앞서가는 문화로 왜국에 가 이른바 천황가를 세운 것이 백제왕실이었다. 사이메이한테 모국인 백제가 망했다는 소식은 청천벽력이었다. 그래서 천 척의 군함에 군사를 싣고 백제를 구원하려고 했는데 백강전투에서 무너지고 만다. 왜군이 궤멸된 다음

닭울음소리를 기다리며 95

에도 나당군에게 얼마를 더 버티던 임존성의 광복군마저 당군의 앞잡이가 되어 쳐들어오는 흑치상지한테 무너지게 되니, 이로써 백제광복전쟁은 그 막을 내리게 된다.

이렇게 되자 백제의 상층부를 이루고 있던 목씨(木氏)·임씨(林氏) 같은 8대 성씨들이 모조리 왜국으로 건너간다. 지금 우리나라에는 하나도 없는 백제의 8대 성씨들이 다 일본에 있다. 일본의 『성씨록(姓氏錄)』이라는 책에 나와 있다.

모국의 멸망에 충격을 받았던 것인지 백제 8대 성씨들이 왜국으로 대이민을 떠나던 해 사이메이가 돌연 병사하는데 그 뒤를 이은 39대 천황이 덴찌덴노이다. 천지천황(天智天皇)의 본명이 부여(扶餘) 용(龍)이다. 후여노 이사마시. 구당서(舊唐書) 『유인궤전』을 보면 부여 용이 바로 의자왕의 아들이라고 되어 있다. 사이메이의 조카인 것이다. 덴찌덴노, 곧 부여 용이 천지천황이 된 지 5년 만에(668년) '왜(倭)'라는 나라이름을 버리고 '일본(日本)'이라는 국호를 쓰기 시작한다. 따라서 아미데라쓰오미까미나 지무덴노가 '왜국'의 시조는 될지 몰라도 '일본'의 시조는 아니다. 오늘날 일본의 시조는 의자왕의 아들인 부여 용이다. 다시 말해서 백제라는 종가댁을 벗어나 왜국으로 가출하였던 자식들이 세운 나라가 일본이다. 이 사람들이 36년 동안 우리나라를 식민지로 삼아 통치했다는 것은, 우리나라의 처지에서 보면 가출했던 자식들한테 뺨따귀를 얻어맞은 어버이 꼴이다. 패륜적인 존속상해 사건인 것이다.

지극히 외로운 목소리지만 우리나라와 일본의 근본 역사에 대해서 진정으로 알고자 하는 사람이라면 곰곰히 연구하여 파고들어가 볼 대목이다.

임존성의 슬픔은 당나라 군대한테 무너진 것만으로 그치지 않으니, 백제유민들이 잃어버린 나라를 되살리기 위하여 다시 일어섰던 후백제시대까지 이어진다. 44년 동안 옛 나라를 일으켜 세워가던 끝에 왕건의 공략을 견디지 못하고 3천여 장졸의 목숨을 잃었던 곳이 바로 이곳이었다. 뿐인가. 몽골군을 호서쪽으로는 더 이상 내려가지 못하게 막아냈던 곳도 이곳이었으며, 명성황후께서 왜인의 손에 돌아가시자 맨 처음으로 의병이 떨쳐 일어났던 곳도 바로 이곳이었다. 천3백년 전의 문제가 바로 오늘의 문제인 것이다.

당군이 물러간 다음 도침스님의 원통한 넋을 기리기 위하여 백제유민들의 손으로 세워졌다는 대련사쪽으로 내려오노라면, 목탁소리가 들려온다. 지금 이 순간에도 어디에도 머물지 못한 채 구만리 장천을 중유(中有)의 넋으로 떠돌고 있을 도침스님의 넋이 운감(殞感)하심인가. 가지가 떨어져 구새먹은 느티나무 우듬지에 부리를 박고 있던 까막까치 한 마리가 성터쪽을 올려다 본다. 까닭 모르게 눈앞이 뿌옇게 흐려오면서 떠오르는 한 편의 시가 있으니, 백석의 '정주성(定州城)'.

山턱 원두막은 뷔었나 불빛이 외롭다.
헌깊 심지에 아즈까리 기름의 쪼는 소리가 들리는 듯하다.

잠자리 조을든 문허진 城터
반딧불이 난다 파란 魂들 같다
어데서 말 있는 듯이 크다란 山새 한 마리 어두운 골짜기로 난다

헐리다 남은 城문이
한울빛 같이 훤하다
날이 밝으면 또 메기수염의 늙은이가 청배를 팔러 올 것이다.

'문민시대 文民時代'라는 말

 이른바 문민시대라고 한다. 문민정권 문민정부 문민정치 문민교육 문민문화 등 오늘을 살고 있는 우리들 모두의 모둠살이를 아우르는 개념인 이 말이 본격적으로 쓰여지기 비롯된 것은 아마도 김영삼 씨가 대통령이 된 다음부터일 것이다. 쉽게 말해서 민간인 출신이 정권을 잡은 시대라는 뜻일 터인데, 같은 민간인 출신인 이승만 씨나 장면 씨가 집권하였을 때는 무어라고 불렀을까. 과문의 소치인지는 모르나 그냥 이승만정권 장면정권이라고 불렀지 명토박아서 문민정권이라고 부르지는 않았던 듯하다.
 이 문민시대라는 말에는 오늘을 사는 풀잎사람들의 간절한 비원(悲願)이 담기어 있다.
 반세기가 넘게 분단의 질곡 아래 신음하고 있는 풀잎사람들이 오늘을 문민시대라고 부른다는 것은 다시는 이 땅에 그 어떠한 형태의 쿠데타도 독재자도 용납하지 않겠다는 피맺힌 결의를 담고 있는 것이다. 정치인들이 잘 쓰는 말을 빌리자면 이른바 '국민적 합의'로 보인다.
 그런데 이 문민시대가 시끄럽다. 이른바 '한보사태'며

'현철씨 사태'로 나라 안이 온통 벌집을 쑤셔놓은 것 같다. 권력 없고 금력 없고 완력마저 없는 거지반 풀잎사람들은 살기가 어렵다고 아우성인데 이른바 대권주자라는 사람들은 어지러워진 나라를 어떻게 바로잡고 살림살이는 또 어떻게 꾸려내어 마침내는 이윽고 통일까지를 이루어 내겠다는 청사진의 제시는 없이 저마다 내 키가 조금 더 크다며

도토리 키재기만 하고 있다. 북녘의 동포들은 굶주림에 떨고 있다는데 이데올로기와 정권안보에만 매달려 민간인들의 지원사업을 막으면서 '절망적 상황에서의 남침' 운운하며 참된 소식에 까막눈인 풀잎사람들에게 겁을 주고 있다. 뿐인가. 우리 민족의 명운을 틀어쥐고 있는 북미합중국은 북녘땅에 친미정권을 세우기 위하여 어르고 달래는 이른바 '채찍과 당근' 정책에 속도를 붙이고 있고, 일본 또한 마찬가지.

　이 모든 것들이 문민시대 나라 안팎의 현실이다. 그런데 이 '문민(文民)'이라는 말은 어디서 온 것일까. 국어사전에도 없고 책권이나 읽었다는 이들도 잘 모르는 이 말이 만

들어지게 된 것은 지금으로부터 51년 전 일본사람들한테 서였다.

　51년 전이면 일본 천황이라는 이가 무조건 항복 방송을 하던 다음해인 46년이다. 그때에 일본사람들은 귀족원 제국헌법 개정 특별위원회라는 것을 만들었는데, 그 특위의 용어 제정 소위원회에서 만들어낸 말이었던 것이다. 소위에는 절대적 전제조건이 있었으니, 영어의 '시빌리언(Civilian)'과 맞는 말을 찾아내라는 것이었다. 그때에 일본은 맥아더가 지휘하는 연합군 총사령부(GHQ)의 통치 아래 있었는데, 내각총리대신과 그 밖의 국무대신은 '시빌리언'이 아니면 안 된다는 게 맥아더의 훈령이었고, '시빌리언'에 당해되는 말로 '평민(平民)' '문신(文臣)' '문인(文人)' '범인(凡人)' '문화인(文化人)' '평화업무자(平和業務者)' 따위의 용어를 놓고 오랫동안 고민하던 끝에 낙찰을 보게 된 것이 '문민'이었던 것이다.

　사정이 여기에 이르고 보면 참으로 착잡하여지는 심정이다. 어쩌면 그렇게도 똑같다는 말인가. 우리 민족의 멱살을 틀어쥐고 있는 것은 여전히 북미합중국과 일본인데, 주체적이고도 자주적으로 민족의 앞날을 개척해 나가야 할 우리는 여전히 제자리걸음만 하고 있으니 말이다.

우리나라는 '반도半島'가 아니다

 헌법까지도 왜색(倭色)에 물들어 있다고 말한다면 아마도 놀라는 사람들이 많을 것이다. 참으로 안타깝고 서글픈 일이지만, 그러나 그것은 사실이다.
 '한반도와 그 부속 도서를 영토로 한다'가 바로 그것이니, 이것이 무슨 말인가?
 우리나라의 국경선은 압록강~두만강으로 되어 있다. 모두들 그렇게 알고 있다. 나라의 근본이 되는 법규인 헌법 전문에까지 명토박아 나와 있으니, 여기에 이의를 다는 사람이 있다면 어쩌면 이른바 '국가관'이라는 것을 의심받게 될지도 모른다.
 진실로 그러한가? 아니다. 그렇지 않다. 그것은 다만 우리의 주권이 배제된 채로 청국과 일본 간에 맺어진 불법적 협정일 뿐이다. 일본제국주의자들이 자의적으로 만들어 놓은 경계선일 뿐인 것이다. 우리의 강토였던 지금의 중국 동북삼성 일대를 청국에 떼어주는 대가로 남만주 철도부설권을 따낸 일제였다.
 우리나라의 국경선은 압록강~토문강~송화강~흑룡강

이다. 숙종 38년 조청(朝淸) 양국의 대표가 합의하여 백두산에 정계비를 세운 것이 1712년 5월 15일이었다. 두 나라의 국경선을 서쪽으로는 압록강으로 하고 동쪽으로는 토문강으로 한다고 되어 있으니, 백두산 천지에서 발원하여 북으로 흐르는 송화강의 작은 지류가 토문강이다. 두만강이니 석을수니 하는 따위의 이름은 거론조차 된 바 없다.

일제가 우리 민족에게 저지른 행악이 한둘이 아니지만 이처럼 국경선을 멋대로 잘라버린 일보다 더 큰 죄업은 없을 것이다. 사정이 이러함에도 불구하고 거지반의 사람들이 우리의 국경선이 처음부터 압록강~두만강인 것으로만 알고있을 뿐 송화강~흑룡깅이리는 사실을 알고 있는 사람이 드물게 되었으니, 헌법 전문에 '한반도와 그 부속 도서'로 나와 있는 까닭이다.

그런데 우리나라의 국토개념이 '한반도'가 아니라는 사실을 입증하여 주는 한 장의 지도가 있다. 1942년 파리에서 발행된 『조선의 천주교』라는 책에 실린 지도로서, 로마 가톨릭이 조선 선교교구를 표시한 것이다. 조선의 교구가 세 개로 나뉘어 있는데, 대구교구와 경성교구 그리고 원산교구가 그것이다. 여기서 우리의 눈을 끄는 것이 원산교구로, 함경남북도와 간도성과 길림성과 흑룡강성 일부가 관할로 되어 있다. 토문강~송화강~흑룡강을 조선의 국경선으로 잡고 있으니, 과연 백두산 정계비대로인 것이다.

생각하면 기막힌 일이다. 우리가 숙명처럼 받아들이고 있는 '한반도'라는 말 자체가 왜색용어인 것이다. 해마다 8·15 해방일이면 울려 퍼지는 애국가의 '무궁화 삼천리 화려강산'이라는 노랫말 또한 일제가 남겨놓고 간 '반도사관'이니, 나라 전체가 왜색으로부터 벗어나지 못하고 있음이다.

현실적으로 우리는 반도 안에서 살고 있다. 그나마 반으로 동강나버린 채 분단의 질곡은 점점 더 깊어져만 가고 있지만, 중요한 것은 자아의 확인일 것이다. 반도인이 아니라 대륙인이라고 하는 자기정체성의 확인이야말로 민족사의 지평을 새롭게 열어갈 수 있는 열쇠가 될 것이다.

세계는 지금 크게 요동치고 있다. 일제가 박아두고 간 뿌리 깊은 철주(鐵柱)인 '반도사관'에 주박(呪縛)되어 있는 한 민족의 앞날은 없다. 갈수록 이 땅의 사람들이 여유가 없고 심성이 강퍅해져 가는 것 또한 이 '반도사관'의 왜독(倭毒)과 무관하지 않다. 민족의 기상이 활달하냐 협소하냐 하는 것은 절대적으로 그 민족이 살고 있는 땅의 넓이와 비례한다. 우리는 반도인이 아니라는 사실을 잊지 말자.

'단기檀紀'로 돌아가자

　단기(檀紀)가 없어진 것은 1962년이었다. '단기 4295년' 하고 그때까지 써오던 우리 민족 고유의 연호를 없애버리고 서기(西紀)만을 쓰게 한 것은 그 전 해 5월 16일 쿠데타로 권력을 탈취한 박정희 군사정권이었다.
　요즈음에는 이른바 '박정희 신드롬'이라는 해괴한 현상까지 일어나고 있다지만 그러한 어릿광대 짓거리야 시절이 하 수상할 때마다 일어났다가 잦아들고는 하는 물거품 같은 것이니 논외로 하고, 필자가 안타까워하는 것은 우리 민족의 기원(紀元)이다. 결론부터 말하자면 우리는 9천9백93년의 장구한 역사를 가지고 있어 세계사에서도 그 유례가 없는 민족이다. 국사교과서를 비롯한 각종 사전에까지 단군이 서력 기원전 2333년에 즉위한 것으로 민족의 기원을 삼는 것도 잘못된 것이려니와, 더욱 기가 막히는 것은 한님(桓因)나라 3301년과 한웅(桓雄)의 신시조선(神市朝鮮) 1565년을 빼버린 그나마의 역사기원마저 없애버렸다는 사실이다.
　모름지기 고유한 자기의 역사를 지니고 있는 민족으로서

자기의 기원을 쓰지 않는 민족은 우리 민족밖에 없을 것이다. 이것은 아주 치명적으로 중요한 문제로, 민족의 존재 자체를 부정하는 것이 된다. 아무런 역사도 없고 뿌리도 없이 그저 대륙의 발길에 차이고 섬나라의 게다짝에 짓밟히다가 서양사람들의 높은 코 아래 굽실거리며 살아가고 있을 뿐
인 몰역사적이고 불주체적이며 몰자주적인 열등한 종족에 지나지 않는다는 것을 소리쳐 외치고 있는 꼴이다.

이른바 '세계화'의 시대라고 한다. 이데올로기의 쟁투가 깃발을 내린 자리에 대신 차고 들어앉아 홀로 나부끼고 있는 깃발이 '세계화'이다. 개념정리도 제대로 되어있지 않은 이 구호가 새로운 지배이데올로기로 우리들의 삶을 고통스럽게 만들고 있음을 눈 부릅뜨고 경계해야 할 것이어니와, 그러므로 더구나 중요한 것이 '민족'일 것이다. '가장 민족적인 것이 가상 세계적인 것'이라는 말을 들먹일 것도 없이, 자기들만의 역사기원마저 없애버린 나라에서 도대체 무엇을 가지고 '세계화'를 한다는 말인가.

지나간 왕조시대를 비판하는 말 가운데서 기중 큰 목소리가 '사대주의'일 것이다. 사대주의의 가장 큰 상징은 스스로의 연호가 없이 중국의 연호를 받아 썼다는 점일 것이다. 백번 비판을 받아 마땅한 일이다.

그런데 한 가지 이상한 것은 왕조시대의 사대주의에는 그토록 입을 모아 비판하면서도 우리의 단군기원을 버리고 서양의 기원을 받아쓰고 있는 오늘의 사대주의에는 입을 다물고 있다는 사실이다. 크게 잘못된 일 아닌가. 서기를 쓰고 있는 한 당제국 명제국 청제국의 연호를 쓰던 조상들의 사대주의를 비판할 자격이 없다. 더구나 그 시절의 사대주의라는 것에는 소약한 민족으로서의 어쩔 수 없는 외교정책이었다는 긍정적 부분이라도 있지만, 지금은 이른바 나라도 없고 국경도 없다는 '세계화 시대' 아닌가.

군사독재의 죄업에 대해서는 되풀이하여 그 세목(細目)을 지적해도 오히려 모자람이 있지만, 그들이 남긴 가장 큰 민족사적 죄업이 단군연호를 없이하였다는 데 있다고 필자는 본다. 대들보가 똑바르게 올라섰을 때 제대로 서까래를 걸치고 벽을 쳐서 온전한 집을 지을 수 있듯이, 근본이 바로 서지 않고서는 아무리 '역사 바로 세우기'를 외쳐봐야 공연히 가지만 잡고 흔드는 공염불에 지나지 않으니, 단기를 되찾아내야 할 까닭이 진실로 여기에 있음이다.

'백의민족白衣民族'에 대한 생각

단군왕검 신화에 나오는 신단수(神壇樹)는 박달나무였다고 한다. 박달은 밝다는 말이다. 박알. 밝은 알. 밝음의 알맹이. 곧 태양을 가리킨다.
아득한 옛날 우리 민족의 시조가 되는 할아버지들은 중앙아시아에서부터 동쪽으로 동쪽으로 나아갔다. 태양이 떠오르는 곳을 찾아간 것이다. 시베리아와 만주를 거쳐 이곳까지 온 것이다. 반도의 끝머리까지. 그이들은 마침내 동해 바다로부터 솟아오르는 태양의 참모습을 봤고 여기에 삶의 터를 잡은 것이다. 그리고 나라의 이름을 '조선(朝鮮)'이라고 지었다. 빛나는 아침의 나라. 요즈음 신문 같은 데서 쓰는 '고요한 아침의 나라'라는 표현은 잘못된 풀이다. 힘차게 태양이 솟구쳐 올라오는 아침 풍경은 고요한 게 아니라 빛난다고 해야 옳지 않은가. '고요한 아침'은 수동적이며 보수적인 개념이고 '빛나는 아침'이라는 말은 적극적이며 진보적인 개념이다. '빛나는 아침의 나라'라고 읽는 것이 옳다.
우리 민족이 깨끗하고 밝은 흰옷을 좋아하여 백의민족

(白衣民族)이라고 불리운 것도 '해같이 밝은 옷'이라는 말이 음운변화에 따라 '하얀 옷'으로 바뀌었던 거라고 봐야 한다. 해→ 밝→ 붉→ 불로 표현되는 밝은 것에 대한 숭배 사상은 우리 민족이 그만큼 밝고 깨끗한 생명의 원천을 숭배해 왔다는 말이 된다. 생명을 생명이게끔 지켜주는 신령한 그 무엇이라는 데서 조상을 숭배하고 산천에 제사 지내며 자연계에 있는 모든 것들과 더불어 함께 살아왔던 것이다. 서낭당을 만들고 솟대며 장승 같은 것들을 마을 어귀에 세워놓았던 것도 그것들이 마을을 지켜준다고 믿었기 때문이다. 사람은 물론이고 나는 새와 기는 짐승이며 산천초목 하해어별(山川草木 河海魚鼈)에 이르기까지 이 우주에 존재하는 일체의 것들에는 모두 다 생명이 있다고 보았다. 지

금도 시골에 가면 나이 많은 할아버지 할머니들이 젊은 며느리가 뜨거운 물을 수챗구멍에 버리면 펄쩍 뛰며, 땅 속의 벌레들이 죽으니까 식혀서 버리라고 한다. 얼마나 기가 막힌 생명존중의 정신인가. 그러고 보면 이 우주에 존재하는 일체의 것들에는 모두 다 부처의 성품이 있다고 갈파한 석가모니의 깨달음 이전에 이미 우리 조상들은 생명의 근본 이치를 깨우치고 있었던 것이다.

 이러던 것이 계급이라는 것이 생겨나면서부터 계급에 따라 숭배하는 대상 또한 나뉘어지게 된다. 민중계급은 여전히 조상 전래의 신앙체계를 간직하고 있지만 지배계급들은 자신들의 지배를 합리화하고 확대 재생산해서 오래오래 이어가기 위해 그것을 이용한다. 이른바 지배이데올로기를 만든다. 대표적인 경우를 찾아볼 수 있는 것이 불교로 원래 무계급의 평등사회를 주장하는 것이 불교의 가르침인데, 불교의 이 평등사상을 받아들인다면 지배계급으로서는 스스로를 부정하는 것이 되므로, 여기에서부터 불교의 왜곡이 비롯된다. 무계급의 평등사회를 마침내 인류가 이뤄내야만 하는 완성된 사회로 보는 근본이념을 빼버리거나 약화시키고 대신 인과응보설이며 윤회사상이며를 본래의 뜻과는 다르게 바꾸어 숙명론·체념사상·은둔사상으로 만들어 버렸다. "네가 이 세상에서 요 모양 요 꼴로 가난하고 고통스럽게 사는 것은 다 전생의 업보 때문이니 주면 주는 대로 먹고 때리면 때리는 대로 맞으면서 열심히 염불이나

해서 죽은 다음에 극락세계에 태어나라"고 가르쳤다.

　현대의 이른바 학자라는 사람들이 '토템'이니 '샤머니즘'이니 뭐니 하면서 격을 떨어뜨려놔서 그렇지 아득한 옛날부터 우리 민족에게는 훌륭한 종교가 있었다. 사람이 죽으면 '돌아갔다'고 하는 데서도 알 수 있듯이 사람과 자연을 하나로 보는 위대한 생명존중의 사상이 바로 그것이다. 그러던 것이 서구와 일제에게 먹혀버리고 이제는 무당의 비나리 공수자락에나 남아있을 뿐이다.

무너지는 '무릉도원武陵桃源'

 무릉계(武陵溪)가 있었다. 그 들머리에 삼화사(三和寺) 가 있었다. 그 옛절 밑에 성냥갑만한 하꼬방집 한 채가 있었다. 이따금 찾아오는 등산객들 상대로 과자봉다리나 팔던 구멍가게였다. 산천초목도 숨을 죽이던 80년대 벽두였다. 삶은 무엇이고 죽음은 무엇이며, 그리고 또 역사는 무엇이고 문학이란 무엇이며, 이 참혹한 반동의 시대에 문학을 하는 자는 과연 무엇을 하는 작자인가에 대하여 괴로워하다가 설핏 여원 잠 한소금을 하는가 싶으면, 니승(尼僧)의 새벽 도량석 소리에 건듯 눈이 떠지고는 하던 것이었다.
 멧꿩이 깃을 치는 절마당을 지나 꾀꼬리 까막딱따구리 때까치 박새 하늘다람쥐 날아다니는 학소대를 넘으면 노루와 산양이며 멧도야지 뛰어넘는 문간재. 바위마다 절벽마다 훈장처럼 새기어져 있는 토포사(討捕使)들의 이름을 가슴에 접어두며 담배 한 대로 허기를 끄고 병풍바위를 지나면, 봉래 양사언의 장강대필(長杠大筆)「武陵桃源」이 새기어져 있는 반석이 펼치어진다. 이승휴가 『제왕운기』를 썼던 데가 어디쯤일까 뻠어보며 조릿대 우거진 높드리를 허

위단심 오르다 보면 이무기가 살았다는 용못이 쌍폭으로 떨어지면서 저만큼 노루막이 위로 문득 하늘이 열리니, 두타산 꼭대기.

문간재에서 왼쪽으로 꺾어져 올라가면 산성터가 나오고 쉰군데에 이르는 우물자리가 있어 수천 수만의 사람들이 모여 새 세상을 꿈꾸었던 곳임을 알 수 있게 하여 준다. 산성터를 지나 꼭대기로 오르면 '지도바위'가 나오는데, 널찍한 바위에 한반도 모양의 지도가 패어 있어 많은 생각을 하게 하여 준다. 움푹 패인 자국은 거칠지만 틀림없이 지금 우리나라의 모양을 하고 있으니 어느 때 누가 판 것일까? 고로(古老)들은 할아버지의 할아버지적부터 있어왔던 것이라고만 알고 있을 뿐, 누구도 그 유래를 모른다. 저 나말의 궁예적부터 이곳은 새 세상을 그리워하던 이들이 몸을 숨긴 채 때를 기다리던 곳이었다. 힘이 모아졌을 때는 서라벌과 개경 그리고 한양으로 말을 달리던 혁명기지였고, 힘이 약해지면 명화적(明火賊)으로 그 모습을 바꾸었던 산채였다.

정선의 입계를 거쳐 서울로 가는 옛길이었던 이곳에 6·25 때는 인민군 피복창이 7개나 있었다고 한다. 남진하던 인민군의 후방 병참기지였던 이곳에 미공군이 무차별 융단폭격을 퍼부어 오천명이 한날 한시에 몰사주검을 당하였다고 한다. 임진왜란 때는 또 함경도에서 남하하던 왜군 주력부대에 맞서 사흘간 혈전을 벌이던 수천의 조선군민들이 몰사주검을 한 곳이기도 하다.

'소금강'으로 불리울 만큼 아름다운 계곡이 빼어난 풍광을 자랑하는 곳이지만, 역사를 읽어 볼 일이다. 불경처럼 서러운 우리 민족의 역사를 읽어냈을 때, 바히 새롭게 눈에 들어오는 풍광일 것이다. 그런데 이른바 개발의 광풍에 밀려 삼화사 쇠부처님 또한 그 천년좌대마저 흔들리신다고 하니, 무릉계가 있었고 삼화사가 있었다고 과거형으로 말한 까닭이다.

그리운 민족정신

이념 대신 들어앉은 것이 이른바 '세계화 이데올로기'이다. 입 가진 사람마다 떠들어대는 이 새로운 이데올로기 앞에서 필자가 우려하는 것은 국경과 민족이 사라지고 있다는 점이다. 지구 최후의 분단체제가 완강하게 고수되고 있는 우리 민족에게 있어 민족 개념이 사라지고 있다는 사실은 대단히 위험한 상황이 아닐 수 없다.

이러한 시대에 떠오르는 사람이 만해이다. 지사(志士)와 선사(禪師)와 시인의 세 가지 삶을 탁월하게 아울렀던 인물로 흔히 만해를 꼽고 있는데, 필자가 강음부를 주는 것은 지사로서의 만해이다.

"지금부터 조선의 의기로부터 떠나 왜놈에게 종노릇할 것을 자청하다가 죽은 고 최남선의 장례식을 거행하겠습니다."

독립선언문을 기초한 최남선이 친일로 돌아섰을 때 동지들을 '식도원(食道園)'이라는 요릿집에 불러놓은 만해가, 최남선의 이름을 쓴 신위(神位)를 불사르며 한 말이다. 윤치호·최린·이광수·주요한을 비롯하여 거지반의 사람들이 민족반역의 길로 들어섰을 때도 올연히 항일투쟁의 결가부좌를 풀지 않았던 만해였다. 10년 옥고를 치르다가 옥사한 김동삼 선생의 시신을 끌어안고 홀로 통곡하였던 사람이다.

지금은 이른바 문화제국주의 시대이다. 함포사격을 한 다음 육전대를 상륙시켜서 식민지로 만드는 대신 '문화'를 침투시켜 정신적 종속물로 만들어버리는 문화전쟁의 시대인 것이다. 북미합중국을 필두로 한 중국과 러시아도 물론이지만, 문제는 일본이다. 세계 제2위의 경제력을 바탕으로 온갖 방면에서 온갖 방법으로 끊임없이 침투해 들어오는 '일본문화'를 어떻게 할 것인가. '최후의 일인까지 최후의 일각까지' 결사 항전할 것을 부르짖던 만해는 구천에서 무슨 생각을 하고 계실까. 정인보의 시조 한 수가 새삼 가슴을 친다.

풍란화(風蘭花) 매운 향기
님에게야 견줄손가
이날에 님 계시면
별도 아니 더 빛날까
불도(佛道)가 이 위 없으니
혼(魂)아 돌아오소서.

3부

그리운 옛 시인

그리움이라는 것은 무엇일까?
그것은 먹어도 먹어도 충족되지 않는 결핍과
풀어져야 할 한(恨)의 축적으로부터 비롯되는
사람만이 지니고 있는 독특한 감정이다.
그리움을 추구하는 작가는
그러므로 다른 사람보다 결핍을 더 많이 느끼고
쌓여있는 한이 많은 자이며,
작가는 그리하여 주어진 상황과 질서와 체제에
반항하고 저항해서 끝없이 싸워나가는
자일 것이다.

신새벽의 이슬방울처럼 맑고 올곧은 정신을 지니고 있던 한 뛰어난 시인은 민족분단이라는 만경창파 위에서 일엽편주로 떠돌다 가뭇없이 사라져버린 것이었으니, 애휴어라. 이 민족의 지중한 공업(共業)이여.

역사소설에 대한 생각

 이른바 역사소설이라는 것들을 읽어보면서 느꼈던 감정은 매우 착잡한 것이었다. 흰소리가 아니라 신문학 이후 남북 양쪽에서 발표된 것들을 거지반 다 읽어보았는데, 남은 남대로 북은 북대로 문제가 아주 심각하다는 생각이다.
 아름다움에 그 종국적 가치를 둔다는 점에서 자본주의나 사회주의나 똑같다. 그러나 어떠한 것을 아름답다고 볼 것이냐 하는 데서 남과 북은 판연히 달라지니, 예술을 보는 눈이 다른 것이다. 낡은 사회제도를 뒤집어엎기 위한 사상적 무기로 복무하는 것이 사회주의 예술의 궁극적 목적이므로, 북녘의 역사소설을 가지고 왈가왈부한다는 것은 부질없는 노릇이다.
 다만 북녘 문단에서 '불후의 고전적 로작'으로 숭앙받는다는 구보 박태원의 『갑오농민전쟁』을 읽고 난 느낌 한마디만 하자면, "이것은 문학이 아니다"는 것이다. 문학적 기량으로만 보자면 30년대 서울 보통사람들의 인성세태와 그 기미를 핍진하게 보여주었던 『천변풍경(川邊風景)』의 솜씨에서 퇴보하고 있다. 물론 한 세대 전을 살았던 작가로서 조선조 말 당시의 풍속이며 생활상 같은 것들을 생생하게 보여주지 않는 바는 아니나, 인물들이 살아있지 않다. 그림 속의 사람들처럼 그 겉모습만 있지 살과 뼈가 없다. 작가의 이를 옥문 의지에 따라서 인물이며 사건이며 정황이 설정되고 조종되다가 마침내는 그 운명까지도 규정되고 마니, 이른바 목적문학인 것이다. 한마디로 적대하는 두 계급이 날카롭게 대립하는 계급문학인데, 철두철미하게 계산된 이분법을 따르는 흑백논리에서 벗어나지 못한다.

지배계급은 절대악이고 피지배계급은 절대선이다. 혁명의 주체인 농군들은 하나같이 높은 도덕적 품성으로 안받침된 선종(善宗)이고 보수·수구세력인 양반계급은 하나같이 악종(惡宗)으로 거의 금수의 수준을 넘지 못하는 인간말자들이다. 농군의 자식들은 하나같이 힘도 세고 인물도 뛰어난데 양반의 자식들은 하나같이 나약하고 인물도 시원하지 않으니, 엥겔스 사관에 맞추어 어거지로 만들어내다 보니 나오게 되는 필연적 현상인 것이다.

한시적 목적문학일 수밖에 없는 북녘의 것은 그렇다고 하더라도 심각한 것은 오히려 남녘의 작품들이다. 빼어난 전범을 보여준 몇 편을 빼놓고는 하나같이 아주 결정적인 잘못을 저지르고 있으니, 말이다. 언어.

한마디로 줄여 말해서 20세기 말의 언어로 백년 전, 2백년 전, 3백년 전의 삶을 이야기하고 있다. 반물빛 도포에 테넓은 진사립(眞絲笠)을 얹은 선비명색이 '벤츠'를 타고 아스팔트 8차선을 달려가며 당률(唐律)을 읊조리는 꼴이다. 고독·방황·절망·열등감·배회…… 등 쓰기 비롯된 지 반백 년도 못 되는 일본식 개념어들로 온통 뒤발이 되어 있다. 고독이니 방황이니 절망이니 열등감이니 배회니 하는 말들이 그 정황을 드러내는 데  맞지 않는다는 말이 아니라, 그 시절에는 없었던 말들이라는 말이다.

사람의 삶은 천년 전이나 지금이나 그 내용에 있어서는 큰 차이가 없다. 이른바 문명의 발달에 따라 형식이 바뀌고 있을 뿐이다. 지금의 사람들과 마찬가지로 천년 전의 사람들 또한 "왜 사는가? 그리고 과연 어떻게 살아야 할 것인가?" 하는 철학의 근본문제를 놓고 괴로워하였으며, 그 괴로움에서 벗어나 보고자 또는 인생살이에서 부닞지게 되는 온갖 세속잡사를 놓고 괴로워하면서 방황하고 절망하고 열등감을 느끼며 정처 없이 배회하였다. 다만 절망·방황·

열등감 · 배회 같은 말을 쓰지 않고 다른 말로 그 뜻을 나타내었던 것이다.

백년 전, 2백년 전, 3백년 전, 나아가서는 천년 전 사람들이 썼던 말이 무엇이었을까?

그것을 연구하고 공부해서 찾아내어 이치와 경우에 맞게 써야 되는 것이 작가 아니겠는가. 그렇게 하였을 때만이 마침내 작가라고 부를 수 있는 게 아니겠는가. 모름지기 작가라는 것은 철없는 일부 사이비작가들의 범죄적 짓거리들처럼 '수지맞는 장사꾼'이 아니라 숨 한번 쉬는 경우에도 팔만사천 번씩 죽어버리고 싶을 만큼 문자 그대로 '고통과 형극'의 길인 것이다.

책권이나 읽었다는 사람들이 하나같이 역사소설의 최고봉으로 꼽는 것이 홍벽초의 『임꺽정』이다. 필자 또한 마찬가지이다. 조선왕조의 해거름녘인 고종 25년에 태어나서 유소년기의 뼈를 여물리우다가 대한제국으로 바뀌었던 것이 열살 때였으며, 일제한테 병탄당하였던 것이 스물세살 때였으니, 홍벽초는 무엇보다도 조선사람이었다. 무슨 목적의식을 가지고 연구하고 공부해서가 아니라 조선의 정서를 생득적으로 지니고 있던 사람이다. 정위당 변산강재와 함께 '조선의 3천재'로 꼽히었을 만큼 타고나기를 총민한 뇌로 온갖 한적(漢籍)들을 막힘 없이 읽어낼 수 있는 도저한 한학에다가 신학문까지 겸하였으며 거기다 끊임없이 공부하면서 퇴고를 거듭하는 노력까지 곁들였으니, 『임꺽정』

같은 불후의 명편을 남길 수 있었던 것은 너무도 당연한 일이었다.

오늘을 사는 후배 작가들이 제아무리 머리 좋고 성실한 노력파라고 한달지라도 홍벽초를 넘을 수는 없다. 총명이나 노력이 부족해서가 아니라 시대를 다르게 태어난 까닭이다. 무릇 모든 예술의 밑뿌리가 되는 정서가 다른 탓이다. 흉내를 내거나 번역할 수 없는 것이 문화이거늘, 하물며 그 문화의 밑바탕이 되는 정서임에랴.

초등학교 5학년 때 처음 읽기 비롯하여 너댓 번은 읽었을 『임꺽정』을 다시 한 번 더 찬찬히 읽어보았던 것은 6년 전이었다. 연재를 하게 된 역사소설을 놓고 막막해 하던 참이었는데, 어? 넘을 수 없는 봉우리로 여겨 너무 주눅들어 있었던 탓인가. 그전에는 미처 보지 못하였던 결점 하나를 발견하고는 깜짝 놀라게 되었으니, 언어였다. 등장인물들의 말투가 똑같았던 것이다.

완강하게 나뉘어졌던 반상어(班常語)의 구별이 없고 출신과 지역과 살아가는 형편에 따른 말의 차이점이 없다. 서울사람이나 근기(近畿)사람이나 호서사람이나 호남사람이나 영남사람이나 관동사람이나 해서사람이나 관서사람이나 관북사람이나 간에 쓰는 말투가 몰밀어 똑같으니, 이른바 표준말인 것이다. 서울의 중인계급이 쓰던 말. 이것은 아주 중요한 문제인데, 이 점을 지적하는 문학평론가를 아직까지 한 명도 보지 못하였다.

홍벽초 문학의 위대함에 상처를 내자는 것이 아니라, 더 이상 조선의 산천과 그 산천 속에서 살아가던 조선사람들의 마음이며 그 마음으로부터 비롯되어 나타나게 마련인 살림살이의 구체적 모습을 그려낼 수 있는 작가가 홍벽초 이후로는 원천적으로 불가능한 오늘이기에 안타까움에서 하여보는 말이다. 계급과 지역에 따라 다르게 나타날 수밖에 없는 언어까지를 짯짯이 살펴서 방불하게 보여줬더라면 『임꺽정』은 더구나 완벽한 거작(巨作)이 되었을 것이다.

애홉다. 『임꺽정』의 법통을 창조적으로 계승하였다고 하는 황석영의 『장길산』 또한 홍벽초의 미진함을 그대로 이어받고 있으니, 이른바 서울의 종이값을 올렸다고 하는 여타의 것들은 숫제 언급조차 하고 싶지 않다. 구체적으로 드러났던 역사적 사실이나 인물의 행적을 터무니없이 왜곡하고 있거나 과거제도를 비롯한 사회제도며 사대부들의 풍습과 서민들의 삶에 무지한 것이라든지 서양 작가의 소설구조에 조선의 정황을 그 이름만 조선식으로 바꾸어 써내는 범죄적 가짜 역사소설이며 당시의 관가제도며 사회경제적 참모습에 까막눈인 것은 그만두고, 또한 언어이다. 쓰고 있는 말들이 똑같은 것이다. 언어문제만으로 보았을 때 이러한 결점으로부터 벗어나 있는 거의 유이(唯二)한 작품이 박경리의 『토지』와 이문구의 미완성 장편인 『오자룡』이다.

소설은 한마디로 사람의 마음을 읽어내는 것이다. 티끌 같은 세속잡사에 울고 웃고 사랑하고 미워하고 그리워하고 슬퍼하고 또 분노하면서 늙고 병들어 마침내는 죽어갈 수밖에 없는 중생들의 마음을 읽어내기 위해서는 무엇보다도 먼저 그 중생들이 살아갔던 산천에 대해서 알아야 한다. 막연하게 나무가 우거진 산과 물이 흐르는 내를 말하는 것이 아니라 어떠한 산에는 어떠한 종류의 나무와 풀이며 꽃과 새들에 짐승이 있었고 어떠한 내를 흐르던 물결의 시원이며 그 속살이 어떠한 내용으로 이루어져 있었는가 하는 것까지를 아주 구체적으로 알아야 한다. 그러지 않고서는 그 산천 속에서 살아갔던 사람들의 마음을 읽어낼 수 없는 까닭에서이다.

어떻게 산천을 알 수 있는가.

그리고자 하는 산천을 우선 찾아다니면서 골골새새로 짯짯이 살펴보고 당시의 지도 또는 여러 기록물들과 서로 비교하여 보며 그 산천에서 살고 있는 고로(古老)들을 만나 산천의 옛모습을 귀띔받는 것만으로는 부족하다. 얼거리야 어떻게 엮어볼 수 있을는지 모르지만 사개를 맞출 수 없다. 끊임없이 온갖 종류의 옛책들을 떠들어 보며 확인하고 대조하면서 당시의 모습을 잡아내야 한다. 그렇게 하여 당시의 산천풍광이 아주 뚜렷한 영상으로 뇌리에 각인되지 않고서는 인물이 창조되지 않는다.

이른바 역사의식을 가지고 작품 평가의 잣대로 삼는 것이 우리 평단의 풍토이다. 특정한 역사적 사실과 역사적 인물을 어떻게 바라볼 것이냐 하는 이른바 역사의식이라는 것이야 저마다 지니고 있을 것이니 차라리 논외로 하고, 중요한 것은 살림살이의 구체적 모습이다. 당시의 사람들이 어떠한 모양의 산천 속에서 어떠한 내용의 삶을 살았는가 하는 것. 무슨 일을 하면서 무슨 내용의 밥을 먹고 옷을 입었으며 어떠한 경우에 어떠한 내용의 놀이를 하고 책을 읽으면서 어떠한 꿈을 꾸었으며 어떠한 까닭에서 어떠한 이해관계를 가지고 다투었는가 하는 것들을 아주 구체적으로 살아 생동하게 묘사해줌으로써 읽는 이의 눈앞에 한 폭의 뚜렷한 그림으로 보여주어야 한다. 살림살이의 구체적 모양과 종류며 그 이름을 당시의 표현법으로 그려주어야 한다. 이른바 진실에 육박한다는 것이다. 그때의 사람들은 이렇게 살았겠지 하고 읽는 이가 의식적으로 감정이입을 하여 들어가는 것이 아니라 장판지에 들기름 배듯 그렇게 자연스럽게 스며들도록 해야만 한다. 거리를 두고 그림을 바라보는 것이 아니라 보는 사람 자신이 저도 모르게 그 그림 속으로 빨려들어가 그림 자체가 되게 해야만 하는 것이다. 역사소설의 성패는 아주 구체적인 생활사와 풍속사의 방불한 복원에 달려 있다.

두루 알다시피 조선왕조 시대의 사회는 네 가지의 계급으로 뚜렷하게 나뉘어져 있었다. 이른바 지배계급인 양반사대부와, 양반사대부들의 영을 받아 집행하면서 일선 행정을 꾸려갔던 중인계급 곧 아전(衙前)과, 상것들로 불리웠던 양인(良人) 곧 농민대중과, 노비를 필두로 한 팔천(八賤) 곧 천민계급이 그것이다.

이 네 가지의 계급은 생활풍습부터가 판이하게 달랐음은 물론이고 무엇보다도 우선하여 달랐던 것이 말이었다. 양반계급에서는 자신들의 우월한 사회경제적 지위를 더욱 굳건하게 하기 위하여 어려서부터 체계적인 글공부를 하지 못한 사람들로서는 알아듣기 어렵게끔 될수록 글말로 된 문자를 썼고, 농민대중들이 쓰는 말은 구체적인 생활 곧 노동에서 얻어진 입말이었다. 양반계급 사이에서도 자신의 가문이 속한 색(色) 곧 당파의 차이에 따라 사례(四禮)를 치루는 법도가 달랐고 부녀자들이 꾸미는 너리모양새며 옷차림에 옷고름 매는 법까지가 서로 달랐다. 중인계급은 중인계급만의 말투와 생활방식이 있었고, 천민계급은 천민계급만의 말투와 생활방식이 있었으며, 장사꾼의 말투와 생활방식이 달랐고, 온갖 바치 곧 기술자들의 말투와 생활방식이 달랐다.

　농민계급과 사대부계급의 말투야 아직도 많이 남아있으니 되살려내는 것이 그렇게 어렵지 않지만, 문제는 아전으로 대표되는 중인계급의 말과 노비로 대표되는 천민계급의 말이다. 드러내놓고 싶지 않은 뿌리이므로 당자와 후손들이 결사적으로 인멸하고 단절시켰던 터라, 기록이 전혀 없다. 할아버지와 할머니 그리고 어머니한테서 들은 몇 마디와 고로들한테서 귀동냥한 것 몇 마디가 거의 전부이다. 선배 작가들의 작품 가운데서는 고 한무숙의 『역사는 흐른다』에서 약간 도움을 받은 것이 유일한 정도. 현역 작가 가운데서 반상의 법도와 아전계급 또는 노비계급의 말투에 대해서 그 대강이라도 꿰고 있는 이로는 이문구가 또한 유일하다. 졸작 『국수(國手)』를 쓰면서 식은땀을 흘리는데 날카로운 지적과 함께 애정어린 고증을 하여준 것도 명천당(鳴川堂)이었다. 홍벽초 이후의 작가 가운데서 거의 유일한 상정지문(祥精之文)이다.

　나름대로의 결의와 각오가 있다고는 하나 언제 끝날지도 모를 졸작을 가지고 이야기한다는 것이 남부끄러운 노릇이지만, 『국수』를 쓰면서 겪는 고통의 핵심 또한 말이다. 5·16 이전의 간행물과 해방 직후의 책들이며 일제시대와 구한국시대와 조선시대의 서책들에다가 여러 종류 자전(字

典)의 숲까지를 헤매인 끝에 풍속과 생활은 이제 어떻게 간신히 흉내나마 내어보겠는데, 여전히 막막한 것이 당시의 사람들이 썼던 말투이다. 구체적인 삶에서 나오는 것이 언어이고, 그렇게 나온 언어의 방식을 따라 적어 나가는 것이 문장이며, 그 문장의 체재 곧 모양새가 이루어져 문체가 되는 것인데, 상기도 언어의 은산철벽 앞에서 식은땀만 흘리고 있다.

모든 것이 사라지고 있다. 이 우주에 존재하는 모든 것들이 다 태어나서 자라다가 무너져 공(空)으로 되었다가 그 공에서부터 다시 또 태어나서 자라다가 무너져서 공으로 되기를 무시무종(無始無終)으로 되풀이하고 있는 것이 이 우주의 법칙이기는 하지만, 우리의 경우는 그 정도가 너무

심하다. 그것도 역사발전의 필연적 법칙에 따라서 무너져
간 것이 아니라 오로지 타율적으로 무너져갔고 무너져가고
있다. 생활풍습이야 그 흔적이나마 남아있어 찾아볼 수 있
다지만 언어의 경우는 더구나 그 정도가 심해서 조상 전래
로 써오던 말들이 거의 절멸되어버렸다. 왜말에 밀려나고
양말에 쫓겨나서 우리 고유의 아름다운 조선말들은 이제
토씨로 전락해버렸다.

  모국어를 책임 맡은 사람이라고 할 수 있는 이른바 작가
들이 쓰고 있는 작품 또한 마찬가지. 아니, 앞장서서 그것을
부추기고 있다. '조선의 눈'으로 산천과 인심을 보려 하지
않고 '서구의 눈'으로만 산천과 인심을 보고 있으니, 서양
의 튀기 또는 서양문화의 충실한 전도사들인 그들이 쓰는
이른바 소설명색이라는 것들이 조악한 번역체의 서구식 문
장이 되는 것은 차라리 너무도 당연한 일 아닌가. 이것은
개인에게 그 잘못을 따지기보다 그렇게 될 수밖에 없는 우
리의 왜곡된 문화풍토와 교육에 문제가 있는 것이기는 하
지만, 왜곡된 문화를 바로잡는 데 길잡이가 되어야 할 사람
들이 바로 작가이기 때문에 하여보는 말이다.

  언어 왜곡의 원범(元犯)은 일본이다. 사람들은 흔히 한문
투로 되어 있는 어휘 또는 개념어는 다 한족(漢族) 한테서
온 것으로 알고 있고, 그래서 필자처럼 이른바 넉자배기를
즐겨 쓰는 사람을 보고 봉건유제니 유교잔재니 하는 왜식

넉자배기를 끌어들여 개명이 덜 된 전조(前朝)의 슬픈 유민쯤으로 낮추보기도 하는데, 그렇지가 않다. 한문에도 중국식 한문이 있고 조선식 한문이 있으며 일본식 한문이 따로 있다. 우리가 지금 쓰고 있는 어휘 또는 개념어들 가운데 거의 전부가 왜식이라고 한다면, 놀랄 사람들이 많을 것이다. 부끄럽고 통탄스러운 일이지만, 그러나 그것은 사실이다.

아직도 굳건하게 남아있는 왜말의 찌끄러기를 말하는 것이 아니다. 성터 주변의 마을 이름이 성내리(城內里) 또는 성내동(城內洞)으로 바뀌었고, 장승백이가 장승(長承)

이 되었으며, 비석거리 또는 비석골을 입석리(立石里)로 바꾸어 버린 일제였다. 아름다운 우리말로 된 버드냇골이 유천동(柳川洞)이 되고, 물치가 수색(水色)으로, 솔고개가 송현(松峴), 시루뫼가 증산(甑山), 새터말이 신촌(新村), 쇠귀골이 우이동(牛耳洞), 배다리골이 주교동(舟橋洞), 잿골이 재동(齋洞)으로 되고, 박날내가 난천(檀川)으로, 여드랑재가 팔량현(八良峴)으로 되는 등 온 나라 안의 땅이름 거의 전부가 왜식이다.

땅이름만이 아니다. 우리가 나날의 삶에서 쓰고 있는 말의 거지반이 다 왜식인 것이다. 보기를 들자면 요즈음 많이들 쓰는 민초(民草)를 우리의 옛사람들은 민서(民庶) 또는 서민(庶民)이라 하였고, 배우(俳優)는 노릇바치이며, 현금은 뇐돈이다.

이른바 문민시대라고 한다. 그런데 이 '문민(文民)'이라는 말이 50년 전 일본에서 만들어진 조어(造語)라는 것을 아는 이는 또 그렇게 많은 것 같지 않다.

어찌 또 '문민'만이겠는가. 보기를 들기로 하면 한도 없고 끝도 없다. 최소한의 민족적 자존심마저 없는 권력동물들이 국권을 농단하고 있는 나라에 사는 장삼이사(張三李四)들이 왜말과 양말을 모국어로 알고 쓰게 되는 것은 차라리 당연한 일 아닌가.

우울한 이야기이다. 그렇게 되지도 않을 것이고, 이러한 것들을 우리 민족 고유의 것으로 되살려내기 위한 무슨 '운동' 또는 '투쟁'을 이마에 '하지마끼' 질끈 동여매고 하자는 것이 아니다. 다만 왜화(倭化)·양화(洋化) 이전 우리네 선조들의 삶을 그리는 이른바 역사소설에서만큼은 우리식의 표현법을 찾아내어 써야 할 것이 아닌가 하는 안타까운 마음에서 하여보는 말이다. 그것이 진정한 작가의 길이 아니겠는가 하는 스스로의 다짐일 뿐이다. 수리수리 마하수리 수수리 사바하.

그리운 옛 시인詩人

달빛도 거지도 도적개도 모다 즐겁다
풍구재도 얼럭소도 쇠드랑볕도 모다 즐겁다

도적괭이 새끼락이 나고
살진 쪽제비 트는 기지개 길고

홰냥닭은 알을 낳고 소리치고
강아지는 겨를 먹고 오줌 싸고

개들은 게모이고 쌈지거리하고
놓여난 도야지 둥구재벼 오고

송아지 잘도 놀고
까치 보해 짖고

신영길 말이 울고 가고

장돌림 당나귀도 울고 가고

대들보 우에 베틀도 채일도 토리개도 모도들 편안하니
구석구석 후치도 보십도 소시랑도 모도들 편안하니

백석(白石)이라는 시인이 있었다.

평안북도 정주땅에서 태어났으니 살아있다면 올해 여든 다섯살이 된다. 처녀작 「정주성」을 <조선일보>에 발표한 것이 스물네살 때였고, 오직 하나뿐인 시집으로 『사슴』이 있다. 고향에 있는 오산학교를 다녔는데 같은 학교를 다녔던 선배시인 김소월을 몹시 선망하였다고 전하여진다.

오산학교를 졸업하고 <조선일보> 후원 장학생 선발에 뽑히어 일본 동경에 있던 아오야먀학원(靑山學院)에서 영문학을 공부하였다. 귀국하여 <조선일보>에 들어가 출판부 일을 보면서 계열잡지인 <여성(女性)>지의 편집일을 하다가 다음해 '정주성'을 <조선일보>에 발표하면서 문단에 나왔고, 35편의 시가 담긴 『사슴』을 2백부 한정판으로 펴낸 것은 그 다음해이니, 나이 스물다섯 살 때였다. 이때에 열한 사람이 발기하여 출판모꼬지를 차려주었는데, 화가 안석영 (安夕影) · 『임꺽정』의 작가인 홍명희의 아들로 북한 역사학계를 이끌었던 홍기문 · 월북한 문학평론가로 육사의 아우인 이원조 · 모더니즘 시의 원조였던 김기림 같은 이들의 이름이 보인다.

같은 해 <조선일보>를 그만두고 함경남도 함흥에 있던 영생여고보의 교원으로 있다가, 다음 해 다시 서울로 와서 <여성>지의 편집일을 보다가, 만주로 가서 생계유지를 위하여 측량보조원·측량서기·소작인 생활 등을 하다가 8·15해방을 맞아 귀국하여 신의주에 한때 머무르다가, 고향 정주로 갔다. 그리고 그의 이름은 사라져버린 것이었다.

신새벽의 이슬방울처럼 맑고 올곧은 정신을 지니고 있던 한 뛰어난 시인은 민족분단이라는 만경창파 위에서 일엽편주로 떠돌다 가뭇없이 사라져버린 것이었으니, 애훕어라. 이 민족의 지중한 공업(共業)이여.

어찌 또 백석 뿐이겠는가. 이용악·오장환·설정식·박아지·조벽암·이찬·김창술… 등 얼마나 많은 문학인들이 월북 또는 재북이라는 이름 아래 사라져갔던가. 일제가 우리 민족한테 저지른 행악과 남기어순 상저가 헤아릴 수 없이 많지만, 민족문학사 쪽만 하더라도 이처럼 엄청난 것이었다.

마지막 작품인 「남신의주 유동 박시봉방(南新義州 柳洞 朴時逢方)」이 <학풍(學風)> 창간호에 발표된 것이 48년 10월이었다. 그것도 절친한 벗이었던 작가 허준이 해방 전부터 지니고 있던 것을 발표한 것이었고 시인 자신은 고향 정주에 머물고 있었으니, 자기의 마지막 작품이 실린 잡지를 보았는지 못 보았는지 알 길이 없다. 48년 10월이라면 남북 양쪽에 각기 단독정부가 수립된 직후의 살벌한 상황이었으므로, 아마도 십상팔구 못 보았을 가능성이 높다.

머리에 적은 「연자간」이라는 시에서도 보이듯이 백석이 온몸으로 부둥켜 안고 울었던 것은, 모국어였다. 조선말. 사람이기를 포기한 일본제국주의 침략자들의 조직적 파괴공작 아래 모국어가 말살되어 가던 시절 우리 민족정신의 본디 모습인 모국어를 지켜내고자 하는 시인의 순정(純正)한 정신은 참으로 고독하고 눈물겨운 것이었다. '사쿠라꽃' 만발한 신작롯길을 버리고 찔레꽃 우거진 오솔길 또는 붉은 흙먼지 숨막히는 황톳길을 허위단심 걸어가는 고달픈 것이었다.

「연자간」이라는 시는 이 시인의 초기 작품인 「모닥불」과 대비되는 데가 있다. 어디인지 모르게 어둡고 우울하며 그리고 비극적인 색조가 짙게 깔려 있는 것이 「모닥불」이라면, 「연자간」에서 보여주는 색조는 밝고 가뜬하며 그리고 따뜻하다. 무엇보다도 여유가 있다. 달빛 거지 도적개 풍구개 얼럭소 쇠드랑볕 도적괭이 살진 쪽제비 홰냥닭 도야지 송아지 보해 짖는 까치 신영길 말 장돌림 당나귀 대들보 우에 베틀 채일 토리개 후치 보십 소시랑들이 서로가 서로를 쓰다듬고 안아주면서 '편안하니' 놓여져 있는 것이니, 아. 다툼을 지양하고 서로 합쳐 하나가 된다는 저 원효철학의 가장 높은 도달점인 '화쟁(和諍)' 아닌가. 시인이 진경수묵의 기법 또는 진채(眞彩) 먹인 몽당붓끝으로 무심하게 그려 보여주고자 하는 것은 저 강도 일제의 발톱과 이빨에 갈가리 찢기워지기 전까지 지켜지고 있던 민족공동체의 모습이었다. 조선의 마음. 완강한 주자학 이데올로기에 의하여 납청장(納淸場)이 되었을망정 십시일반하는 두레정신으로 이어져 오던 조선 농군들의 마음이었다. 흙과 더불어 살아가다가 흙으로 돌아가 한줌 땅보탬이 되고는 하던 조선 농투산이들의 마음이었다.

　백석의 시에서 구체적 공간배경이 되고 있는 곳은 농촌이었다. 비때 비 오시고 눈때 눈 오시고 바람 불때 바람 불기를 기다리며 자연과 함께 더불어 한몸이 되어 살아가던 농촌과 산간 두메와 바닷가였다. 백석이 눈을 주었던 곳은 언어였다. 말. 번쩍번쩍하는 전깃불 휘황찬란한 도회지에 사는 이른바 먹물들이 모국어 대신 왜말을 입에 달고 있을 때 모국어의 듬이 그나마 간신히 유지되고 있는 것은 궁벽진 존구석에서 자연과 너불어 살아가는 무지렁이들 더분이라고 본 시인의 눈은 참으로 올바른 것이었다. 영문학을 공부하여 토마스 하디의 『테스』와 제임스 조이스의 소설과 타

고르의 시들을 번역해낸 사람이면서도 『사슴』의 어디에도 서구문학의 영향이 없는 그는 진정한 '조선사람'이었다.

영어가 넘쳐나는 세상이다. 왜말의 찌끄러기는 상기도 완강한데 그 왜말을 치고 들어온 것이 양말이다. 신문을 펼쳐도 영어요 텔레비전을 켜도 영어며 거리의 간판도 영어이고 입고 다니는 옷이며 신발에도 영어요 온갖 상품의 포장지에도 온통 영어로 뒤발이 되어 있으니, 어디에 가야 우리말을 찾아볼 수 있다는 말인가. 학생들을 가르치는 대학교수들의 강의에도 영어가 반 넘어 섞여 있고 심지어는 모국어를 책임맡은 사람이라고 할 수 있는 시인과 작가들이 쓰는 시와 소설 속에서도 영어는 어지럽게 춤을 추니, 우리말이 영어의 토씨로 전락하여 버린 지 하마 오래 전이다. 과장이나 문학적 수사(修辭)가 아니라는 것을 증명하기 위하여 신문에 났던 기사를 인용하여 보겠다.

서울대 교수들의 상당수가 강의 도중 외국어 및 외래어를 무분별하게 사용하는 것으로 조사됐다.

국어교육연구소(소장 김은전)가 97년 3월부터 서울대 교수 50여명을 대상으로 강의 내용을 녹취해 외국어 및 외래어 사용 실태를 조사한 결과, 조사 대상자의 70% 가량이 한 문장에서 최소한 1개 이상의 외국어나 외래어를 사용하는 것으로 나타났다.

이런 현상은 인문·사회과학분야 교수들보다 이공계 교수들에게서 더 두드러졌다.

교수들은 '업스트랙티브하게(추상적으로)' '제너럴하게(일반적으로)' '이그잭트하게(정확하게)' '스판테이니어스하게(동시에)' '베리어블하게(다양하게)' 등 영어의 형용사에 '하게'를 붙여 우리말의 부사로 사용하는 경우가 많았다.

생물학과의 한 교수는 '색맹'을 '컬러 블라인드니스'로, '단순하다'를 '심플하다'로, '파악하다'를 '캐치하다'로 표현하는 등 1천자 분량의 강의에서 30여 회나 외국어 및 외래어를 사용했다. 물리학과의 어느 교수는 '와이드한 온도 레인지가 되죠(온도범위가 넓어진다)'라고 말하거나, 교육학과의 한 교수는 '아주 프랙티컬하고 리얼한 세팅 속에서 문제를 다루는 연습을 한다'고 말하는 등 영어의 형용사와 명사를 우리말 구조에 꿰어 맞춰 표현했다.

국어교육연구소 쪽은 '교수들이 강의실에서 사용하는 언어가 학생뿐 아니라 사회 전 영역에 영향을 끼친다는 점에서 이에 관한 교수들의 의식적인 노력이 필요하다'고 지적했다.

새끼오리도 헌신짝도 소똥도 갓신창도 개니빠디도 너울쪽도 짚검불도 가락잎도 머리카락도 헌겊조각도 막대꼬치도 기와장도 닭의 짗도 개터럭도 타는 모닥불

재당도 초시도 門長 늙은이도 더부살이 아이도 새사위도 갓사둔도 나그네도 주인도 할아버지도 손자도 붓장사도 땜쟁이도 큰개도 강아지도 모두 모닥불을 쪼인다.

모닥불은 어려서 우리 할아버지가 어미아비없는 서러운 아이로 불상하니도 몽둥발이가 된 슬픈 역사가 있다.

참혹한 일제 식민지의 정밤중에 온몸으로 모국어를 끌어안고 몸부림쳐 울었던 백석의 시 「모닥불」 전문(全文)인데, 장황한 설명이 필요없는 작품이다. 사람들이 살림살이를 하다 버린 온갖 잡동사니를 끌어모아 지피운 모닥불가에 둘러앉아 모닥불처럼 따뜻한 정을 나누고 있는 어느 밤 저녁의 두메 정경이 선하게 눈에 들어온다.

새끼오리 헌신짝 소똥 갓신창 개니빠디 너울쪽 짚검불 가락잎 머리카락 헌겊조각 막대꼬치 기와장 닭의 짗 개터럭 같이 하잘것 없고 사소한 허접쓰레기들이 모여 이루어내는 따스한 모닥불 곁에 둘러앉아 네 설움 내 설움을 받고 차기 하는 것은 재당 초시 문장 늙은이 더부살이 아이 새사위 갓사둔 나그네 주인 할아버지 손자 붓장사 땜쟁이 큰개

강아지 같은 것들이니, 하나같이 장삼이사(張三李四)의 풀잎사람들이요 그 동무인 집짐승들이다. 어디서나 마주치던 가난한 이웃사촌들.

1연이 모둠살이를 보여주고 2연이 똑 고른 노느매기를 말하여 준다면 3연은 목숨이다. '애비없는 아이로 불상하니 몽둥발이'가 되었을망정 꿋꿋이 살아가고 있는 동아줄처럼 검질긴 생명력. 병신몸일망정 꿋꿋하게 살아왔고 또 살아갈 것이라는 굳센 다짐. 개인사로 읽어도 좋고 민족사로 읽어도 무방하리라.

그러하였다.

그렇게 살아온 것이 우리들의 삶이었다.

보리감자만 한 소쿠리 쪄도 집집이 돌리고 콩 한 쪽도 서로 나눠 먹으면서 가난하지만 그렇게 넉넉한 마음으로 오순도순 살아왔다. 나와 내 식구를 뺀 모두를 쳐서 물리쳐야 할 '적'으로 여기지 않고서는 살아남을 수 없는 잔혹무비한 '무한경쟁'의 사회가 아니라 더불어 함께 살아가던 두레공동체였다.

그러하였는데 이제는 산나물 한 가지만 뜯어도 돈이 되므로 도무지 나눠 먹을 줄 모른다. 온누리가 도시로 되고 있는 마당에 농촌이 어디 있고 이웃이 어디에 있다는 말인가. 남은 것은 오직 '경제가치' 뿐이므로 세상은 이미 '돈세상'이 된 지 오래이니, 이 무슨 새꼽빠지게 한갓진 소리라는 말인가. 문명사적·인류사적으로 대마루판에 올라선 지금, 이웃은 없다. 세기말의 밤은 칠흑처럼 어두웁다.

막막할 때마다 백석의 시를 읽는다. 인생이 막막하고 세상이 캄캄할 때마다 『사슴』을 읽는다. 아무 장이나 펼쳐보아도 장판지에 들기름 배듯 몰록 빠져버리고 마는 우리말과 우리 정서의 그 도저하게 깊고도 그윽하며 그리고 또한 아름다운 숲속에서 눈을 감는다. '그 드물다는 굳고 정한 갈매나무' 같은 시인이 보고 싶다. "아아. 백석!" 하고 불러본다.

* 도적개:주인없이 떠도는 개. 풍구재:풍구(風具). 곡식의 쭉정이와 겨 또는 먼지 따위를 없이하던 농구. 얼럭소:얼룩소. 쇠드랑볕:창살로 들어와 실내의 바닥에 비추이는 쇠스랑 모양의 햇살. 홰냥닭:홰에 올라앉은 닭. 둥구재비다:둥구잡히다. 두멍잡히다. 다리를 꽁꽁 묶이어 물통처럼 들리는 것. 보해:뽀보해. 뻔질나래 연달아 자주 드나드는 모양 또는 물건 같은 것을 쉴사이 없이 분주하게 옮기며 드나드는 모양. 신영길:혼례식에 참석할 새신랑을 모시러 가는 행차. 토리개:씨아. 목화의 씨를 빼던 기구. 후치:훌칭이. 극쟁이. 쟁기와 비슷하나 보습 끝이 무디고 술이 곧게 내려감. 쟁기로 갈아놓은 논밭에 골을 타거나 흙이 얕은 논밭을 가는 데 썼음. 모꼬지:여러 사람이 놀이나 잔치 또는 그 밖의 일로 모이는 일. 애홉어라:슬퍼라. 남청장이 되다:심하게 두들겨 맞아 만신창이가 되는 것. 듬:질서. 갓신창:말총으로 된 질긴 끈의 한 종류로 부서진 갓에서 나왔음. 개니빠디:개의 이빨. 너울쪽:널빤지 쪽. 닭의 짗:닭의 깃털. 재당:재종(再從). 육촌. 문장(門長):한 문중에서 항렬과 나이가 가장 위인 사람. 갓사둔:새사돈. 몽둥발이:몽동발이. 딸려 붙었던 것이 다 떨어지고 몸뚱이만 남은 물.

어두운 숲속에서

 숨이 찬다. 숨이 차니 기가 막히고 기가 막히니 말이 잘 나오지 않는다. 대컨 천지의 정기를 얻은 것이 사람이요, 한 사람의 몸을 맡아 다스리는 것이 마음이며, 사람의 마음이 밖으로 펴나오는 것을 가리켜 말이라고 하는 것이라면, 이 말도 잘 안 나오는 판에 글인들 잘 써질 리 있겠는가. 사람한테는 무엇보다도 먼저 기가 통해야만 살 수 있는데 기가 막혔으니 이제 죽을 일만 남았는가.
 "맑게 한데 어울리고 맑게 텅비어 있으며 한없는 허공 속에 가득차 있는데 그것이 크게 모인 것이 하늘과 땅이 되었고 그것이 작게 모인 것이 만물이 된 것이다. 그것이 모이고 흩어지는 형세에는 미약한 것, 뚜렷한 것, 오래되는 것, 빠른 것이 있다. 크고 작은 것이 '태허(太虛)'에 모이고 흩어지고 하는데, 크고 작은 차이는 있지만 비록 한 포기의 풀이나 한 그루의 나무 같은 미소(微少)한 것이라 할지도 그것은 끝내 흩어져 버리지 않는다. 하물며 사람의 정신과 지각(知覺)같이 그것이 크고 또 오래 모인 것이야 말할 나위 있겠는가."

화담(花潭)선생이 올바르게 밝히었듯이 이 우주에 머무르고 있는 모든 것들을 움직이게 해주는 근원적 힘을 가리켜 '기(氣)'라고 부른다. 기는 곧 '에너지'이다.

지구라는 이름의 이 조그만 별 위에 살고 있는 60억 가까운 사람들이 뿜어내는 기의 양은 숫자로 나타낼 수 없을 만큼 엄청나니, 더 좋은 것을 더 많이 그것도 끊임없이 내 것으로만 만들겠다는 탐욕. 이 밑 모를 탐욕에 의해서 극(極)이 움직인다. 남북 양극이 크게 흔들리면서, 좀더 구체적으로 말하면 23도 7분으로 기울어져 있던 지축(地軸)이 바로 서게 되면서 화산폭발과 지진과 해일과 폭풍에 더하여 핵폭발이 겹쳐져 인류가 종말을 맞게 될 것이라고 내다본 것이, 이른바 예언자들이었다. 지구온난화현상, 해수면의 상승, 산성비, 사막화, 오존층 파괴 등… 지금 이 순간에도 쉬지않고 그것도 무서운 가속도가 붙어 진행되고 있는 여러 가지 불길한 현상들이 그 조짐이라고 하는데, 더구나 무서운 것은 극지(極地)의 얼음덩어리들이 녹아내리고 있다는 사실이다. 지금으로부터 8년 안에 북빙하가 옹글게 녹아버릴 것이라고 내다본 미국의 과학자가 있다. 미국의 노티라스 원자력 잠수함이 북빙하의 얼음밑을 뚫고 아이슬랜드의 백해(白海)로 빠져나가기 비롯한 것은 70년대 초부터였다. 일본의 에도가와 부근은 지금 바다밑으로 가라앉고 있고 비행기를 타고 앵커리지를 지나노라면 빙하가 녹아 내리는 것이 눈에 보일 정도라고 한다.

어떻게 할 것인가?

예로부터 우리 조상들은 개미가 높은 곳으로 올라가면 장마가 지고 낮은 곳으로 내려가면 가뭄이 들 것을 알았다. 또 까치가 집을 지을 때 남쪽으로 들목을 내면 된바람이 강하게 불 것이고 북쪽으로 들목을 내면 마파람이 불 것인 줄 알았다. 우리는 지금 과연 무엇을 내다볼 수 있는가?

한 가지만은 분명하게 말할 수 있으니, 절멸이다. 사람이라는 이름의 종의 절멸과 지구라는 이름의 행성의 절멸이 그것이다. 오존층이 구멍났고 그것이 점점 더 커지고 있다는 것이야 다들 알면서도 짐짓 모른 체하고 있지만 뭉게구름이 일어나지 않고 있다는 사실을 알고 있는 이들은 그렇게 많지 않은 것 같다. 공기가 더럽혀져 구름이 뭉쳐지지 못하기 때문인데, 우리나라만이 아니라 세계적인 현상으로 되고 있다. 뿐인가. 하늘에는 뭉게구름이 일어나지 않고 땅은 더럽혀져 한번 오염되면 회복이 불가능한 지하수가 오염의 초기단계를 넘어서고 있으며, 바다에서 잡히고 있는 물고기 가운데 종양에 걸려있지 않은 것은 '스쿠알렌'이라는 천부의 항암제를 지니고 있는 상어말고는 없다. 하늘과 땅과 바다가 모두 망가져 버렸으니, 그 사이에서 살고 있는 사람이라는 이름의 종 또한 망가져서 마침내는 사라져 버릴 것 또한 지극히 당연한 이치 아니겠는가.

'DNA'의 가공할 육박으로 상징되는 이른바 현대문명의 위기에 대하여 많은 사람들이 이야기하고 있다. 위기 정도가 아니라 몰락으로 보기도 하고 가공할 재앙의 조짐으로 보기도 하는데, 필자 또한 그렇게 보는 사람 가운데 하나이다. 개인의 자아상실이나 공동체의 해체 그리고 생태계의 위기 따위를 지적하는 것은 이미 진부한 것이 되어버린 판국이다. 글머리에서 말하였듯이 참으로 모골이 송연한 조짐 또는 예측들이 나오고 있다.

왜 이렇게 되었는가?

여러 가지의 원인분석과 대답이 있을 수 있겠지만 간단하니, 오로지 생산력만을 드높여온 후과인 것이다. 끝없이 생산수단을 개선해서 생산력만을 드높여온 것이 인류의 역사였다. 인류의 역사라는 것은 다른 말로 하면 곧 진보의 역사인데, 이 진보의지가 벽에 부딪쳐버린 것으로 필자는 본다. 이른바 진보의지라는 것이 과연 좋은 것인지 심각한 반문을 해봐야 될 시점에 우리는 와 있다. 아니 벌써 늦어버렸는지도 모른다.

'컴퓨터 세상'이라고 한다. 지나치게 탁월한 '능률'과 '생산성'을 자랑하는 컴퓨터에 의한 '자동화 시스템'의 급속한 확산으로 말미암아 전통적 의미의 '노동'이 종말을 고하게 되는 것은 시간문제라고 한다. 한마디로 인간개념에 대한 근본적인 변화가 일어나는 전혀 새로운 세상이 열린다는 것.

컴퓨터와 유전공학으로 대표되는 새로운 세상은 과연 어떠한 세상일 것인가. 또한 여러 가지 예측을 해볼 수 있겠지만 한 가지 우리가 알아두어야 할 것은 가장 안락하고 배부른 때가 참으로는 가장 위험한 때라는 사실이다. 살만하게 되자 죽을 병에 걸리고 청춘인가 하였더니 어느덧 노년이다. 고르지 못하면 기울고 차면 넘치며, 피어난 꽃은 반드시 지게 되어 있는 것이 천지만물의 이치이고, 탄생·성장·진보하다가 사라지게 마련이니, 성주괴공(成住壞空)이다. 존재하는 모든 것들은 다 공(空)으로 돌아간다. 그러나 공으로서 끝나는 것이 아니라 공에서부터 다시 비롯되어 끝없이 이어져 되풀이되니, 이 비롯됨도 없고 마침도 없는 무시무종(無始無終)이 우주가 돌아가는 이치인 까닭이다. 윤회(輪廻)이다.

그런데 이른바 유전자 조작이라는 것에 의해서 이 윤회와 윤회의 근본원인인 업(業)마저 부정되기에 이르렀다. 인류의 기원문제를 놓고 두 편으로 갈라졌던 것이 생명논쟁이었다. 창조론과 진화론이 그것으로 전자가 기독교 개념의 뿌리라면 과학쪽의 주장은 후자였다. 이렇게 과거완료형으로 말하는 데는 까닭이 있으니, 제3의 이론이 나온 것이다.

창조론과 진화론을 일거에 덮어버린 그것은 바로 '조작론'이다. 생명은 창조되나 진화의 결과가 아니라 유전자 결합에 의해서 만들어질 수 있다는 것. 그렇게 만들어지고 있다. '로봇' 수준이 아니라 창조적인 사유와 그에 따른 행동을 할 수 있는 생명체를 만들어낼 수 있는 실험이 끝난 것이 이미 70년대 초였다. 인류사회를 지탱시켜온 중심기둥인 종교와 철학이며 도덕률과 모든 예술행위들이 무너져버릴 수밖에 없는 미증유의 사태 앞에서 두려움을 느낀 과학자들이 실행으로까지 옮기는 것을 유보하여서 그렇지, 책권이나 읽는다는 사람들은 다 알고 있는 사실이다. 복제양 문제가 세상을 떠들썩하게 하였지만 어쩌면 그렇게 만들어진 '인조인간'들이 벌써부터 우리네 같은 '원인간'들 사이를 누비고 다니는 지도 모른다. 이른바 새로운 세기의 대체식량으로 실험되고 있다는 각종 돌연변이 현상들이 이 모골이 송연한 상상력에 근거를 주고 있다. 엄청나게 큰 가축과 구근(球根) 들이 그것이고, 배추뿌리에 무가 달리고 무뿌리에 배추가 돋아나는 것들이 이러한 상상에 무게를 더하여 준다. 더구나 끔찍한 것은 한번 만들어진 물건은 반드시 쓰여지게 되어 있다는 사물의 존재법칙이다.

이렇게 엄청난 판국 앞에서 문학은 무엇이고 문학을 포

함한 책은 무엇인지. 책을 이루게 하여 주는 상상력의 문제는 어떻게 되는 것이며, 이 상상력을 실어 날라다 주는 수레인 언어와 문자는 또 어떻게 되는 것인지. 그리고 이미 사멸의 길로 접어들고 있는 활자의 문제는.

 이른바 작가를 지망한다는 이들의 소설을 읽어볼 적마다 느끼는 것이지만 놀라운 것은 하나같이 컴퓨터로 찍혀 있다는 점이었다. 소설을 쓰는 것이 아니라 찍는다. 붕어빵을 찍고 상품을 찍어내듯이 똑같은 규격의 제품을 대량생산으로 찍어내고 있다. 소설을 필두로 한 문학이야말로 마지막까지 지켜내야 할 가내수공업일 섯이라고 굳게 믿고 있는 자로서는 쓸쓸한 일이 아닐 수 없다.

 유익성과 효과성 그리고 능률과 생산성의 극대화만을 추

구하는 이른바 '실용주의' 교육 아래 자라온 세대로서는 차라리 당연한 것인가. 컴퓨터로 찍어내고 있는 명색이 소설이라는 것들에는 특색이 있으니, 어휘가 빈곤하고 숨가쁘게 짧은 호흡의 단문이며 개성이 없다는 점이 그것이다. 작가의 생명이랄 수 있는 어휘가 제한되어 있으니 동어반복일 수밖에 없고, 물기 없이 메마르고 짧은 문장 이전의 문장으로 사물과 현상의 겉껍데기만 건드리고 있으니 유장한 사유의 세계를 펼칠 수 없으며, 치열한 긴장과 탐색의 과정이 없으니 개성 또한 없을 것은 불문가지. 예로부터 작가 된 자의 그 실력을 판가름할 수 있는 잣대가 묘사력이었다. 사람까지를 포함한 자연풍광 또는 자연생태계에 대한 묘사가 얼마나 진실에 육박하였는가를 놓고 그 역량이 드러날 수밖에 없었다. 컴퓨터로 찍어내는 소설명색에는 그런데 하나같이 자연계에 대한 묘사가 없으니, 제임스 조이스류의 본격 심리소설이 아니라 이상하게 기괴한 변태적 엉터리 심리소설이 되는 것 또한 당연한 귀결 아닌가.

  막막할 때마다 책을 읽었다. 인생이 막막하고 세상이 캄캄할 때마다 책이 있어 외롭지 않았다. 책 속에 길이 있다고 굳게 믿어 의심하지 않았으므로 절망의 정밤중에도 한 점 반딧불같은 희망이 있었다.

  그런데… 꿈이 사라져 버렸다. 희망이 사라져 버렸다. 존재하는 모든 것들이 그 깊은 속살까지 남김없이 까발려지고 있는 마당에 무슨 꿈이 있고 희망이 있을 수 있다는 말인가. 민족적·사회적 약자와 자연생태계에 대한 구조적 착취에 그 뿌리를 둔 강대국 중심의 약탈적 경제체제가 이른바 세계화의 개념이고, 뿌리없는 지식의 파편들을 끊임없이 주입시켜 기계인간을 만들어 버리는 야만적 단순논리가 정보화의 개념이라고 정리해 버리면 그만인가.

　사람들은 '과학미신'에 사로잡혀 있다. 과학이 모든 것을 다 해결해 줄 것으로 굳게 믿어 의심하지 않는다. 과연 그러할까? 한 송이의 꽃이 피어나게 되는 이치와 한 방울의 물이 저 광막한 우주공간을 팔만사천번씩 윤회하던 끝에 다시 또 한 방울의 물로 되돌아오기까지의 오묘 불가사의한 이치를 밝혀내지 못하고 있는 게 이른바 현대과학이라는 사실을 사람들은 잘 모르고 있다. 십진법에서 이진법으로 돌아오고 있다는 엄연한 사실 또한 잘 모른다.

　깊게 생각하는 이들은 하나같이 '끝'을 말하고 있는 요즈음이다. 자연생태계의 고리가 끊어져 돌고도는 먹이사슬의 짜임새 자체가 엉망진창이 되었다는 것은 사람마음 생태계의 고리가 끊어져 버렸다는 것을 뜻한다. 보다 편리하고 안락하게 살고자 하는 끝모를 욕망 때문이다. '본래무일물(本來無一物)'의 근본 이치를 깨달아 부질없는 욕망의 고리를 끊어내지 않고서는 더불어 함께 지옥으로 떨어질 수밖에 없으니, 문제는 가치관이다. 어떻게 사는 사람을 아름다운 사람으로 볼 것이냐 하는.

　어떻게 할 것인가?

먼지 낀 돋보기의 알을 닦아내고 다시 또 책을 읽는 도리밖에 없다. 그 길밖에 길이 없다. 어떤 책을 어떻게 읽을 것인가 하는 이른바 선택과 방법의 문제 또한 책 속에서 찾을 수밖에 없다. 안광(眼光)이 지배(紙背)를 철(徹)하도록 책을 읽은 다음 그 책을 버려야 할 것이다. 그리고 한 마음으로 정신을 모두어 깨달음의 넓은 바다로 나아가야 할 것이다.

다시 보는 '수택본 手澤本'들

"천지현황, 천지현황이라…."
혼잣말씀처럼 되뇌이던 할아버지가 이윽한 눈빛으로 나를 바라보시었다.
"하늘은 가맣구 따는 누르다…. 이것이 무슨 도리인고?"
꿀꺽 하고 나는 생침을 삼키었고, 후유— 하고 할아버지는 긴 숨을 내리쉬시었다.
"물리가 터진즉 이 도리를 알려니와, 이 책의 대원즉슨 천지현황이 늑자 속에 들어있다구 헤두 과언이 아닐 것이니라. 연이나, 이 늑자 속에 천지이치 또한 들어있을 것인즉…."
책 잘못 읽은 죄로 늬 애비는 그렇게 되었노라 장탄식을 하면서도 손자한테는 책을 읽으라고 하시던 할아버지였다. 하늘 밑의 벌레로서 이 누리에 나서 배우지를 않는다고 할 것 같으면 나치 어둡고 어두운 깜깜칠야 그믐밤에 일점 등불도 없이 다니는 것과 무엇이 다르겠느냐며 다섯살짜리 핏덩어리를 앉혀놓고 수클을 깨우쳐 주시던 할아버지였으니, 육이오사변이 터진 다음해였다.

고향집의 사랑방 윗목에는 이층 책롱이 놓여 있었다. 세거(世居)하여 오던 원고향집의 뒤란에 있던 늙은 자부동(自付桐)을 베어 아버지가 손수 마름질하여 짜셨다는 그 책롱에는 좀먹고 빛바랜 선고(先考)와 조상 전래의 수택본(手澤本)들이 들어 있었다. 경사자집(經史子集)을 필두로 한 각종 서책이며 예서(禮書)와 지가서(地家書)와 비기(秘記)에 조선왕조 역대 임금들의 수결(手決)이 먹자국도 뚜렷하게 찍혀 있는 교지(敎旨)며 홍패(紅牌) 백패(白牌)에 완문(完文)에 사장집(詞章集)이며 간찰(簡札)에 법첩(法帖)에 그리고 크고 작은 두루마리 글씨에 또 병풍차들이 빼곡이 들어차 있는 윗책롱에서는 언제나 묵의 잔향이 은은하였고, 각종 영서(英書)와 일서(日書)가 가득 들어있는 아랫책롱에서는 좀약내음이 코를 찔렀다.

그립고 외로우며, 그리고 또 무엇보다도 먼저 배가 고플 때마다 나는 책롱을 열고 그 빛바래고 좀먹어 조선왕조와 대한제국과 일제 치하의 내음 코를 찌르는 옛책들을 펼쳐보고는 하였는데, 슬펐다. 왜 슬픈 것인지 그 까닭도 모른 채로 그저 그냥 슬플 뿐이었다. 귀한 옛 선현들의 서화며 골동들은 아버지의 구명운동과 옥바라지와 큰삼촌의 약값으로 죄 날아가버리었고, 아버지의 장서와 원고들은 거지반 압수되거나 할아버지의 손에 태워져 재가 되었노라는 할머니와 어머니의 한숨소리를 나는 기억하고 있다. 아, 애

홉어라. 상기도 미친 세월은 끝나지 않았는데, 그 미친 세월이 할퀴고 간 역사의 상채기들은 몇 권의 서책으로 남아 사개가 뒤틀리어 여닫을 때마다 비명을 지르는 책롱속에 시든 풀잎으로 누워있는 것이었다. 할아버지는 한 달에 한 번씩은 꼭 햇귀좋은 날을 골라 책롱 속의 서책들을 거풍(擧風)하여 그 부식과 퇴색을 막아보려 하였는데, 그것이 내게는 마치 이미 시들어 죽어버린 나무에 물을 주며 다시 꽃이 피기를 기다리는 것처럼 안타깝게만 보이던 것이었다.

  할아버지가 가장 귀하게 여기며 아끼시던 책이 두 가지였는데, 『칠서(七書)』와 『강희자선(康熙字典)』이 그것이다. 두 가지 모두 아버지의 구명을 위하여 어느 유력자의 집에 맡기고 얼마간의 돈을 빌렸다고 하시었다. 그러나 『강희자전』은 끝내 찾아오지 못하고 말았으므로, 더구나 가슴 아픈 『칠서』이다.
"이 으른이 뉘신고?"
『선세유묵(先世遺墨)』이라고 씌어있는 책과 오동나무 책갑 속에 들어있는 칠서 곧 『논어』『맹자』『대학』『중용』 『역경』『시경』『서경』을 펼쳐보실 때 할아버지의 성음은 가느다랗게 떨려나오시던 것이었다. 중시조(中始祖)이신 십삼대조를 필두로 여러 분 윗대 할아버님들의 글씨가 들어있는『선세유묵』은 4백년을 넘게 내려온 것임에도 그 먹빛이 오히려 뚜렷하게 살아 빛나고 있어, 눈부시다. 대형 크라운판 두 권을 합친 크기인 황톳빛 그 책의 표지를 넘기면 오른쪽 맨 위쪽에 손톱만한 크기의 잇꽃빛 명주조각이 붙어 있는데, 선조들의 휫자(諱字)를 감히 드러낼 수 없다는 옛사람들의 마음이 담겨 있어, 숙연하여진다.
『칠서』에는 십삼대조의 투슈가 찍혀 있다. 방형(方形) 원형(圓形) 종형(鍾形) 향로형(香爐形)으로 된 투슈에는 성명과 별호와 본관과 잠언 같은 것들이 전서(篆書)로 새기어져 있는데, 방금 찍은 듯 인주내음이 나는 것 같다. 방형과 원형으로 된 인(印)도 그렇지만 땅불쑥하게 아름다운 것이 종형과 향로형인이다. 아호와 좋아하는 글귀를 새겨 넣은 종형인에서는 금방이라도 인정(人定)과 파루(破漏)를 알리는 종소리가 들리는 듯하고, 향로형인에서는 자단향 내음이 나는 듯 하다. 책의 첫장과 뒷장에 찍혀 있는 이런 투슈들은 단순히 누구의 책이라는 것을 알리는 장서인의 차원을 넘어 예술의 경지로 들어가고 있다. 첫닭이 우는 소리를 듣고 일어나 소세하고 머리빗어 옷깃을 단정히 한 다음 경상(經床) 앞에 올방자 틀고 앉아 우주 삼라만상의 이치와 사람의 도리를 궁구하느라, 신 신을 사이 없는 선비의 모습이 보이는 듯하다.

얼굴과 말투며 몸가짐을 보면 그 사람의 인품을 알 수 있듯이 투슈의 생김새, 곧 인품(印品)을 보면 그 투슈의 주인 되는 이의 인품을 알 수 있다. 대추씨처럼 뽓뽓하면서도 부드러워 아름다운 이러한 투슈는 누가 만든 것일까. 당대의 인인(印人)이나 예술에 조예깊던 다정한 벗들이 새겨주었을 수도 있지만, '이왕(二王)을 본받아 중체(衆體)에 능하였고 전(篆)에 더구나 능하였다'는 서법의 조예로 보아 시러금 스스로 새기었을 가능성 또한 높다. 자는 경택(景擇)이며 호는 선원(仙源) 또는 풍계(楓溪)라 하였으니, 병자호란 때 강화에서 화약궤를 터뜨려 순절하신 김상용 선생이 바로 그 어른이시다.

4백여년 전의 당판(唐板)『칠서』를 보는 데 없어서는 안될 책으로 할아버지께서 귀히 여기시던 책이『전운옥편(全韻玉篇)』이다. 영조 35년(1759) 춘방(春坊)에서 박아낸 이 책은 웬만큼 한학에 밝지 않고서는 보기 어려운 한한자전이다. 간행된 연대로 보아 구대조 할아버지적부터 이 책을 곁에 놓고『칠서』를 읽었을 터인데, 그 겉표지에 쓰여 있

는 '전운옥편(全韻玉篇)' 네 글자가 선고의 유묵임으로 해서 필자에게는 더욱 소중한 책으로 된다.

활판으로 된 서책들은 이밖에도 여럿 되지만 『대학장구대전(大學章句大全)』과 『대학언해(大學諺解)』가 더구나 소중한 것은, 주사(朱砂)빛도 뚜렷한 고조부의 구결(口訣)이 장장줄줄마다 씌어있다는 점 때문이다. 값나가는 무슨 고서로 모셔둔 책들이 아니라 그 속에 담겨 있는 참된 이치를 올바르게 깨우쳐 세상에 널리 펴고자 경상 위에 펼쳐놓고 수시로 읽던 책들인 것이다.

『칠서』나 『전운옥편』 못지않게 귀중한 책으로 필자가 늘 책상 위에 놓아두고 경계로 삼는 책이 『죽서독서록(竹西讀書錄)』이다. 죽서는 필자한테 팔대조 되는 어른의 아호로, 그 어른이 영조 8년(1732)부터 37년(1761)까지, 그러니까 9살부터 38살까지 30년 동안 읽은 책과 읽은 횟수를 적어둔 책이다. 책이라기보다는 한 개인의 사적 도서목록에 지나지 않지만, 왕조시대 한 지식인의 독서범위와 거기에 들인 공력을 엿볼 수 있는 기록이어서, 좁은 범주의 독서를 그것도 건성으로 하고마는 오늘의 이른바 독서인들에게 타산지석(他山之石)이 되리라는 생각이다.

9살, 10살 때는 간지만 적혀있고 읽은 책이름이 없는 것으로 봐서 본격적인 독서를 위한 준비기간으로 보인다. 곧 『천자문』과 『동몽선습』 『명심보감』 『통감』 등을 읽어 문리를 깨우치던 시기인 듯.

11살 때 처음 읽은 책이 『사략(史略)』과 『마사(馬史)』인 것이 의미 깊다. 중국의 삼황오제(三皇五帝)시절부터 송말까지 역사를 간추려놓은 것이 『사략』 곧 『십팔사략』이고 사마천이 지은 『사기』를 달리 이르는 말이 『마사』이니, 역사책으로부터 독서를 시작하고 있는 것이다. 특히 33살에서 35살까지 『마사』를 집중적으로 되풀이하여 읽고 있는데 「본기」와 「열전」은 수십번씩 읽고 있다. 『마사』만이 아니라 『전국책(戰國策)』과 우리나라의 역사책인 『동사(東史)』와 『국조전고(國朝典故)』 같은 책이름도 보인다. 유학(儒學)의 근간인 『칠서』는 읽고 또 읽는 책들인데, 그 가운데서도 『맹자』의 「양혜왕」편은 상하 합쳐 55번씩 읽고 「공손축」편은 10번씩 읽고있는 게 21살 때이다.

가장 많이 읽고 있는 책이 문학이다. 『시경』과 시경의 주해서인 『시전』을 필두로 하여 이두(李杜)의 옛시와 『당음

(唐音)』『이소(離騷)』『구가(九歌)』『초사(楚辭)』『고시선(古詩選)』『송시(宋詩)』『명시(明詩)』『당송팔대가문』『명대가문』『고문(古文)』과「서(序)」「기(記)」「설(說)」「논(論)」「전(傳)」「사(辭)」「부(賦)」「묘지문(墓誌文)」등, 문학의 온갖 갈래들을 다 아우르고 있다.

정통 성리학에서 반드시 익혀야 하는 경서와 시부만이 아니라 도가의 주요 경전과 불경도 보인다. 장자철학의 진수인「소요유(逍遙遊)」「제물론(齊物論)」「양생주(養生主)」「태종사(太宗師)」「추수(秋水)」를 읽고 있으며,「음부경(陰符經)」「참동계(參同契)」「태현경(太玄經)」「열순한자(列筍韓子)」를 읽는다. 책의 뒷장에는 또 우리나라 일곱 분 문인들의 아호를 적어놓았으니, 고운(孤雲) 목은(牧隱) 점필재(佔畢齋) 간역(簡易) 상촌(象村) 월사(月沙) 계곡(溪谷)이 그들이다.

공자를 정점으로 하는 유학은 그 근본이 실천철학이다. 사람이라는 존재의 당위를 구체적인 현실의 현장에서 실천적으로 찾고자 하는 것이 유가철학의 중심과제이니, 한마디로 '인간학'이라 할 수 있다. 인간학으로서의 유가철학은 윤리와 도덕을 그 기반으로 할 수밖에 없고, 이것은 사람이 곧 우주의 중심이라고 믿는 데서 출발한다. 완성된 인격체로서의 군자가 되는 것에 독서의 최종목적이 있고, 여기에 이르기 위한 교조적 덕목으로 강조된 것이「삼강오륜」이었다. 문질빈빈(文質彬彬)하여야 군자 곧 훌륭한 사람이라 하였으니, 인간의식과 역사의식의 조화를 말하며, 내용과 형식의 통일을 강조한 것이다. 문사철(文史哲), 곧 문학과 역사와 철학을 한 몸뚱이의 세 이름으로 아우르는 독서를 한 사람만을 가리켜 왈 선비라고 일컬었던 까닭 또한 여기에 있음이다.

* 하늘 밑의 벌레:사람. 수클:한문. 자부동:스스로 쓰러진 오동나무. 땅불쑥하게:특별하게. 투슈:도장. 올방자:책상다리. 이왕:왕희지, 왕헌지. 시러금:능히.

보고 싶은 얼굴들

그리움이라는 것은 무엇일까?

그것은 먹어도 먹어도 충족되지 않는 결핍과 풀어져야 할 한(恨)의 축적으로부터 비롯되는 사람만이 지니고 있는 독특한 감정이다. 그리움을 추구하는 작가는 그러므로 다른 사람보다 결핍을 더 많이 느끼고 쌓여있는 한이 많은 자이며, 작가는 그리하여 주어진 상황과 질서와 체제에 반항하고 저항해서 끝없이 싸워나가는 자일 것이다. 잘못된 현실과 어두운 세계를 변증법적으로 부정함으로써 보다 나은 세계로 나아가고자 하는 각성된 진보자를 일러 우리는 비로소 작가라고 부를 수 있을 것이다. 부정을 통해서 긍정에 이르고 그것을 다시 또 부정함으로써 더 큰 긍정의 세계로 나아갈 수 있고 또 나아가자는 것이다. 그러므로 작가 된 자의 삶이 어떠해야 하며 그가 추구하는 예술이 어떠해야 하는가를 생각하게 되는 소이연이 바로 여기에 있다.

김호석 화백은 남다르게 그리움이 많은 사람으로 보인다. 여기에는 역사적 뿌리가 엄존하고 있으니, 핏줄이다. 우리

민족 반만년 역사의 얼을 8언율(八言律) 1천자로 담아낸 『대동천자문(大東千字文)』이라는 책이 있다는 것을 아는 사람은 그렇게 많지 않다. 참혹했던 민족사의 제단에 피를 뿌리고 순절하신 할아버지의 체백(體魄)을 묻고 나서 한족(漢族)의 천자문 대신 아(我) 동방 청구의 역사와 풍습과 범절이며 그리고 또 올곧게 지켜내야 할 민족정신까지를 담아낸 『대동천자문』으로 잠들어있는 민족사의 종아리에 회초리를 갈기셨던 저자 염재 김균선생이 조부이시고, 최면암과 함께 창의(倡義)하였다가 일제의 관헌에게 붙잡히자 곡기를 끊으며 저항하던 끝에 순절하신 구한말의 지조 높은 선비 춘우정 김영상 선생이 고소부이시니, '봉생봉(鳳生鳳)이요 용생용(龍生龍)'이라던 옛사람의 말씀이 정녕 허언이 아니었음을 내 알겠다.

사람의 기틀은 다섯살 이전에 이미 완성된다. 조부의 엄한 훈육 아래 유년기의 뼈를 여물리었던 것이 김호석이다. 이러한 정서적 바탕을 지니고 있는 사람이 저 조선의 올곧은 선비정신을 이어받아 서권기(書卷氣) 문자향(文字香) 넘치는 수묵화의 세계로 들어서게 되는 것은 너무도 당연한 일. 더구나 조선의 마지막 전신(傳神) 작가였던 석지 채용신이 그린 『춘우정 김영상 투수도(投水圖)』라는 역사적 작품이 있는데, 이 그림이 바로 김 화백의 고조부이신 김춘우정 선생께서 일제의 관헌에게 붙잡혔을 때 굴원의 옛 일에 빗대어 쓴 마흔여덟자 『절명사(絶命詞)』를 남기고 강물에 몸을 던지는 모습이니, 철천지 한을 품고 돌아가신 고조부의 넋이 채석지의 빼어난 인물화 솜씨를 끌어다가 현손에게 운감(殞感)하여 주심인가. 일제침략과 더불어 그 맥이 끊어졌던 조선시대 득의의 인물화 기법인, 단지 그 얼굴 모양만을 그리는 것이 아니라 터럭 한 올까지도 놓치지 않는 겉모양의 핍진함에 그 인물의 마음까지를 담아내는 전신주의를 되살려 내는 사람이 바로 김호석이다.

광복된지 쉰한 해째를 맞는 달이기 때문인가. 얇은 얼음을 밟는 듯, 깊은 물가에 임한 듯, 조부와 고조부의 그 도저하시던 민족정신을 놓칠세라 스무 해 동안 조심조심 한결같은 마음으로 전통적 조선 수묵화를 그려오던 김호석의 '역사 속에서 걸어 나온 사람들' 을 보는 기분은 야릇하다. 만 가지의 감회가 어우러져 명치끝이 타는 것 같다.

나는 '그림'이라는 것이 '그리움'에서 줄어든 말이라는 것 정도만을 알고 있을 뿐, 그림에 대해서 거의 무지한 사람이다. 그럼에도 불구하고 감히 붓을 든 것은 '아름다움'에 대한 나름대로의 생각이 있기 때문이다. 무릇 좋은 예술작품이라는 것은 이른바 직업적인 이론가들이 난삽한 용어로 재단하기 이전에 누구의 눈에도 좋은 것은 좋게 보이고 나쁜 것은 나쁘게 보이는 법 아니겠는가.

김호석의 전신 그림을 보고 느낀 첫 번째의 감정은 "좋다!"였다.

우리들이 잃어버리고 있는 고향마을의 색깔처럼 은은한 황토빛 조선종이 위에 그려진 '역사 인물들'을 보노라면, 그윽하게 깊고 아득하게 멀기가 천리인 듯한 기세가 있다. 마치 대추씨처럼 뻣뻣한 조선선비를 보는 듯 그 서리굽고 높으며 또 꼿꼿한 기상이 핍진하여 마치 살아있는 사람을 보는 듯하다.

일찍이 옛사람들은 그림을 그리는데 그 그리고자 하는 대상을 몇 날 며칠이고 간에 밤을 낮삼아 짯짯이 살펴봐서 그 참모습을 손에 쥔 다음에야 비로소 붓을 들어 그리기 시작하였다 한다. 이런 정도의 짧은 생각을 언덕삼아 가만히 들여다 보니, 김호석이 그린 '역사 인물늘'은 옛것을 밑으로 하여 밑공부를 다졌으되 다만 거기에 머무르면서 옛사람의 기법만을 붙좇는 것이 아니라, 마음에서 얻어진 것으로 보인다. 이른바 법고창신(法古創新)이다. 온고이지신(溫故而知新).

대저 어떠한 인물을 그리고자 할진대 무엇보다도 먼저 그리고자 하는 그 사람의 마음을 읽어내야만 한다. 마음을 읽기 위해서는 그 사람이 살아갔던 산천을 읽어야 한다. 산천을 읽기 위해서는 그 시대의 역사를 읽어야 하니, 시대의 진실을 꿰뚫어낼 수 있는 '역사의 눈'을 얻지 않고서는 땅띔도 할 수 없는 까닭에서이다.

김호석이 보여주는 '역사 인물들'은 모두 스무 명이다. 조선조 말의 최익현 황현 김옥균 전봉준과, 일제하의 홍범도 신채호 안창호 한용운 김구 여운형에, 그리고 최근까지 우리의 곁에 있던 성철 문익환 윤이상 최순우 김남주는 글자 그대로 역사 속으로 들어간 이들이고, 관응 김수환 임창순 박경리 김근태는 지금 이 순간에도 역사 속에 살아있는 이들이다. 이들이 과연 갈가리 찢겨졌고 더욱더 찢겨지고 있는 민족사의 심산험로를 민족과 함께 걸어갔고 걸어가고 있는 이였던가에 대해서는 보는 각도에 따라서 다를 수도 있겠다.

인물 선정은 전적으로 작가의 몫이었으므로 호오(好惡)를 말하지는 않겠지만, 한 가지 분명한 것은 바람직한 민족사의 창달을 위하여 그 몸을 던졌거나 일관된 자세로 그 삶을 지켜내고 있는 이들이라는 점이다. 나의 생각으로는 작가가 이와 같은 작업을 한 번으로 끝내지 말고 주제별로 나누어서 계속해 주었으면 하는 바람이다. 문학예술 분야만을 놓고 보더라도 간난하였던 신문학 1백년사 동안 민족의 이름으로 꽃다발을 안겨 드려야 마땅할 이들이 적지 않으니, 살아있는 자로서 해야 될 최소한의 도리라는 생각이다.

"좋다!"라는 느낌 다음으로 온 감정은 까닭모를 '떨림'이었다. 마치 물 묻은 손으로 전기를 만졌을 때처럼 부르르 부르르 온몸이 떨려오는 그 감정은 거의 전율에 가까운 것이었으니, 눈이었다. 스무 명의 역사적 인물들이 보여주는 그 눈빛들이었다. 역사를 꿰뚫어버릴 것처럼 쏘는 듯 형형한가 하면 금방이라도 쏟아질 듯 불이 철철 흘러넘치는 범눈이며, 아수라(阿修羅)의 삼악도(三惡途)를 넘어 존재의 근원을 바라보려는 맑고 순정한 눈에다가, 조으는 듯 무심하게 내리깔려 있는 눈들이 서마다 다른 눈빛으로 비라보는 자를 쏘아 보고 있는 것이었으니, 오구구 몸뚱이가 오그라들게 만드는 그 눈빛들은, 그리고 '역사'였다.

역사라는 것은 무엇인가. 이 기절초풍하고 혼비백산하는 정신의 대공황 시대에 김호석이라는 순정한 조선 수묵화가는 왜 역사 속으로 들어갔거나 들어가고 있는 인물들을 역사 밖으로 끌어내어 정신의 사표로 삼으려 하고 사람들은 또 그 얼굴들 앞에서 옷깃을 여미는가. 이념 대신 차고 들어앉은 이른바 '세계화'의 깃발만이 펄럭이는 세기말의 이 캄캄한 어둠 속에서 역사를 생각하여 보는 마음은 착잡하다.

'양키문화'와 '왜색문화'의 가공할 육박 앞에 전율하고 있는 이 시대의 중생들은 오늘의 우리 역사를 어떻게 보고 있는가. 은산철벽으로 더욱 완강하여지기만 하는 지구 최후의 분단체제 아래서 식은땀을 흘리고 있는 이들이라면 전람회장에 들어갈 때 수건 한 장쯤은 꼭 지니고 가야 할 것이라는 생각이다. '역사 속에서 걸어나온 사람들'의 이마에서 흘러 내리는 송진처럼 끈전끈적한 역사의 식은땀을 훔쳐드려야 할 것이므로에서이다.

그렇다고 해서 너무 힘주어 눈을 부릅뜨거나 어금니에 힘을 줄 필요는 없다. 엄정하게 역사를 살아갔거나 살아가고 있는 인물들 곁에 걸려 있는 수묵화들이 보는 이의 마음을 넉넉하게 풀어 주기 때문이다.

배코친 머리를 바짝 숙이고서 워리개(犬)의 배에 붙어 있는 빈대를 잡아주는 '빈대 잡는 선승(禪僧)'이며, 세숫대야 속에 머리를 넣고 있는 아낙의 모습을 그린 '귀를 씻다'에서는 저도 모르게 미소가 나오고, 자욱한 새벽안개를 헤치며 잡초를 뽑거나 가을걷이를 하고 있는 농군들의 뒷모습에서는 벼랑 끝에 내어몰린 이 땅 농군들의 쇠잔하여진 명운을 읽게 하며, 북풍한설 휘몰아치는 벌판에 홀로 서서 호곡하고 있는 산발한 여인인 듯 가지를 흔들면서 금방이라도 쓰러질 것처럼 기울어진 노송(老松)에서는 조선의 선비정신이 읽혀진다. 최루가스 자욱한 거리에서 혼비백산하고 있는 그림에서는 이 시대 민중들의 가없는 분노가 보이고, 면벽좌선 중인 선승의 뒷모습에서는 '꽉찬 여백'이라는 화두가 떠오르니, 김호석의 붓끝이 기운생동(氣韻生動)하고 있음에서이다. 가히 출일두지(出一頭地)한 솜씨라 하지 않을 수 없다.

굽은 소나무라 해서 그 절개가 굽은 것은 아니다. 바람과 눈보라가 제 아무리 세찬들 소나무는 결코 옷을 바꾸지 않는다.

'노송' 앞에 붙어 있는 글귀이다. 작가는 인물의 초상과 수묵화 앞에 모두 짤막짤막한 글발을 달아 놓았는데, 나에게는 그것이 작가정신을 모두어낸 시 또는 잠언으로 읽혀진다. 녹두장군 전봉준의 초상 앞에는 이렇게 썩어 있으니,

사람들은 이 뛰어난 농민의 지도자를 장군이라고 부른다. 그러나 나는 여기에 누군가 군사화된 이미지를 덧씌워 놓은 게 아닌가 하는 생각을 해본다. 그는 서당훈장이었다. 그

의 민족주의와 개혁주의는 지성의 힘이 뒷받침되어 있었다. 밖으로는 외세와 안으로는 부패관료와 싸우지 않으면 안 되었던 시대에 그는 싸우는 삶을 가르친 민중의 위대한 교사였다.

옳게 보았음이다. 이른바 엥겔스 사관에 주박되어 있는 이들의 목적의식적 역사인식을 벗겨냄으로써 진실한 역사에 접근하고 있다. 망팔(望八)의 노작가 박경리 앞에는 또 이런 글이 붙어 있으니,

『토지』를 읽다보면 개개 인간의 삶에 대한 이해가 깊어진다. 역사와 개인은 더불어 있으면서도 따로 있다. 예술가에게 이는 중요한 확인이다.

아마도 김호석 스스로의 예술관으로 보이는데, 생각나는 것이 원효이다. 원효철학의 가장 높은 범주인 '마음'. 갈가리 찢기워져 비틀거리는 민족의 마음을 하나로 묶어내자는

화쟁사상의 구체적 방법론으로 제시된 것이 '가장자리를 여의되 가운데서도 안된다'는 '이변비중(離邊非中)' 화두이니, 기계론적 이데올로기 또는 기계론적 세계관에 세뇌되어 있는 중생들의 정수리에 장군죽비를 내려치고 있음이다. 일원론 철학이다.

무릇 진정한 예술이라는 것은 무엇인가. 무엇을 어떻게 함으로써 마침내 그 높은 봉우리에 오를 수 있는가.

감히 말하노니, 눈이다. 관념론도 아니고 유물론도 아니며, 마음도 아니고 물질도 아니다. 마음 속에 물질이 있고 물질 속에 마음이 있으니, 마음과 물질은 다만 한 몸뚱아리의 두 이름일 뿐이다. 리얼리즘도 아니고 모더니즘도 아니라, 다만 그 눈을 얻는 것이다. 소리꾼이 득음(得音)을 해야 되듯 모든 예술가들이 예술가일 수 있는 첫째의 조건이 바로 득안(得眼)이다. 눈을 얻지 않고서는 아무 것도 안 된다. 개인이면서 집단이고 전체이면서 개체이며, 하나이면서 여럿이고 여럿이면서 또 하나인 이치로, 화엄(華嚴)이다. 바위를 만나면 밑으로 스며드는 개울이 되고 산을 만나면 품에 안고 감아도는 강물이 되다가 이윽고는 넓은 바다로 합수쳐 나가는 화엄의 예술.

'불환빈(不患貧) 환불균(患不均)'

'가난한 것을 근심하는 것이 아니라 고르지 못한 것을 근심한다'는 뜻의 이 글은 나의 책상 위에 놓여진 조그만 도

자필통에 씌여져 있는 붓글씨이다. 굳은 신념으로 망설임 없이 써내려간 힘찬 필치로, 이것을 써서 나에게 준 사람은 김남주 시인이다. 고려병원과 한양대병원의 중환자실에서 마른 침만 삼키다가 끝내 '반야심경(般若心經)' 한 자락에 실어 그를 망월동으로 떠나보냈던 것이 어제인 듯 상기도 눈에 어리건만, 어언 역사 속의 인물이 되어버렸다. 아, 애홉어라. 김남주. 그 순정하였으므로 불꽃이었던 농군의 아들과 우리는 언제 어디서 무엇이 되어 다시 만날 수 있을 것인가. 뿌옇게 흐려오는 돋보기의 알을 닦으며 붓을 놓나니, 죽은 사람을 불러일으켜 함께 한번 웃지 못하는 것이 다만 한스럽고녀.

고독한 '방외인方外人'

　명정(酩酊)의 거리를 헤매이고 난 이취(泥醉)의 아침이면 문득 떠오르고는 하는 청년이 있다. 세월이라는 이름의 강물에 떠밀리어 그 또한 이제는 어언 불혹의 나이에 접어들었지만 나한테는 여전히 청년으로만 기억된다. 그 청년과의 인연을 떠올리면 아이오 쓸쓸하여진다. 처음 만나던 때를 떠올리면 더구나 그러하다.
　내 미망(迷妄)의 귀를 물어뜯던 신새벽의 종소리인 듯, 소리쳐 누구인가 나의 이름을 부르며 달음박질쳐 올 것만 같아 산문(山門)에 기대어 하염없이 저 아래 산모롱이를 바라보던 산사에서의 해거름녘인 듯, 소소리바람에 슬피 울던 가을 산마루턱의 으악새인 듯, 눈물겨웁게 스산하다. 마치 물 묻은 손으로 전기를 만졌을 때처럼 오구구 몸뚱이가 오그라드는 것 같다. 삼도천(三途川)을 넘나들며 죽살이를 치던 끝에 어떻게 간신히 무너지고 부서진 몸뚱이를 추스려보며 한밭 곁 산자락 밑의 노모 곁으로 돌아갔을 때이니, 어언 십수년의 세월이 지나가버린 것이다.
　아수라의 화탕지옥 속으로 돌아와 맨 처음 찾았던 곳은,

술집이었다. 꼭 석 달 열흘 만에 병원을 나섰던 서울에서도 그러하였지만 노모의 곁으로 돌아갔을 적에도 마찬가지였다. 그곳말고는 갈 데가 없었다.

　그때에 나는 『풍적(風笛)』이라는 이름의 소설을 쓰기 시작하였었다. 막 서장(序章) 260장이 발표되고 난 다음이었는데, 도무지 견딜 수가 없는 것이었다. 그래서 집을 나왔던 것이었으니, 업이었던가. 꽃 피던 봄에서 낙엽 지는 가을로, 그리고는 곧바로 북풍한설 몰아치는 겨울로 내동댕이쳐진 것은, 순식간에 일어난 일이었다.

　책 구경이나 하려고 들어갔다가 나를 알아보는 오원진이라는 열혈청년과 점심을 하는 자리였다. 지금은 고인이 된 그 청년은 도청 앞에서 '창의서점'이라는 사회과학 전문 책방을 하며 한밭 운동권을 이끌고 있던 사람이었는데, 점심자리에서 시작된 술이 밤까지 이어지게 되었을 때, 막무가내로 끝의 끝까지 가고자 하는 나의 술상대로 불려나오게 된 청년이 있었다. 백두급은 몰라도 한라장사급은 족히 되어 보이게끔 엄장 큰 체수였다. 아기장수 같은 그 청년을 상대로 아마 문학 이야기를 하였을 것이다. 나의 재생(再生)을 확인할 수 있는 길은 문학밖에 없다는 너무나 당연하면서도 새삼스러운 깨달음 또는 다짐에서였는데, 엄장 큰 체수에 걸맞지 않게 뜻밖에도 맑고 여린 심성을 지니고 있는 그 청년은 문학에 대해서는 구린 입도 떼지 않고 빠른 속도로 잔만 뒤집었던 것 같다.

그렇게 이어진 명정의 여로가 3박4일인가 4박5일. 계속해서 술값을 치르느라 무일푼이 된 그 청년은 서울로 가야 되는데 차삯이 없다며 스산한 낯빛이었고 나는 차표를 끊어 주었던 것 같다. 그 청년이 차표 한 장만 달랑 쥔 채 개찰구 속으로 들어가는데 서울역에 내린 다음 목적지까지 걸어갈 수는 없을 것이라는데 생각이 미친 나는 청년을 불러 5천 원짜리 지전 한 장을 쥐어 주었던 것 같다. 눈물나게 좋은 초가을 햇살을 넓은 어깨로 떠넘기며 그 청년은 서울행 열차에 몸을 실었고, 나는 집으로 가서 냉수를 들이켰다. 그 청년이 한밭 사람이라는 것을 알게 된 것은 그 다음의 일이었고, 그가 남모  르게 문학의 칼을 벼리고 있었다는 것을 알게 된 것 또한 그 다음의 일이었으니, 전정(前定)된 연분인가.

그때부터 우리는 사흘거리로 만났던 듯하다. 아니, 비록 삼도천을 다녀왔다지만 아직 핏종발이나 남아있던 나는 매일같이 버스를 타고 한밭 시내로 나갔던 듯하다. 장의서점에 가면 한밭에서 유일하게 아는 사람인 오원진이 있었고, 오원진이 연락을 하거나 찍어주는 술집으로 가면 어김없이 그 청년을 만날 수 있었다. 또한 스스로의 결의를 다지는 어떤 의식 같은 것이었지만 문학 이야기로 열을 올리는 것은 내 쪽이었고 그는 언제나 묵묵히 잔만 뒤집었는데, 아기장수 같은 체수답지 않게 이따금 귓불을 붉히고는 하였던 것 같다. 술집이 파한 다음 여관방으로 자리를 옮겨 밤새도록 마시던 끝에 밖으로 나섰던 아침나절쯤 대전경찰서 뒤쪽에서인가 그의 선고장(先考丈)을 뵈었던 것도 그 무렵이었을 것이다.

그 청년의 이름은 임양묵이다. 그때부터 새벽이면 임군이 산내(山內)에 있던 나의 우거에 찾아왔는데, 아침마다 어머니는 이렇게 말씀하시고는 하였다.

"이무기라는 청년이 술 잔뜩 먹구 와서 애비 찾길래 서울 가구 읎다구 햇구먼. 잘 햇쟈?"

술 때문에 그런 끔찍한 사고를 당한 사람이 다시 또 술을 마시면 어쩌냐며 애를 태우시던 어머니였다. '양묵'이라는 발음이 잘 안 나와 어머니는 토박이 충청도식으로 '이무기'라고 하셨고 지금도 그렇게 부르고 계신데, '임우기'는 그 뒤 그의 필명이 되었다. 연꽃잎에 맺혀 있는 아침이슬처럼 해맑은 그의 두 딸내미인 혜림이와 정림이의 이름을 내가 지어주었고, 출판사 이름 또한 내가 지어보았던 '솔바람'에서 '바람'만 떼어낸 채로 쓰고 있으니, 전정된 연분인가.

문학평론가 임우기가 아니라 솔출판사 사장 임양묵과는 두어 해 동안의 몌별(袂別)이 있었다. 지금은 고인이 되신 문학평론가 김현 교수의 영결식이 있던 날이었을 것이다. 광화문에 있는 어떤 지하술집에서인가 우리는 아침부터 송진 내음 나는 가짜 양주를 마시며 우울해 하였는데, 출판사를 시작한다는 것이었다. 얼마 전부터 그런 뜻을 내비쳐오던 터였으므로 뜻밖의 말은 아니었으나, 나는 당황할 수밖에 없었다. 아니, 실망스러운 것이었다.

서울로 거처를 옮기고 나서 '문학과지성사'의 편집장 겸 계간 『문학과사회』 동인으로 활동하면서 그는 활발한 비평 활동을 하고 있었는데, 이따금 술자리에서 보게 되는 그의 얼굴은 밝지가 않았다. 무어라고 딱 집어서 이야기하기는 어렵지만, 편협한 문단 풍토와 서구 일변도의 예술관에 주박(呪縛)되어 있는 주변의 문학인들, 특히 문학이론가들의 일방적인 비평관에 못견뎌 하는 것 같았다. 문학 풍토만이 아니라 문학을 필두로 한 우리 문화 일반의 종속성과 협량함에 절망하는 듯하였다. 패기 있게 출발하는 신인이라면 당연한 것이지만 남다르게 순정한 문학 의식을 지니고 있는 그로서는 여간 힘들어하는 것이 아니었다. 그래서 출판사를 차린 것이라고 하였다.

나는 그러나 완강하게 반대하였다.

편협한 문단 풍토와 문학을 바라보는 시각의 차이에서 오는 갈등에 괴로워하는 것은 충분히 이해한다. 그러나 그

것이 어쨌다는 말이냐. 진정한 문학이란 마침내 혼자 개척하고 혼자 걸어갈 수밖에 없는 구절양장의 오솔길이 아니더냐. 그리고 당화(唐化)·왜화(倭化)·양화(洋化)로 갈가리 찢기워져 만신창이가 된 우리 문화, 그 문화를 새롭게 편집해보겠다는 가상한 뜻 또한 충분히 안다. 그러나 사람의 능력에는 한계가 있다. 그리고 누구나 걸어가야 할 길은 한 가지 밖에 없다. 소설도 마찬가지지만 더구나 문학평론이라는 것이 마침내는 사상가의 경지에 이르지 않고서는 해내기 어려운 것인데, 그것 한 가지만으로도 벅찰 터인데, 어떻게 출판사 경영과 비평 활동을 양립시킬 수 있단 말이냐. 그러지 말고 독일로 유학을 떠나라. 한 십년 죽을 작정을 하고 전공인 독문학을 공부한 다음 돌아와서 우리의 문학평론계를 새롭게 건설해봐라.

이런 내용의 말을 하며 출판사 설립을 달가워하지 않았던 것인데, 나의 말투가 너무 완강하였던 탓인가. 그렇게 우리는 왕래를 끊고 지내왔던 것이다.

메별을 하였다지만 무슨 감정이 있다거나 문학을 보는 눈이 서로 다르지 않았으므로 재회 또한 지극히 자연스러운 것이었고, 그리고 지금까지 이어져오고 있다. 왕래가 없는 동안에도 나는 그의 평론들을 구하여 읽어보고는 하였는데, 이것 봐라 싶었다. 여전히 명정의 거리를 헤매인다는 소문이면서도 전혀 새로운 관점에서 우리 문학을 읽어내는 글들을 힘차게 발표하는 것이었고, 종래의 문학평론들과는 전혀 다른 것이었다. 한마디로 '비평의 눈'을 얻은 것이었다.

조선왕조 시대에 시를 쓰거나 배우려는 사람들이 오로지 만당(晚唐)만을 숭상할 줄 알았지 동파시(東坡詩)에는 조금도 눈길을 주지 않았듯이, 요즈음 문학을 하거나 하려는 이들은 오로지 서구의 것과 나아가서는 심지어 천박하기 짝없는 일본의 것에만 눈길을 주고 있다. 오로지 서구의 것만을 숭상하고 우리의 것은 조금도 돌아보지 않고 있다. 서구 이원론 철학의 막다른 골목에서 나오게 된 이른바 무슨 무슨 '이즘'이 아니면 평론가 행세를 하지 못하는 지경이니, 서구 사상가들의 어록이 아니면 도대체가 글 한 줄 쓰지 못한다. 양의 동서와 시의 고금을 넘나드는 독서를 하면서 그리고 고통스러운 사유와 탐색의 바다를 건넌 끝에 마침내 얻어진 자기만의 사상을 바탕으로 하여 문학을 보는 것이 아니라, 서구의 사상가들이 토해놓는 사유의 찌꺼기를 바탕삼아 문학을 보고 또 작품을 재단하고 있으니, 임호처럼 난삽한 번역체 문장으로 중언부언하게 되는 것은 그러므로 지극히 당연한 일 아닌가. 문학은 물론이고 예술 일반이 다 마찬가지지만 문학평론의 경우 그것은 더욱 심하여서 서구의 사상가 또는 문예이론가들의 이론이 아니면 상대를 하지 않는다. 문학을 보는 식견이 좁고 얕아서 그런 것인지 아니면 영어와 불어와 독일어를 모국어보다 더 잘해서 그런 것인지, '양것'의 잣대가 아니면 도무지 땅뜀도 못한다.

이러한 판국에 읽게 되는 임우기의 평론집 『그늘에 대하여』는 참으로 반가웁다. 같지않은 서구의 문예이론에 주박되어 '통인(通引) 비평' 또는 '급창(及唱) 비평'이나 하고 있는 이른바 문예이론가들의 정수리에 일침을 놓고 있다. 이른바 합리주의 사관을 바탕으로 한 저 서구 이론의 솔을 단번에 맞창내고 나가는 '그늘론'의 대장군전(大將軍箭)이라니.

비평을 비평할 재주가 나에게는 없다. 그럴 계제도 아니려니와 분수에 맞지 않는다는 생각이다. 다만 한 가지, 임우기의 문학을 보는 눈이 '조선의 마음'에 그 뿌리를 두고 있다는 것만은 알 수 있겠다. 참으로는 무지해서 그런 것이겠지만 '조선의 눈'은 알지도 못한 채 '서구의 눈'으로만 '조선의 마음'을 읽어내려는 평론가들만이 행세를 하고 있는 풍토에서, 이런 비평가를 만날 수 있다는 사실이 여간 반가운 게 아니다.

예로부터 진정한 평론가, 사상가로서의 문학평론가를 만나는 행운이란 좀처럼 쉽지 않다. 백년에 한 사람 나올까 말까 한 것이다. 이 땅의 이른바 비평가라고 하는 사람들이 이 땅의 작가와 이 땅의 작품들을 경멸하면서 서구의 작가와 작품들만 붙좇는 상황에서, 진정한 우리의 작가와 작품을 고통스럽게 찾아나서고 있는 방외인(方外人) 문학평론가 임우기에게 박수와 격려를 보내노니, 더구나 아무도 돌아보지 않던 우리의 사상철학으로, 그 웅숭깊은 해동(海東)의 일원론 철학을 바탕으로 하여 문학을 보려 하고 있음에랴.

다시 말하지만 임우기의 『그늘에 대하여』는 새롭다. 우리 해동의 철학과 해동의 사상으로 잡다한 서구 이론들을 쳐넘기면서 전혀 새로운 각도와 새로운 시각으로 우리의 문학, 우리의 작가들을 읽어내고 있다. 박경리와 박용래를 비롯하여 김지하와 이문구라든지 박상륭이며 조세희 또는 박완서며 오정희 같은 작가·시인 들을 서구의 이론으로가 아니라 조선의 이론으로, 그 순정한 '그늘의 눈'으로 전혀 새롭게 읽어내고 있다. 그 가운데서도 전혀 새로운 각도에서 읽어내는 '미당론'이 특히 그러하니, 무조건적 찬사만을 보내던 우리 평단에서는 최초의 조심스러운 시도가 아닌가 싶다.

임우기는 이제 막 평론의 광야로 들어선 사람이다. 벌판은 광막하고 인가는 보이지 않는데 북풍한설은 또 몰아쳐 온다. 임우기한테는 이것이 두 번째 평론집이 되는 데 무슨 까닭으로 처녀 평론집은 나한테 보여주지 않았고, 책방으로 가보았지만 보이지 않았다. 경우에 맞지 않게 나 같은 사람한테 발문을 청하여 온 것을 보면 이 책 『그늘에 대하여』로 임우기 평론의 첫 출발로 삼으려는 듯하다. 아직은 그 시작에 지나지 않는 힘든 작업이지만 머지않은 장래에 임우기의 손끝에서 전혀 새로운 우리 문학사, 나아가서는 우리 문화사가 정리될 수 있으리라는 느낌이 온다.

뱀의 발 한 마디.
나 스스로에게 하는 말이기도 하지만 임우기는 술에 절도가 있어야 할 것이다. 술밖에 낙이 없는 진흙창 똥바다에 빠져 허우적거리고 있기는 하지만, 그래도 이 진흙창 똥바다를 여의고는 그 어느 곳에서도 연꽃을 피워낼 수 없는 까닭에서이다. 자애로우신 자당(慈堂) 어른의 각별한 보살핌이 있고 현숙하신 내당(內堂)의 살뜰한 공궤가 있다지만, 술에 장사 없다는 옛말도 있지 않은가. 문학평론가 김훈의 표현대로 제아무리 '임장사(林壯士)'라도 이제는 청년이 아닌 것이다. 진부한 술집에서가 아니라 맑은 정신으로 산마루에 올라 '문학'을 이야기하여 보고 싶다. 옴남 옴남 옴남.

'송기원宋基元'

 1976년 늦가을 마침내 견디지 못하고 산을 내려온 나는 고등학교 시절의 바둑친구인 유건재 사범의 도움으로 저자에서의 밥줄을 잡게 되었으니, 〈기도(棋道)〉라는 잡지였다. 당시의 이른바 기계파동으로 '한국기원'과 몌별한 '대한기원'에서 창간된 바둑잡지였는데, 세 권인가를 내고 '한국기원'의 〈바둑〉에 통합되었다. 〈바둑〉지에서 나는 한 1년간 밥을 먹게 되었고, 그곳에서 만나게 된 것이 송기원이었다. 송기원은 74년 〈동아일보〉와 〈중앙일보〉 신춘문예에 시와 소설이 동시에 당선되어 문단에 나온 사람으로서 이름도 없는 특수지의 현상공모에 당선된 나로서는 선망되지 않을 수 없는 재능으로 보였다. 같은 직장에 근무하는 처지였으므로 우리는 거의 매일같이 술을 마셨는데, 언제나 나는 견딜 수가 없던 것이었다. 그러던 어느 날 나는 마침내 참지 못하고 나도 소설을 써보았다는 것을 더듬거리며 털어놓게 되었다. 그랬더니 송기원은 몹시 반가워하면서 다시 한 번 정식으로 사회의 일간지에서 공모하는 신춘문예에 응모를 해보라고 권유하는 것이었다. 그러면서 하던 말이 재미있었다.

"한번 해봐. 당선되면 상금 받아서 한겨울은 따뜻하게 지낼 수 있으니까."

그렇게 나한테 소설을 쓸 것을 권유하던 송기원은 몇 달 뒤 〈바둑〉지를 그만두었는데, 그만두던 날 〈동아일보〉 해직기자 출신인 심재택 부장이 하던 말이 상기도 잊혀지지 않는다.

"송기원 씨는 촉망받는 신진작가로서 집필을 하기 위하여 그만두었습니다."

그 말이 얼마나 근사하고 멋있게 들리던지 모른다. 그날 저녁 밤을 새워 술을 마셨다. 그리고는 몇 달 뒤에 사표를 던졌다. 그리하여 결국은 '소설의 황야'에 몸을 던지게 되었는데, 내가 그렇게 붓 한 자루를 꼬나쥔 채로 시퍼런 강물을 등 뒤로 하고서 세상이라는 거대한 적과 맞서 싸워 보겠다는 엄청난 결심을 하게 되기까지는 '집필을 하기 위하여 직장을 그만둔다'는 송기원의 말에 깊은 충격을 받았던 때문이었다.

이상은 몇 해 전에 썼던 어떤 글 가운데 나오는 송기원과 내가 처음 만났던 이야기이다. 김지하 시인과의 만남을 써보았던 글 가운데는 또 다음과 같은 귀절이 나오는데, 역시 송기원에 관한 이야기다.

'그 여름의 끝에는 참혹한 참사가 있었다. 강렬한 서정을 바탕으로 분단시대의 비극을 그렸던 동업의 작가 하나는 언제나 만날 수 있을 것인지 아득하기만 한데, 슬프다. 평생을 낙 없이 살아오신 그의 늙은 편모가 한을 품고 이승을 떠났을 것이니. '어허라 달궁'이라는 그의 소설이 무슨 문참(文讖)처럼 느껴지면서, 척박한 황토를 밟아 봉분을 만들던 선배와 벗들은 속수무책으로 울었을 뿐이었다.'

송기원의 어머니가 돌아가신 것이었다. '김대중내란음모사건'이라는 당신으로서는 짐작도 할 수 없는 죄명(?)으로 자식이 15년 징역형을 선고받은 사실을 알게 되자 자진(自盡)을 하셨던 것이다. 스스로의 목숨을 던짐으로써 자식의 구명에 행여 털끝 한 오라기의 도움이라도 되기를 바라는 간절한 비원 끝에 이루어지는 그 방법은 저 후백제의 좌절 이후 이 땅의 어머니들이 써온 눈물겨운 방법 가운데의 하나였다. 지극히 조선적인 방법인 것이다. 나는 어쩔 수 없이 울음의 소리로 반야심경 한 자락을 펼칠 수밖에 없었는데, 1981년 여름의 월문리에서였다.

문화공보부의 예술과장이라는 사람한테서 전화가 온 것

은 그 즈음이었을 것이다. 해외여행을 한 번 해보지 않겠느냐는 것이었다. '문인 해외시찰단'인가 무언가 하는 이름으로 정부에서 문학인들을 엄선하여 해외유학을 시킨다는 것이었는데, 그 첫 번째의 경우에 영광스럽게도(?) 내가 뽑히었다고 하였다. 나는 불의한 호의를 당했을 때 취하는 옛 선비들의 전통적 수법인 칭병을 흉내내는 것으로 거절을 하였는데, 송기원의 얼굴이 떠올랐던 것이다. 송기원과 그리고 무엇보다도 철천지 한을 품고 이승을 떠나신 송기원의 자당 어른의 모습이. 전화는 그 뒤로도 몇 번을 더 왔는데, 솔직히 갈등이 오기도 하였다. 신원조회에 걸려 일본유학의 기회가 좌절되었던 하산 무렵의 일이 떠올랐고, 정부의 보장 아래 해외여행을 함으로써 보장받지 못하는 나의 신분을 확실히 해두고 싶다는 나약한 마음이 들기도 하였던 것이다. 그러나 나는 힘껏 도머리를 쳤으니, 그것은 선비정신을 그 핵심으로 해야 될 문학인으로서의 최소한의 양식의 문제였기 때문이었다. 박정희정권 이래 10년 가까이 구속되어 있는 김지하 시인과 박정희의 대를 이어 들어선 불의한 권력에 의하여 고은 시인과 송기원이 감옥에 들어 있는 마당에 무도한 무리들의 사탕발림 회유책에 지나지 않는 해외여행에 응할 수는 없는 것이었다. 그것은 최소한 선배 동료 문학인들을 체포 · 고문 · 구금하고 있는 권력의 의지에 동의한다는 것을 뜻하기 때문이었다.

비평가 최원식의 표현대로 송기원은 타고난 낭만주의자다. 그리고 무엇보다도 예술가다. 그의 작품세계를 얘기하는 것이 아니라 그의 '노는 꼴'을 보면 그렇다. 그가 학교 시절에 특별한 수업을 받았는지는 모르겠으되 남모르는 재주 하나를 가지고 있으니, '그림'이다. 〈바둑〉지 편집을 할 때였는데, 누군가의 실수로 사진을 잃어버린 일이 있었다. '한국기원'의 전경을 잡은 사진이었던 것으로 기억된다. 마감 꼭지를 넘기던 편집부에서는 난리가 났고, 대책이 없었다. 컷으로라도 대체해야 될 판인데, 화가한테 청탁을 할 시간이 없었다. 그때 수줍게 웃으며 컷을 그려낸 것이 송기원이었는데, 잃어버린 사진의 모습과 방불한 것이었다. 아니, 사진보다 더 멋이 있는 것이었다. 그 뒤로 그의 그림 실력을 또 한 번 엿볼 수 있었던 것은 서울 고덕동에 있던 그의 전세 아파트에서였다. 그가 2년 7개월의 징역을 살고 다시 세상으로 나왔을 때 뜻을 같이하는 동무들 몇이서 한 조그만 모임을 만들었으니, '명이(明夷)'가 그것이었다. 시인 이시영과 이동순, 비평가 최원식, 그리고 송기원과 내가 '명이'의 구성원으로 우리는 서로의 집을 순방하며 가열한 혁명의 시대를 살아가는 문학인의 자세에 관하여 이야기를 나누고는 하였다. 그래서 모이게 된 자리였는데, 딸아이 가은이의 책상 위에 그림 한 장이 세워서 있었으니, 감옥에 있는 아비가 관제엽서에 딸의 얼굴을 그려 보낸 것이었다.

이른바 불혹의 나이에 접어들고 나서부터는 일없이 남의

사무실에 찾아가기가 좀 무엇해진다. 그런 가운데서도 아무 때나 특별한 볼일이 없어도 찾아갈 수 있는 거의 유일한 곳이 있으니, 송기원의 사무실이다. '실천문학사'. 얼굴이 마주치면 그는 극작가 오종우한테 해넣었다는 가짜 이빨을 살짝 보여주는 것으로 반갑다는 표시를 하며 이렇게 말한다.
"한 수 할까?"
바둑을 두자는 말이다. 비록 〈바둑〉지 출신이라고는 하지만 그는 하수다. 자기의 말로는 3급을 내세우지만 이른바 문단국수를 자처하는 내가 볼 때는 잘봐줘서 5급이다. 넉점을 놓고 대국이 시작된다. 물론 내기바둑이다. 전에는 판에 1만원짜리를 하기도 하였으나, 요즘은 그의 요구에 따라 방내기를 한다. 1,2빵. 기본 2천 원에 방에 1천 원, 그러니까 만방이면 1만2천 원짜리다. 판내기를 할 때는 1, 2만 원씩의 수입을 올리기도 하였는데, 방내기로 바뀌고 나서는 오히려 내가 잃는 경우가 생겼다. 바둑이라는 것이 묘해서 이기고자 하면 반드시 진다. 욕심이 앞을 가리우기 때문이다. 그가 물론 하수이므로 내가 잔돈푼이라도 건져보려는 마음을 먹고 대국을 하는 날은 거꾸로 내가 돈 1만 원쯤 잃게 된다. 그는 확실히 바둑이 강해졌다. 하수가 강해져 봐야 얼마나 강해졌겠는가마는 덜렁대는 성급함이 사라지고 차분해진 것이다. 아마도 두 번째의 징역을 마치고 나온 다음부터일 것인데, 그래서 그런지 사람도 조금은 달라져 보인다. 무엇보다도 말투가 적어지고 차분해졌다.

그런데 감옥에서 배웠다는 요가와 단전호흡 그리고 1천5백원짜리의 대중사우나 덕분인지 술은 더 강해진 것 같다. 줄기차게 마신다. 〈바둑〉지 시절 때도 그랬지만 '실천문학사'를 건설하는 일에 매진하느라고 붓을 거의 놓은 다음부터는 매일같이 일간지의 연재소설적으로 마신다. 작품 생산을 쉬고 있는 점을 동무들이 안타까워할 때마다 그가 하는 말이 있다.

"난 실천문학사 술상무여."

서울의 관철동에서 종로 쪽으로 찻길을 하나 건너가면 '언니집'이라는 술집이 있었다. 구슬픈 노래를 기가 막히게 잘 불러서 '탱고박'이라는 이름으로 불리던 아가씨가 있었다. 그와 나는 그 집에 다니며 줄기차게 마셔댔는데, '탱고박'의 노래를 듣고 난 그가 말하였다.

"소설을 쓰려면 얼굴이 좀 썩어야 돼. 얻어맞아서 어디가 좀 일그러지기도 하고 색깔도 좀 시커매져야지."

〈바둑〉지 시절이었는데, 그때까지만 해도 아직은 산의 잔영이 있어 맑고 그리고 하얗던 나의 얼굴을 두고 한 말이었다. 그렇게 말한 다음 송기원은 이시영과 함께 '자유실천문인협의회'의 '따까리'가 되어 온갖 궂은 일을 도맡아 하며 경찰서를 드나들기 시작하였다. 그의 충고를 들으시기 이나라 나 또한 어쩔 수 없이 저자의 풍진에 녹아 얼굴의 색깔이 변하고 눈빛이 무너졌는데, 병원에서 나오던 날이었을 것이다. 그는 술집으로 나를 끌고 갔고 인천의 최원식을 찾아가며 이어진 재생 기념의 술자리가 사흘은 족히 이어졌다. 송기원은 여전히 소년이었던 것이다. 열아홉 살. 그런데 영원한 소년인 송기원도 이제는 늙었는가? 겨우 살아서 나온 사람을 끌고 사흘간 술벼락을 안겨주던 그가 요즘은 나의 건강을 염려해 준다. 내가 몸이 좀 무엇하다고 하면 절대로 권하지 않고 집으로 가게 해주며 어쩔 수 없이 술자리에 끼게 되는 경우에도 안주를 많이 먹으라고 잔소리를 한다. 그때마다 나는 묘한 기분이 되고는 하는데, 그나 나나 어느덧 쉰세살의 나이인 것이다.

송기원과 나는 닮은 점이 몇 가지 있다. 나이가 같고 홀어머니의 외아들이라는 점이 같으며 누나가 한 분 계시다는 점이 같다. 그리고 무엇보다도 진정한 의미로서의 민중문학과 민족문학을 건설하기 위하여 벽돌 한 장의 역할이라도 해야겠다는 점에서 뜻을 같이하고 있다. 그런데 재미있는 것은 그가 문학의 실천과 실천의 문학을 위하여 개인적 창작까지 유보하면서 '실천문학'을 건설하고자 신 벗을 사이가 없음에도 불구하고, 말로서의 '민중'과 '민족'을 앞세우지 않는다는 점이다. 두 번에 걸쳐서 네 해 가까이 징역을 살고 나온 사람답지 않게 전혀 '징역티'를 내지 않는다는 점과 함께 그의 인격의 한 모습을 보여주는 것 같아 두려운 벗으로 여기지 않을 수 없게 하는 것이다.

송기원은 명색이 대학을 나온 사람 같지 않게 전혀 먹물의 냄새가 나지 않는다. 마구 걸쳐 입은 것 같은 양아치의 차림새며 조악한 화학주에 절어 꼭 비틀어 짠 오이장아찌 같은 낯빛 그리고 이른바 세련이라는 낱말과는 거리가 먼 말솜씨 같은 것들 때문만은 아니다. 타고나기를 처음부터 그렇게 타고난 것이다. 조선 토종으로. 쉰 고개를 넘긴 예술가로는 드물게 정직하고 순결한 사람인 그는 정직함과 순결한 정신이야말로 이 세상의 그 어느 것보다도 강력한 힘이 될 수 있다는 것을 몸으로 보여준 사람이다. 보여주고 있다. 예술가 이전에 그 자신이 민중인 것이다.

가슴이 찢어지는 일을 겪은 처지이면서도 자기 자신의 문제에 관해서는 전혀 입을 열지 않는 게 인간 송기원이다. 이것은 그의 단편소설과 시편들에서 보이는 고전주의적 엄격성과도 무관하지 않은 것으로 보이는데, 자기 자신에게는 가차없이 엄격하면서도 남에게는 한없이 관대해지는 우리 '조선의 마음'과 맥을 대고 있다. 거의 매일같이 병원으로 와서 거문고의 줄을 끊지 말 것을 설득했고, 그럼에도 불구하고 거문고의 줄이 끊어져 버렸을 때 그 끊어진 거문고의 줄을 다시 잇게 해준 것이 바로 그였대서가 아니라, 무엇보다도 그는 유정한 사람이다.

나는 그가 드물게 눈물을 흘리는 것을 본 적이 있다. 술자리에서였다. 내가 그의 선비(先妣)와 나의 신고(先考)의 위패를 어디 한갓진 산사에 모시자는 말을 한 다음이었을 것이다. 감옥에 있을 때 앞방의 소년수들한테 배운 노래라고 하였는데, 나직하게 노래를 부르는 그의 목소리에는 물기가 묻어 있는 것이었다.

내 너와 만나던 날
어린 마음은 행복했고
행복했던 그날 밤은
기뻐서 난 울었어요
외롭고 괴로운 나를 버리고
사랑 찾아 떠난 당신
서로가 사랑해서
바친 몸을 버림받고
버림받은 그날 밤은
서러워서 난 울었어요
길가에 핀 한 송이 외로운 꽃처럼
내 이름은 주란꽃
내 다시 태어나도
전과 같이 살고 싶소
내 이름은 주란꽃
내 이름은 주란꽃

'황석영黃晳暎'

 언제부터인가 사람들은 황석영 씨를 가리켜 '구라'라고 부르고 있다. 사람들이라고 하지만 주로 때 없고 허물 없이 만나서 세상 돌아가는 이야기를 나누고는 하는 글벗들 또는 이른바 문화패거리들 사이에서 통용되는 호칭이다. 본인 스스로도 그렇게 불리는 것을 굳이 마다하지 않는 것을 보면, 정작으로 이제는 별호가 된 느낌이다.
 구라(九羅). 괄호 속의 한문은 필자가 임의로 넣어본 것인데, 여기서 아홉 가지로 벌리거나 아홉 가지의 새그물을 친다는 것은 오지랖이 넓다는 뜻이라기보다 양아치에서부터 집권당의 사무총장에 이르기까지 거의 뭇 중생들을 끌어안고자 하는 그의 폭넓은 관심과 속 깊은 실천력을 뜻하는 것으로 된다.
 '구라황' 또는 '황구라'라는 별호를 굳이 마다하지 않는 그가 딱 한 번 화를 내는 것을 본 적이 있으니, '토담'이라고 인사동에 있는 조선찻집에서였다. 화가 김용태힌대였는데, 전국민족예술인총연합 곧 '민예총'의 결성관계로 여럿이 함께 모였을 때였다. 김용태가 다른 문화패거리의 후배

들한테 "황구라가 어쩌고⋯."하는 식으로 말했던 것이다.
 "야, 용태 이 ×새끼야!"
 말린 귤껍질을 페이퍼로 마구 문질러 놓은 것처럼 시커멓고 우둘투둘한 그의 얼굴이 더욱더 시커멓고 우둘투둘하게 비틀려 올라갔다. 생긴 것도 그렇지만 갈 데 없는 생일꾼에 농투산이며 장돌뱅이 또는 잡상 곧 '기본계급'의 모습이며 말투였다.
 "듣자듣자 하니 이 ×새끼들이 싸가지 없이 겨오르는 것 좀 봐. 구라가 뭐야. 짜샤. 내가 아무리 인품 안 나는 양씨 가문이라지만 ×만한 것들이 맨날 구라구라야. 마, 내가 늬덜 친구냐?"
 "성님, 용태두 이제 나이가 마흔셋이요. 같이 늙어가는 처지에 뭘 그런 걸 가지구 그러슈. 용태 체면두 있는디 후배들 앞에서⋯."

필자가 중재를 섰고 그가 소년처럼 한쪽 눈을 찡긋해 보였다.
"×만한 것들이 겁대가리 없이 겨오르잖아. 전부터 한번 혼내 줄라고 했다고."
그러더니 문득 활기차게 소리쳤다.
"가자, 한잔 살테니까."

언제 화를 냈더냐 싶게 다시 평소의 '황구라' 또는 '구라황'으로 돌아온 황석영에게는 별호가 아니라 정식의 아호가 있다. 불러주는 사람이 필자말고는 전혀 없어 여전히 '구라'라는 별호로 통용될 수밖에 없는 그의 아호는 유하(榆下)다.
문학비평가인 염무웅 교수 등과 함께 주역을 배운 바 있다는 한학자 아무개 선생이 지어줬다는 그의 아호에는 나그네들에게 그늘을 만들어 주는 느티나무 아래라는 짐짓 거창한 뜻이 담겨 있는데, 걸맞은 아호라는 생각이 든다. 느티나무 아래라는 것은 지치고 허기진 나그네들에게 다리쉼을 하게 해주는 쉼터의 노릇과 함께 스스로 머물지 않고 떠난다는 뜻이 있기 때문이다.
삼일수하(三日樹下)라는 말이 있다. 한 나무 아래서 사흘을 미물지 말라는 이 불교의 문자에는 헛된 애착과 집착의 미망을 여의고 깨달음의 저 언덕에 오르는 길을 찾으라는 깊은 뜻이 담겨 있다. 진흙창 사바세계 중생들의 지옥 같은 삶과 더불어 함께하면서 더불어 함께 깨달음의 길로 나아가야 하는 문학인에게는 더 없는 아호가 되는 것이다.

이름 속에 그 사람의 평생운명이 담겨있다는 옛사람의 말은 정녕 진언인 것인가? 혼돈의 숲을 헤매던 소년 유하는 산으로 갔던 것이다. 스스로 적은 것 같은 어떤 선집의 연보를 보자.

- 1943년 1월 4일 만주 장춘에서 출생.
- 1945년 해방과 함께 모친의 고향 평양으로 이주, 이듬해 본적지인 황해도 신천으로 옮김.
- 1949년 38선을 넘어 월남, 영등포에 정착.
- 1950년 영등포초등학교에 입학했으나 6·25동란으로 대구 중앙초등학교로 전학.
- 1954년 전국 어린이 백일장에서 작문「집에 오던 날」이 입상, 그해 가출하여 인천에까지 갔다가 열흘 만에 되돌아왔음.
- 1956년 경복중학교 입학.
- 1960년 4·19때 교우 안중길 군 순국. 그의 시집 『봄·밤·별』을 편집, 간행함. 단편「출옥일」이 중앙대 문학상에 당선.
- 1962년 봄, 경복고등학교를 퇴학당함. 가출하여 남도 지방을 방랑하다 그해 10월에 돌아옴. 11월, 〈사상계〉 신인문학상에「입석부근」이 입선.

- 1964년 숭실대학교 철학과에 입학. 이때 6·3사태가 일어남. 즉결재판소에서 만난 부랑 노무자와 사귀게 되어 함께 신탄진 연초공장 공사장에서 노동했다. 그 뒤 청주·진주·철원·마산 등지를 돌며 여러 가지 일을 닥치는 대로 했다. 동래 범어사를 거쳐 금강원에서 행자로 수도하다가 어머니를 만나 귀가했다.
- 1966년 해병대에 입대하여 이듬해 청룡부대 제2진으로 월남에 파병되어 종군 후 제대.

1970년 〈조선일보〉 신춘문예에 단편 「탑」이 당선되어 문단에 나오기까지의 이력인데, 한마디로 기구하다. 아니, 기구하다기보다는 스스로 택한 길이었으므로 파란만장하다는 표현이 맞겠다. 역마살을 타고난 것인지 끊임없이 안정·안주 따위의 보장된 삶을 거부하고 '그 무엇'인가를 찾아 떠돌았던 것이다.

7, 8년 전쯤으로 기억된다. 화곡동에 살 때였는데 곁의 윤구병 교수 댁에서 그와 함께 사흘밤 사흘낮을 함께 뒹군 적이 있었다. 윤구병 또한 순천 송광사에서 행자생활을 한 적이 있었으므로 절집의 족보로 따지자면 필자가 거꾸로 가장 선배가 되는 셈이었다.

그런 인연을 끌어다붙여 우리는 문득 허물없는 사이가 되었는데, 그는 언제나 마이크를 잡는 것이었다. 그의 표현을 따르자면 '라디오를 튼다'는 것이었는데, 언제나 성능

좋은 '제니스 라디오'였다. 이 대목은 그가 가장 좋아하는 작가의 하나이기도 한 이문구의 글에서 인용하는 편이 좋겠다.

…김지하·김승옥·송영·염무웅의 노래도 프로급이지만 황씨의 코미디 또한 구봉서 배삼룡이 줄행랑을 놓게 될 정도인 것이다. '목에 난 연주창, 등에 난 등창, 배에 난 복창, 뒤에 난 왕십리 창, 앞에 난 거시기창…' 하고 오동나무 상자의 우황청심환 장수부터 시작하여 약장수 가락 열두마당에 마카로니 웨스턴을 비롯, 영불독이(英佛獨伊)의 영화 예고편이 아홉 가지요, 장동휘와 박노식이 대결하는 명동 엘리지에 아주까리 선창까지 온갖 신파극에다, 특히 일품인 성교육 강연이며, 각종 중계방송 시늉까지 합하면 무려 80가지가 된다고 한다. 그러나 80가지의 완창(完唱)을 다 들은 사람은 아직 아무도 없다는 게 그의 주장이다."

그로부터 한 두어 해쯤 지난 뒤였다. 원주 기독병원 중환자실에 누워 있는데 그가 들어왔다.
"성, 담배 한 대만 줘."
삼도천에 한 발을 담갔다가 돌아온 직후인지라 필자는 무엇보다도 목젖이 타는 것 같았는데, 그는 정색을 하였다.
"없는데…."
"담배가 없다니…. 그러지 말구 한 대 주쇼."

웃지도 않고 그가 말하였다.
"나 담배 끊은 거 모르는구나."
서울의 백병원으로 옮겨 누워 있는데 그가 다시 찾아왔다.
"야, 너 때문에 경찰서 다녀왔다."
들어서자마자 한 소리였는데, 내용이 이랬다. 어려운 상황을 피할 겸 광주 부근의 어떤 산사에 가 있는데, 한 객승이 들어왔다. 십팔계인지 쿵훈지 하는 무술을 한다고 폼을 잡는 것부터가 영 비위가 상하는 판인데 어쩌다 필자의 이야기가 나왔다는 것이다.
그러자 그 객승이 "그 자가 부처님을 비방한 과보를 받아 사고를 당했다"며 잘코사니라는 말을 하더라는 것이었다. 마침 밥상을 받고 있었는데 그가 먹던 밥그릇을 들어 객승의 머리를 쳤고, 밥사발이 배코친 알머리에 박힌 그 객승은 무예의 고수연(高手然)하던 것과는 다르게 "속인놈이 중을 친다"며 죽는 시늉만 하더라는 것이었다. 그 객승의 고발에 의하여 경찰서에까지 끌려갔다 나왔다며 그는 필자의 건강 상태를 염려하고 있었다.
서른이 넘어서 배운 태권도가 공인 초단이라지만 떠돌이 양아치 시절 익힌 야전적 전투감각이 고단의 경지에 이른 것으로 보이는 그가 아무개 시인한테서 돈을 받아낸 일은 유명하다.
당시에 잡지사와 출판사를 함께 경영하고 있던 아무개는 당대의 이른바 인기작가들만을 모아 12권짜리 소설전집을 만들었다. 백만 원씩의 매절이었는데 그 매절료를 받은 작가는 두 명밖에 없었다. 황석영과 이외수가 그들이다. 이외수는 부인이 젖먹이를 들쳐업고 사흘 동안 사무실에 눌러앉아 아이의 궁둥이를 꼬집어 계속 울게함으로써 아무개가 두 손을 들게 만들었고, 황석영은 황석영다운 방법을 썼던 것이다.

 사무실로 쳐들어가서 다짜고짜 멱살을 움켜잡은 다음 외가쪽의 피를 받은 '피안도 박치기'로 콧잔등을 깨버린 것이다. "어이쿠" 소리와 함께 피 흐르는 코를 싸쥐고 아무개가 쓰러졌다. 이쯤 되면 멱살을 놔주는 것이 보통의 경우겠는데 황석영은 그러나 놓아 주지 않았다. 오른손으로는 여전히 멱살을 잡은 채 왼손을 피가 흐르는 코앞에 내밀며, 이렇게 얼렀다.

 "돈 내놔. 안 내노면 다시 한번 박아."
 "누가 안 준다고 하나. 돈이 없어서 못 주는 심정을 이해해 달라구."
 "주머니 속에 있잖아."
 "없다니까."
 "쌍!" 소리와 함께 황석영의 머리가 뒤로 제껴지는 것을 본 아무개가 "아이구, 줄께" 한다.
 내어주는 돈을 정확하게 액수를 확인하여 주머니에 넣은 다음 멱살을 풀어 주고 사무실을 나왔다. "잘 다녀오쇼"라는 말을 남긴 채. 다음날 아무개는 전두환 정권의 문학계

회유책의 하나인 이른바 '문인 해외시찰단'의 일원으로 출국을 하는 것이었다.

저기 김성동이의 얼굴도 보이는데, 김성동이 아주 싫어하는 것 가운데의 하나가 울대 출신들입니다. 울대 출신들을 무조건 싫어한다는 게 아니라 울대 출신들의 구린내나는 선민의식과 메마르고 강퍅한 이론들을 싫어한다는 말씀이지요. 그런데 고인은 울대 출신이면서도 전혀 울대 냄새가 나지 않고 제3세계 또는 변두리적 냄새를 풍겨주는 특이한 사람이었던 것입니다.

3백여명이 들어찬 강당의 뒷자리에 끼여 있던 필자는 깜짝 놀랐다. 추모강연을 하고 있는 연사 황석영의 입에서 뜻밖에도 필자의 이름이 나왔던 것이다. 고 채광석의 1주기를 갖는 여의도 여성백인회관에서였다.

채광석이 죽기 얼마 전 마포에 있는 어떤 삼류 맥주집에서였다. 서대문 네거리에서 하기로 되었던 문화6단체의 데모가 원천봉쇄를 당하여 경기대학 입구쪽 길거리에서 농성을 한답시고 쭈그리고 앉아 있다가 비장감도 없이 결국 술집으로 갔던 것이었다. 황석영·송영·채광석·필자, 그리고 이창동·임우기·박영근 등의 청년문학인들이었다.

이애주·임진택·심용태 등의 문화패들과 1차를 한 뒤였으므로 당연히 어지간한 주기가 오를 시간이었음에도 불구하고 거의 맹송맹송한 분위기였다. 철벽처럼 완강하게 암담한 상황이었기 때문일까. 비장감도 없었지만 분노도 없었고 술맛도 나지 않는 묘한 분위기였다. 황석영도 약장수는 물론이고 라디오도 틀지 않았다.
"야, 채광석!"
그때에 문득 소리치는 사람이 있었으니, 아무개라는 청년이었다.
"채광석이 너 요새 뭐하는 거야?"
15년의 차이가 나는 후배가 마치 손아래 사람에게 하듯 막말로 선배를 꾸짖는 것이었다. 불 같은 성격인 채광석이 뜻밖에도 고분고분하게 꾸짖음을 당하는 것도 이상했지만 더욱 이해할 수 없는 것은 선배들의 태도였다. 송영이야 원래 회장님 소리를 듣는 '은발의 신사'이므로 그렇다고 하더라도 문제는 황석영의 태도였다. 깨진 분위기를 수습하기 위해서가 아니라 버릇없는 후배를 나무라는 것이 선배의 태도련만 묵묵히 술잔만 기울이는 것이었다. 아, 후배들한테 인심을 잃지 않으려고 하는구나.
"야, 아무개!"
참지 못하고 필자가 나섰다.
"자네 말버릇이 그게 뭐야? 유교적 질서를 찾자는 게 아니라 사람과 사람의 만남에 있어서 마지막까지 지켜져야 하는 게 최소한의 예의 아닌가? 어느 시대 어떤 체제의 사회를 막론하고 예의범절이라는 것은 인간이 인간일 수 있는 기본조건 또는 덕목으로 된다. 서로가 서로를 존중해 줌

으로써 아름다운 세상…….." 하는데 채광석이 소리쳤다.
"선배가 선배노릇 한 게 뭐 있다고 큰 소리야!"
"뭐?"
어이가 없어 벌인 입을 다물지 못하고 있는데 채광석이 벌떡 일어났다. 아니, 탁자를 넘어서 몸을 던져왔다. 치고받고까지 할 것도 없이 닭싸움 하듯 뒤엉켰다가 사람들에게 붙잡혀 서로 가쁜 숨만 몰아쉬다가 헤어졌는데, 강단 위에 서 있는 황석영의 입에서 다시 필자의 이름이 나왔다.
"김성동이와 채광석이의 싸움을 말리다가 애꿎게도 나만 고인의 주먹을 여러 대 맞았습니다."

"부대인자(夫大人者)는 여천지합기덕(與天地合其德)이니 황어귀신호(況於鬼神乎)랴."
자리에 앉자마자 마담을 부른 황석영이 라디오를 틀기 시작했는데, 처음 듣는 프로였다. 마담 이하 아가씨들은 물론이고 필자 또한 귀를 세웠으니, 무슨 주문처럼 읊조리는 그 소리는 주역의 건괘에 나오는 귀절이었던 것이다.
"마담, 십 원짜리 동전 있으며 몇 개만 줘봐."
"전화는 카운터에 있는데요."
"사주가 어떻게 되지?"
"사주라뇨?"
"생년월일시 말요."
"어머, 손님 철학 하셔요?"
동전을 받아든 황석영이 지그시 눈을 감았다. 그리고 뭐라고 뭐라고 주문을 외우며 동전을 넣은 두 손바닥을 오므려 여남은 번을 흔들더니 탁자 위에 동전을 흩뿌렸다. 손가락 끝으로 이리저리 동전을 맞추더니 입을 열었다.
"산택통기(山澤通氣)네."
"예?"
"건(乾) 옆에 태(兌)가 있으니 물기운이 하늘로 올라가기 때문이며 곤(坤) 옆에 간(艮)이 있으니 하늘기운이 산을 통해서 땅으로 내려간다는 말이요. 그러므로 천지는 산택(山澤)으로 통기(通氣) 곧 교합을 한다는 뜻이외다."
황석영이 담배를 입에 물었다.
"마담, 첫사랑에 실패했지?"
"어머."
"그래서 학교도 중퇴했구만."
"어머, 어머."

"그러나 걱정하지 마쇼. 안개가 골짜기를 빠져나가는 운세라. 초년운이 다 가고 중년운으로 접어들었는데 이제부터는 탄탄대로니까."
"어머, 어머, 어머."
"아저씨, 저도 좀 봐 주세요."
"저도요, 저도."
황석영이 엄숙한 얼굴로 담배를 빨아들이는데 마담이 경쾌하게 소리쳤다.
"김군아, 여기 레벤브로이 열 병하고 모듬 안주 한 접시 써비스로 올려!"
장난을 하는 것이 아니라 실제로 공부를 한 적이 있다는 주역을 근거로 마담의 지나온 과거를 맞혀 버린 것이다. 잘 모시라는 말을 남기고 마담이 나가자마자 아가씨들이 아우성을 쳤다. 그 어린 여자들은 입을 모아 소리쳤다.
"옵바아!"
이렇게 되면 그날의 술자리는 황석영의 것으로 된다. 여기에 덧붙여 약장수며 '명동을 떠나거라'에다 '이별의 요코하마'까지 덧붙여지면 앉아서 오줌을 누는 사람들은 물론이고 서서 오줌을 누는 사람들까지도 오줌을 싸게 마련이다. 이쯤으로 무르익었을 때가 필자의 차례다.
"아가씨들, 이 분이 몇 살로 보여?"
"음… 마흔, 마흔두서넛?"
황석영이 말한다.

"야, 내가 그렇게 늙어 보이냐? 아직 마흔도 안 됐다. 이제 서른아홉이라구."

"어머, 정말예요?"

아가씨들이 필자를 바라본다.

"이 분이 지금 농을 하시는 거고, 실제로는 연세가 많은 어른이셔. 아까 점치는 것 못 봤어? 젊은 사람이 어떻게 점을 치나?"

"진짜로 몇 살인신데요?"

황석영의 귤껍질 같은 얼굴이 비틀리는 것을 보며 필자는 웃음기 없이 말한다.

"쉰 셋. 아니, 설 쇠었으니까 이제 쉰 넷되시지."

"어머, 이제 보니 할아버지구나."

아가씨들의 입에서 야릇한 한숨소리가 터져나오는데, 황석영이 필자를 향하여 쑥덕을 먹이는 시늉을 한다.

"늬 엄마 ××다."

구라파와 북아메리카를 다녀와서 구류를 살고 있는 그를 중부경찰서로 면회갔던 적이 있는데, 분위기가 이상했다. 구류를 살고 있는 신분임에도 불구하고 황석영은 경찰서를 완전히 장악하고 있었던 것이다. 간부급 경찰관이 옆에 있는데도 불구하고 그는 여전히 거침이 없는 '황구라'였다.

면회를 갔던 사람들이 거꾸로 위로를 받는 입장이었는데 일장의 '구라'를 풀고 나서 창 밖의 명동 쪽을 바라보는 그의 눈가에 언뜻 저물녘의 산그늘 같은 게 어리고 있었다. 안기부로 경찰서로 끌려다니다 보니 천하의 '황구라'도 이제는 지쳤는가 싶었는데, 웬걸. 산그늘이 문득 걷히면서 평소의 '황구라'로 돌아오는 것이었다.
"옵바아! 하고 발목을 잡는 데는 미치는 거지. 부럽다. 늬덜 자유롭게 술 마시는 걸 생각하니."
김상현 통일민주당 부총재와 그가 처음 만나는 자리에서였다. 낙원동 허리우드극장 곁의 '탑골'이라는 술집에서였는데, 수인사가 끝나자마자 황석영이 던진 말이 이랬다.
"자기 소개는 안 하셔도 됩니다. 우리는 이미 잘 아는 사이니까요."
김상현이 영문을 몰라 하는데 황석영이 말했다.
"김 선생님이나 저나 같은 집안이니까요."
"같은 집안이라니? 아니, 황선생의 성씨가…."
"성씨야 다르지만 뼈대가 같잖습니까."
"점점 어렵게 나오시네."
"같은 양씨 가문이잖습니까?"
김상현이 박장대소를 했다.
"그렇지. 똑같은 양아치지."

몇 번을 두고 망설이던 끝에 이 글을 쓰는 필지의 심정은 착잡하다. 무릇 인류의 역사가 비롯된 이래로 어렵지 않은 세월이 있었겠는가마는, 요즘처럼 그 어려움이 실감되는 때도 없었던 것 같다. 글쓰는 어려움에 대하여 구구한 변명을 늘어놓자는 것이 아니라 상황이 그렇다.

황석영이 누구인가? 그의 소설작품에 대해서는 필자가 뭐라고 운위할 처지가 못 되며 또한 그럴 필요도 없을 것이다. 그것이야 이른바 저마다 날카로움을 뽐내는 전문비평가들이 여러 차례에 걸쳐 이미 많은 분량으로 언급해 놓았기 때문이다.

다만 동업의 한 후배로서 그의 인간적인 면에 대하여 써 보라는 것인데, 식은땀이 난다. 더구나 그는 지금 동경의 한 호텔에서 『황석영 북한방문기—사람이 살고 있었네』를 쓰고 있다는데, 나는 호사가들의 술상에나 오를 안주거리로서의 글이나 쓰고 있지 않은가? 그가 발표했다는 성명서의 끝 귀절이 떠오른다.

…지금부터 우리네 조국강산은 봄입니다. 봄꽃은 우리나라 남쪽 끝의 한라산에서부터 피어나기 시작하여 아무런 장애도 없이 휴전선 철조망을 넘어서 북의 백두산 기슭에 피어납니다. 저와 저의 동료들과 민중들은 우리나라의 산야에 흐드러지게 피어나는 여린 풀꽃들을 눈물이 나도록 사랑합니다. 바로 저들의 재생력이야말로 이 무렵이면 우리 국토를 뒤덮는 외국군의 탱크와 미사일을 이겨낼 위대한 힘이라고 확신하기 때문입니다.

'박정만朴正萬'을 추억함

 웬일로 이 세상에는 문인도 많고, 조악한 세상을 더욱더 조악하게 만드는 죄악적인 글이 많은가 하면, 반대로 또 눈물이 날 만큼 훌륭한 글들도 더러 있으며, 소생 또한 이 할 일 많은 세상에서 염치없게도 감히 글을 써서 밥을 먹어보겠다고 나선 소위 그 많은 문인 가운데의 한 사람입니다만, 잡담 제하고 오늘은 한 시인의 이야기나 해볼까 합니다. 어느날 문득 '행불(行不)'이 되어버린 시인의 이야기를.
 늘 목말라 하였습니다. 마치 전생에 기갈지옥에라도 있다 온 사람처럼 액체로 된 것이라면 하다못해 농약이라도 마시고 싶어하였습니다. 술꾼. 진실로 이 세상에 술꾼이라는 것이 있는 것이라면, 그렇습니다 그 사내야말로 술꾼일 것이라고 소생은 굳게 믿고 있습니다. 어느 정도인가 하면 만원버스를 타고 출근을 하는 길에 도저히 견딜 수가 없어 버스를 내려 구멍가게에서 이 홉들이 소주 한 병을 들이붓고서야 수전증이 유보된 손으로 돌돌붓을 잡게 된다는, 언제 봐도 도무지 낙이 없는 얼굴. 늙은이는 아니었습니다. 서른 여섯 살. 소생보다 한 살이 더 많을 뿐인 그는 그러나 예순이 넘은 늙은이로 보였습니다. 언제나 부어 있어서 참으로 보다 살이 많아 보이는 얼굴에, 금방이라도 소주처럼 투명한 눈물이 쏟아질 것 같은 큰 눈을 허공에 던진 채, 사탑(斜塔)처럼 기울어진 어깨로 저자의 뒷골목을 후비고 다니며 늘 술, 술, 하고 타는 목마름으로 오로지 술만을 찾던 그는, 거짓말처럼 어느 날 문득 그 자취를 감추어 버린 것이었습니다. 아무도 간 곳을 모른다고 하였습니다. 그를 아는 사람들은 그의 행불에 대하여 "그 친구 또 본 병이 도졌군" 하는 식으로 크게 염려하지 않았고, 소생 또한 도무지 한 직처(職處)에서 한 철을 못 버티는 그의 성격을 잘 아는지라 새삼스럽게 놀랄 필요는 없었습니다만, 이상하게도 그때만은 덜컹 하고 가슴이 내려앉는 것이었습니다. 그것은 그 즈음 그의 신상에 뜻밖의 참사가 있었던 때문이었습니다. 그 즈음 우리는 거의 하루같이 만나서 소주잔을 부딪치며 답답하고 힘겨웁기만 한 세상사에 대하여 한숨이나 나누고는 하였고 전화로라도 서로의 안부를 확인하고는 하였는데, 갑자기 행방이 묘연해진 것이었습니다.

 사흘만엔가 나흘만엔가의 행불 끝에 나타난 그는 도무지 굴신을 하지 못할 정도로 팔이며 다리며 모가지며 등짝이며가 목불인견으로 짓이겨져 있었습니다. 왜 그 지경으로, 그의 표현을 빌리자면 '대한민국처럼' 짓이겨진 것인지는 그 자신도 분명하게 모른다고 하였습니다. 그 몸을 해가지고도 그는 부득부득 술을 마시자고 우겼고 우리는 이상한

침묵 속에서 빠르게 잔만 뒤집었던 기억이 있습니다. 그나 나나 호구에 급급한 처지인지라 입원은 그만두고 기껏 뜸이며 찜 같은 거의 자가치료로 버티며, 그래도 꼬박꼬박 출근은 하는 눈치였습니다. 물론 여전히 조악한 화학주를 마시면서. 밤이면 온 삭신이 쑤시고 결려서 소주 두 병을 마셔야 겨우 눈을 붙이게 된다고 하였습니다. 마음만으로 걱정이 되어 전화를 해보면 "잘 될 테지. 제가 잘 안 되고 배기겠어" 하고 마치 남의 말을 하듯이 유유히 대꾸하는 것이었습니다. 그렇지요. 모든 것이 다 잘 되겠지요. 잘 되지 않으면 세가 어찌겠습니까. 그렇게 또 세월은 가고, 그렇게 또 가는 세월 속에서 우리들의 육신은 늙고 병들어 죽어가는 것일 테니까요. 조잡한 세월. 아닙니다. 결코 이런 이야기나 하자고 붓을 든 것이 아니었습니다. 시를 이야기하고 싶습니다. 무엇보다도 그는 시인이었으니까요. 아니 시인이라는 상투화된 이름으로 부르기보다는 소리꾼이라고 부르는 것이 더 적절한 표현일 듯싶습니다.
　시인이 대저 그 시대의 가락을 읊는 자라고 한다면, 그렇습니다. 그는 철저하게 정직한 소리꾼이었습니다. 도무지 무슨 유행하는 사조나 시류 또는 청자(聽者)들의 눈치를 살피지 않고 자기 자신의 뱃속 깊은 곳으로부터 우러나오는 참 자기의 목소리로 노래를 부르는 사람이었으니까요. 그래서 혹자들로부터는 촌스럽다는 소리도 듣고 혹자들로부터는 평생 제 집 한 칸 장만하지 못할 무변통의 위인이라는 소리도 듣는 눈치였습니다만, 언제나 눈물이 납니다. 참으로 그는 손으로 쓰는 시만이 아니라 입으로 소리내어 부르는 노랫가락에도 일가를 이루고 있어, 듣는 자로 하여금 깊은 슬픔과 함께 막막한 허무의 감정에 빠져들게 만들어, 문득 이 세상을 버리고 싶은 충동을 일으키게 하는 것이었습니다. 그렇지요. 그의 구성지게 서러운 자진모리로 넘어가는 남도가락을 듣거나 시를 읽다 보면 자기도 모르게 가슴 저 깊은 곳으로부터 무슨 한과도 같은 슬픔 덩어리가 꾸역꾸역 치밀어 오르는 것이어서 비록 술참 때가 아니더라도 한 잔 하지 않고는 배길 수 없는 기묘한 기분에 젖어 들게 만드는 것입니다. 그렇습니다. 그의 시는, 그의 남도가락은, 우리를 술 마시게 합니다. 아침부터 술 마시고 꺽꺽 목맺힌 울음을 삼키게 합니다.

　아무도 간 곳을 모른다고 합니다. 어느 날 문득 바람처럼 이 거리에서 사라져 버렸습니다. 누구는 중이 되었을 거라고 하고, 또 누구는 스스로 그 목숨을 끊었을 거라고도 말하고 있습니다. 한 가지 분명한 사실은 이 거리에서 그를 볼 수 없다는 것입니다. 서부역에서 교외선을 타고 북쪽으로 한 시간쯤 가면 백마라는 제법 근사한 이름의 마을이 있는데, 그곳에서 4백만 원짜리 집을 사서 밤이면 첩첩한 앞산을 바라보며 철썩철썩 모기나 잡으면서 쑥대머리 한 자락을 엇중모리로 불러넘기던 그는, 심한 빚독촉에 몰려 그 집을 팔고 지금은 신촌 어디쯤의 2백만 원짜리 단칸 셋방에서, 나이보다 많이 늙어 보이는 안해와 내년이면 중학생이 된다는 딸과 세월처럼 산다고 하였는데, 벌써 가을입니다. 그렇게 여름은 가고, 시인은 돌아오지 않고 있습니다.

　그해 늦가을 소생이 떠났을 때와 똑같은 조건으로 흙바람 부는 이 저잣거리로 내려왔을 때, 제일 먼저 사귀게 된 벗이었습니다. 해 저문 술집에서였고, 물론 인연이었겠습니다만, 그 기구한 인연의 이야기는 생략하기로 하고, 그가 소생의 밥줄을 잡아 준 이야기만 간단하게 해보고 싶습니다.

　솔바람 소리만이 들려오던 저 산문(山門)의 세계에서 땀내음 흥건한 이 사람의 마을로 귀환한 소생에게 제일로 큰

문제는 무엇보다도 우선 호구의 문제였고, 직처마다 요구하는 것은 한결같이 종이쪽으로 된 무슨 무슨 증명서였는데, 학력별무에다가 특별한 기술 하나 없는 소생으로서는 도무지 눈앞이 캄캄한 노릇이었습니다. 그때에 그가 이리 뛰고 저리 뛰면서 직처를 알아보는 일변 소생의 이력서를 만들어 주었던 것입니다. 자신이 졸업한 대학의 3년 중퇴쯤으로 학력을 쓰고 몇 군데의 출판사며 잡지사를 다녔던 것으로 경력을 써서 마침내 어떤 잡지사에 밥줄을 걸어 주었던 것입니다. 물론 엄격하게 말하면 사문서 위조쯤 되고, 천생으로 마음이 약한 소생은 며칠 만에 그 잡지의 주간에게 자백을 한 끝에 그만두고 말았습니다만, 그렇게 소생의 밥줄은 이어지게 되었던 것이었습니다. 참으로 칼끝 같은 세상에서, 눈물나는 이야기지요.

　소생이 오랫동안 망설이고 또 망설이던 끝에 마침내 생육하고 번성하는 이 사바세계의 율법에 동조하기로 굳게 작정을 하고 나서 장가라는 것을 들게 되었을 때, 취중임에도 그는 원고지의 뒷장에 축시 한 편을 적어 주는 것이었습니다.

　　사랑이 진하여
　　꽃이 되거든
　　그 꽃자리에 누운
　　한 작은 종자가 되라

그리하여
다시 오는 세상에서는
새나 나무나 꽃이나
그런 우리들의
영원한 그리움이 되라

 그가 소생을 이야기하는 어떤 글에서 소문 없이 증발했다가 슬그머니 다시 나타나고는 하는 소생을 가리켜 '예고 없는 당선 통지서처럼 어느 날 불쑥 나타났다'고 썼듯이, 그 또한 진실로 예고 없는 당선 통지서처럼 오늘 저녁 술참 때라도 불쑥 나타나서, 꺽꺽 목맺힌 울음일랑 속으로 삼키며, 그렇게 슬픈 소주잔이라도 함께 나눌 수 있게 되기를 진심으로 기원하면서, 가만히 그의 이름을 적어 봅니다. 박정만(朴正萬).

 꿈 같고 허깨비 같고 물거품 같고 그림자 같으며 그리고 또 이슬방울과도 같고 번갯불과도 같은 게 중생들의 살림살이라는 『금강경』의 말씀은 정녕 진언인 것인가. '잠자는 돌'이라는 제목 아래 윗글을 써보았던 것이 서기 1981년이었으니, 어언 열일곱 해의 세월이 흘러갔다. 박정만 시인이 이뉘를 버린 지 꼭 십년.
 언참(言讖)이라는 말이 있다. 별다른 생각 없이 또는 애매무지로 한 말이 앞날에 일어나는 일과 꼭 맞아떨어지는

경우를 가리키는 경우로서, 모름지기 말을 조심해야 한다는 옛어른들의 가르치심이다. 어찌 또 말뿐이겠는가. 말이 곧 글이요 글이 또한 곧 말인즉 얼음에 박 밀듯 말을 조심해서 하고 글을 조심해서 써야 한다는 가르침을 받은 바 있는 자로서 나도 모르게 그만 그런 글을 쓰고 말았으니. 아, 애홉어라. 전정(前定)된 명운(命運)이었더라는 말인가. 시인이 화택(火宅)을 벗어난 지 십년만에 시인의 옛살나비에 자그마한 기림돌을 세운다는 말을 김재홍 교수한테 듣고서 추모 특집에 실릴 이 글을 쓰는 심정은 참으로 애짭잘하기 짝이 없으니, 시인이 가기 일곱 해 전에 하마 문참(文讖)을 저지르고 있음에서이다.

무엇보다도 타고난 시인 또는 소리꾼이었던 박정만이 마

흔 해 남짓만에 욕계화택(欲界火宅)을 떠나게 된 소이연을 줄밑걷어 보면, 거기에는 이른바 '쿠데타적 사건'이라는 5·18이 나온다. 이제 알 만한 사람은 다 아는 일이고 무엇보다도 죽은 자식 눈 열어보기여서 하나객담에 지나지 않지만, 그렇게 또 살아가게 마련인 것이 하늘 밑 벌레들의 살림살이 아니던가. 다음은 후림불에 납청장(納淸場)이 된 시인이 잔뜩 황기가 끼어 들려준 이야기로, 무슨 출판사에서 교정법사(校正法師)로 호구를 하던 시인은 제주도에 머무르던 작가 한수산을 만나러 갔었다고 한다. 경희대학교 동문이기도 한 작가가 그때 '중앙일보'에 연재하고 있던 '욕망의 거리'라는 소설의 출판 문제를 상의하며 술 한잔을 하고 올라온 것이 전부였으니, 겨린잡혀간 것이었다. 겨린잡혀가 곤욕을 치른 것은 시인만이 아니어서, 당시 '중앙일보' 문화부장이던 문학평론가 정규웅과 출판주간이던 권영빈도 함께였다. 무고한 남녘땅 인민들을 살륙한 군사 깡패들이 말과 글을 다루는 문학인과 언론인들에게 겁을 주기 위한 후리질에 걸려든 한 순정한 물고기가 시인이었던 것이다. 이른바 당근과 채찍은 권력자들이 즐겨 쓰는 전가(傳家)의 보도(寶刀)인가. 시인을 비롯한 네 명의 백면서생들을 '빙고호텔'이라는 데로 끌고가 법강장달이 같은 들때밑들 시켜 주장매 놓고 주리틀고 압슬에 단근질하는 사다듬이 놓는 한편으로 이른바 잘 나간다는 글쟁이들만을 골라 태서유람(泰西遊覽)을 시켰던 것이었다. 후자의 경우 또한 누구한테 귀동냥한 것이 아니라 필자가 직접 겪은 것이었는데……. 아, 잠깐 아득하여지던 것이었다. '비행기를 탈 수 없는 신분'임으로 해서 인생행로가 팔팔결이 되어버린 젊은 날이 낙인처럼 박혀 있는 필자였던 것이다. 그러나 당시 감옥에서 갖은 고초를 겪고 있는 문인으로 김지하가 있었고 고은과 송기원이 있는 상황에서 면장우피(面張牛皮)한 자가 아니라면 무슨 낯으로 피 묻은 정권의 회유책에 따른다는 말인가. 거창하게 무슨 역사의식이며 선비정신을 들먹일 것도 없이 무엇보다도 그것은 문학에 순(殉)하고자 하는 '글지'의 자세가 아닐 것이었다. 말이 나온 김에 씁쓸한 하나객담 한마디만 더 하자면 이 땅에 글을 쓴다는 사람은 많은데 참으로 진정한 '글지'는 없더라는 참일이었으니, 필자한테 강압적 회유가 왔던 일회 이후로 여러 차례에 걸쳐 많은 '글쟁이'들이 태서유람을 하고 왔는데, 하루에 백불인가 얼마인가 하는 큰 돈을 용채로 쓰며 열흘인가 보름인가 태서유람을 다녀오지 않은 사람은 필자 말고 두 사람인가밖에 더 없었다는 참일이다. 북미합중국의 지전을 남겨다가 가용에 보태 쓴 글쟁이도 있고 번쩍거리는 라이터 같은 무슨 기호품을 사들고 와서 자랑하는 글쟁이도 있었으며 심지어 필자의 등을 두드리며 "너무 실망하지 마. 다음 번에 또 기회가 있을겨." 위로를 하여 주는 글쟁이 명색까지 있었다.

'국민의 정부'가 들어섰다고 한다. 어두웠던 시절에 갖은 고초를 겪으면서도 '민주주의'를 위하여 가시밭길을 걸어온 이들이 양지 쪽으로 나오고 있다. 올바른 역사의 정립을 위하여 바람직한 일이 아닐 수 없다. 그런데 한 가지 안타까운 점은 군사깡패들한테서 받은 고문이 진퇴되어 요사(夭死)한 우리 박정만 시인의 애통한 죽음은 누가 보상해 주느냐 하는 것이다. 새 세상이 왔다지만 죽은 시인은 말이 없고, 그렇게 또 세월만 가고 있다.

 시인을 만난 것은 서울 인사동의 어느 술집에서였다. 야심한 시각이었는데 서정춘 시인과 함께인 시인은 취중임에도 여간 면구스러워 하지 않는 낯빛이었으니, 술을 끊겠다고 필자한테 맹세를 친 바 있었던 것이다. 월악산 밑에 있는 '미륵세계사'에 머물며 몸조리를 하고 온 다음이었다. 그의 간이 결딴나고 있다는 것을 잘 알고 있는 필자로서는 참으로 난감한 일이 아닐 수 없었다. 술 한 잔 나누지 않고 우리는 어색하게 헤어졌는데, 그것으로 마지막이었다.

 흙바람만 부는 저잣거리일망정 그래도 차마 무슨 미련이 남아있었던 것일까. 아니면 날구장창으로 개미 쳇바퀴만 돌리고 있는 하늘 밑 벌레들이 가여웠던 것일까. 울던 것이다. 무엇보다도 한매 울었으며, 그리고 또 하염없이 울던 것이었다. 어느 정도였느냐 하면 울음이라면 일가견을 가지고 있다고들 하는 필자가 한동안 울음을 뚝 끊었을 정도이니, '눈물의 대가'였던 박용래 선생과 서정춘 전배의 법통을 이은 것이었다.

숨지기 달포 전이었던가. 시인의 전화는 꼭 필자가 늦은 아침상을 받는 자리에 왔는데, 한매 어화성 같은 울음을 진 계면 바닥으로 짧은 향 한 대 태울 시각만큼 이어나가다가 아이오 뚝 울음을 그치고나서 "김형" 하고 부르는 시인의 성음은 여간 명랑방창한 것이 아니었다. "시가 겁나게 나와 부러 미치겠다"는 것이었다. 그러면서 내리다지로 줄줄이 시를 읊어대는 것이었는데, 밥과 국은 하마 식어 버린 뒤였고, 그렇게 용고뚜리되어 들어준 시가 무릇 기하였던가. 마지막으로 시인의 전화를 받은 것은 흉음(兇音)을 듣기 며칠 전이었는데, 시참(詩讖)이었던가. 물밀듯이 시가 터져 나오기 전의 군목질로 읽히우는 울음도 없이 들려주는 종명시(終命詩)는 이런 것이었다.

나는 사라져 간다
저 광활한 우주 속으로

* 돌돌붓:볼펜. 애홉어라:슬퍼라. 옛살나비:고향. 애짭잘하다:가슴이 미어지도록 안타깝다. 안타까워서 애가 타는 듯하다. 줄밀걸:일의 단서나 말의 출처를 더듬어 찾다. 줄걷다. 하나객담:실없고 하찮은 이야기. 하늘 밑의 벌레:사람. 후림불:정신 차릴 사이도 없이 갑자기 휩쓸리는 서슬. 남의 옆에 있다가 아무 까닭없이 걸려드는 일. 비화(飛火). 황기끼다:겁을 내어 두려워하는 마음이 일어나다.

납청장이 되다:몹시 얻어맞거나 눌리어 모양이 납작하게 됨을 이름. 형세가 불리하여 꼼짝도 못하게 된 경우를 이름. 겨린잡다:예전 살인사건이 났을 때에 범인의 집 이웃에 사는 사람이나 또는 범죄의 현장 근처로 통행하는 사람까지라도 증거인으로 잡아가던 것. 후리질:후릿그물로 물고기를 잡는 일. 모두 후리어 들이는 짓. 들때밀:권문세가의 완악한 종. 팔팔결:엄청나게 어긋나는 일이나 모양. 글지:작가. 중세어 '글지이'에서 온 말로 일제 이전까지 쓰였음. 용채:용돈. 진티:사단의 원인. 일이 잘못될 빌미. 날구장창:날마다 계속해서. 한매:우선. 먼저. '일단'은 왜식 어휘임. 전배(前輩):선배. 어화성:상여꾼들이 상여를 메고 가며 외치는 소리. 진계면 바닥:아주 슬픈 계면바닥으로 주류삼는 판소리. 아이오:몰록. 갑자기. 용고뚜리:줄담배. 슬조. 시참.우연히 별다른 생각없이 쓴 시가 앞날에 일어나는 일과 딱 맞아 떨어지는 것. 군목질:정식의 소리를 하기 전에 목을 틔우려고 하는 발성연습.

'외야外野'에서 게걸음으로

소설가 강홍규 씨가 이승을 등졌다. 스스로는 7류라고 겸손해 하였지만 몇 편의 짭짤한 단편과 「스포츠소설」 그리고 「관철동 시대」라는 문단야화를 책으로 묶어내기도 했던 그는 입석자(立石子)라는 필명으로 <동양증권배>의 해설을 쓰기도 하던 기객(棋客)이었다. 50년대의 명동 시절부터 한국기원 출입을 하던 그는 진정으로 바둑을 사랑했던 아마추어였다. 향수 49. 왕생극락하소서.

1
인연을 맺고 있는 신문의 바둑란 한귀퉁이를 빌려 써보았던 글인데, 추도사 비슷한 이 글을 다시 읽어보는 심정은 착잡하다. 도대체 아무런 생각도 떠오르지를 않는 것이다. 도무지 허무하기 때문이다. 『금강경』의 한 자락이 떠오를 뿐이다. 여몽환포영(如夢幻泡影).
꿈 같고 허깨비 같고 물거품 같으며 그리고 또 그림자 같은 인생길의 한 구비에서 고인과 처음 만나게 되었던 것은 관철동의 한 싸구려 감자국집에서였다. 76년 늦가을. 이른바 기계파동(機械波動)으로 한국기원과 결별한 대한기원에서 창간된 〈기도(棋道)〉라는 바둑잡지에 밥줄을 걸고 있던 시절이었다. 한국기원의 〈바둑〉지 편집장을 맡고 있던 고인과 인사를 시켜준 것은 그 잡지에 밥줄을 걸고 있던 송기원이었다. 송기원이 말하였다.
"꽤 괜찮은 사람이야."
"뭐하는 사람인데?"
"으응."
"글쓰는 사람인가?"
관철동 일대에서 만나게 되는 그렇고 그런 이른바 '글쓰는 사람' 가운데의 하나인가보다 하고 나는 대수롭지 않게 물어보았는데, 송기원이 씩 웃었다.
"건달하는 사람이야."
"관철동시대"가 나왔던 87년 늦여름이었다.
"좀 움직인대요?"
내가 물었고, 강도사(康道士)는 두 볼따구니가 광대뼈 쪽으로 올라붙는 특유의 표정을 지으며 수줍게 웃었다.
"읽어봤어?"
"한 군데 틀린 데가 있던데요."
"시시껍절한 얘긴데 뭐."
"중요한 문제데요. 이건 김아무개의 명예에 관계된 거니까."

그 책에는 나에 관한 이야기가 서너 군데 나왔는데 그 가운데 다음과 같은 내용이 있었던 것이다.

……김성동이 기자가 된 데에는 프로 6단 유건재의 장난기가 개재되어 있었다. 김성동과 죽마고우인 유건재는 당시 「기도」의 기자이기도 했는데 김성동에게 시험문제를 미리 빼내 알려준 것이었다. 땅짚고 헤엄치기의 시험에서 김성동이 깜짝 놀랄 성적으로 합격했음은 물론이다.

"건재가 시험문제를 빼내 줬다는 게 무슨 말입니까?"
"귀띔은 해줬다고 그러던데."
"귀띔이라기보다 이런 말은 들었지요. 바둑시험과 문장력 테스트를 하는데 아마 위기십결(圍棋十訣) 같은 것을 외워두는 게 좋을거라는."
"그게 귀띔이지 뭐."
"그게 어떻게 시험문제를 빼내 준 게 됩니까? 바둑시험이야 평소의 실력으로 하는 거고 '바둑이란 무엇인가?' '우리 바둑의 앞날에 대하여' '조치훈에 대하여 논하라' 같은 거야 평소의 문장력으로 쓰는 거지. 그리고 건재가 귀띔해 줬다는 위기십결을 아는 대로 쓰라는 것도 있기는 했지만 평소에 알고 있던 예닐곱 개만 쓴 걸 봐도 그 귀띔이 아무런 소용이 없었다는 증명이 되잖습니까?"
"웃자고 쓴 얘기야."

"명예에 관계되는 문제라니까요."
"그렇구먼."
"재판 때는 고쳐야 됩니다."
"그러지."

옷음으로 받아넘기던 강도사도 끝내 고개를 끄덕였는데, 약속대로 고쳤는지는 확인하지 못하였다. 그리고 재판을 찍을 만큼 그 책이 많이 팔렸는지도 확인하지 못하였고. 그런데…… 그 약속을 한 강도사는 이미 이 세상 사람이 아니고 그가 남긴 책의 개정 증보판에 서문을 쓰게 되었다고 생각하니, 만 가지의 감회가 어우러진다.

2

스스로를 7류라고 겸손해 하였지만 '소설'이 무엇이며 그리고 '소설가'가 무엇인지에 대하여 정확하게 알고 있던 고인한테서 본격적인 소설 이야기를 들어본 기억은 거의 없다. 소설가와 그 소설가들이 모였던 술자리에서의 이야기만을 하는 고인이었다. 그것도 '펑펑 날리는' 현역에서 한 발 비켜서 관철동 근방을 어슬렁거리는 '한물간' 작가들의 옛날 이야기였다.

"형이 한번 해보지."
"뭘?"
"직접 한번 소설가가 되보란 말."
"쓸데없는 소리."

"맨날 이렇게 살겠단 말입니까?"
"이게 어때서?"
"맨날 이렇게 바둑이나 두고, 소주나 마시고, 남의 옛날 이야기나 하고……."
"정각수좌."

강도사가 정면으로 나를 바라보았고 나는 긴장을 하지 않을 수 없었다. 언제나 지그시 눈을 내리깔은 채로 어디까지가 진실이고 어디까지가 해학이며 골계인지 모를 소리만 하는 그가 정각(正覺)이라는 나의 불명(佛名)을 불렀던 것이다. 다시 눈길을 내리면서 그가 말하였다.

"술이나 마시자."

언제나 구체적인 현실의 현장으로부터 한 서너 발자욱쯤 비켜서서 세상과 세상 사람들을 바라보며 염화시중(拈花示衆)의 미소만 짓던 강도사와 진지하게 문학이야기를 나눴던 적이 딱 한 번 있다. 개봉동에 살 때였으니까 78년 겨울이었던 것으로 기억된다. 개봉동에서 두 정거장만 가면 역곡이라는 데서 방 한 칸을 빌려 자취를 하고 있었다. 마흔이 다된 늙은 총각이 라면 따위로 끼니를 때우고 있는 것이 궁상맞아 보여 나는 어머니가 담아주시는 김치며 고추장 따위를 들고 찾아가고는 하였는데, 전철을 타고 같이 시내로 들어오는 길이었다. 남영역인가에서 갑자기 내리자고 하더니 선로가에 쪼그리고 앉았다. 겨울이라지만 기우는 햇살이 따스한 오후였는데 말없이 그는 담배만 피웠다.
"무슨 일인데요?"
"햇빛이 좋잖아."
무슨 심각한 문제가 있는가 싶어 긴장하고 있던 나는 피식 웃음을 터뜨리지 않을 수 없었다.
"원 성님두. 자기가 무슨 까뮈라구."
나는 웃었는데 강도사는 웃지 않았다. 눈길을 허공에 던진 채로 필터만 남은 꽁초를 던지며 그가 말하였다.
"소설…… 잘 써야 된다."
정작으로 문학이야기를 한 것은 다시 탄 전철 안에서였다. 종점까지 갔다가 다시 종각까지 나오며 그는 이야기를 했는데 나는 그것을 문학이야기로 받아들였고 그리고 그가 소설을 쓰겠다는 선언으로 받아들였다. 고향과 만주에서 겪었던 유년시절과 해방 직후며 6·25 전후의 소년시절에 대한 추체험이 그 이야기의 내용이었는데, 특히 고향인 함경도 지방을 더듬어 올라갈 때의 목소리는 특유의 더듬거리는 듯 어눌하면서 그리고 가느다랗게 떨리는 것이었다.

3

강도사가 소설을 썼다고 했을 때 나는 두근거리는 가슴이었다. 틀림없이 대단한 것을 썼을 것이라는 기대 때문이었고 그가 쓴 첫 소설은 틀림없이 그 때의 전철 속에서 들려주던 이야기를 바탕으로 한 것일 거라는 생각이었다. 단 둘이 술을 마시게 될 경우 술기운이 거나해지면 나는 꼭 그 이야기를 소설로 써보라고 졸라대고는 하였던 것이다.
　그런데 강도사가 쓴 것이 무슨 「스포츠소설」이라는 것을 알고는 솔직히 실망을 하였다. 술자리에서도 다시는 소설 이야기를 하지 않았다. '스포츠' 어쩌구 하는 것에는 도대체가 질색을 하는 나여서가 아니라 왜 그 좋은 이야기거리를 놔두고 생뚱맞은 변두리만 헤매고 다니는가 하는 안타까움에서였다. 나는 그의 처녀소설인 「산부인과 기자」를 읽지 않았다. 돌아가신 다음 『안개 속에서』라는 이름으로 묶여진 책을 오늘까지도 읽지 않고 있다. 아끼고 아꼈다가 읽어야겠다는 생각도 있지만 정면으로 한 번 승부를 걸어보지도 않고 슬그머니 사라져간 고인에 대한 추모의 정 때문이다. 이런 나의 생각은 「도둑잡기」라는 단편을 읽고 나서 느낀 것이 있기 때문에 더욱 당연한 것으로 된다. 「마지막 게임」「건(巾)」「다리 위의 도둑」 등 몇 안 되는 단편을 썼는데 하나같이 만만치 않은 솜씨였던 것이다.

신경림 선생의 말처럼, 그는 세상을 큰 길로 똑바르게 바른 걸음으로 살다간 사람은 아니다. 옆길 또는 비탈길을 삐딱하게 게걸음으로 살다가 간 사람이다. 인생도 그렇고 문학도 그렇다. 언제나 비실비실 외곽으로 돌며 내야(內野)에서 기를 쓰고 삶이라는 공을 쫓아다니는 사람들을 경멸하였고 그들로부터는 경멸을 당하였다. 한 번도 공이 날아오지 않는 구석진 외야에서 '양씨 문중'의 벙거지를 눌러 쓴 채로 지그시 눈을 감고 있었다. 몇 편의 소설을 썼다지만 정식으로 마음먹고 죽을 작정으로 한 번 달려들어 보았던 적이 없다. 그러던 그가 마흔이 넘어 장가를 들었다는 것은 돌이킬 수 없는 패착으로 보여진다. 생의 외야에서 연꽃의 미소만 짓고 있던 도사가 마침내 진흙창 사바세상의 내야로 떠밀려 들어온 것이다. 전생의 업보 또는 인연의 소치겠지만 속인이 아닌 도사가 열다섯 살이 넘게 차이가 나는 소녀와 뒤늦게 부부의 연을 맺어 어떻게 하겠다는 것인가.

그때부터 상노사의 괴로운 싸움은 비롯된다. 건달하는 사람으로 혼자 살 때야 라면 쪼가리로 때워도 되었지만 처자식이 달린 마당에는 상황이 달라질 수밖에 없는 것이다. 남달리 강한 자존심을 갖고 있던 강도사한테서 부탁을 받아 본 것도 그때쯤이었다. 만나자고 해서 나가보면 '꽁트'를 내밀며 수줍게 웃는 것이었는데, 사보 따위에 꽁트거간 노릇을 하면서도 썩 내키지 않는 기분이었다. 여태도 정면승부를 회피하고 외곽으로만 돌고 있구나. 그러나 나는 아무런 말도 하지 않았다. 밥을 벌기 위해서 꽁트를 쓰는 사람한테 소설을 쓸 것을 권유한다는 것은 잔인한 일일 것이었다.

4

강도사를 다시 만나게 된 것은 근자의 일이다. 나 자신이 이런저런 사정이 있어 관철동과 떨어져 있다가 바둑 관전기를 쓰게 되면서부터였다. 어쩔 수 없는 생활의 방편이라고는 하지만 소설을 쓰지 않는다고 그를 다그쳤던 나로서는 쑥스러운 일이 아닐 수 없었다. 쑥스러워하는 것은 그 또한 마찬가지여서 우리는 이내 옛날의 선을 회복시킬 수 있었다.

'사람이 죽을 때가 되면 안 하던 짓을 한다'는 옛말은 정녕 맞는 것인가. 몇 가지의 증상이 있었으니, 평소에도 좋아하던 바둑이었지만 그 좋아하는 정도가 우선 지나쳤다. 바둑을 좋아하기로야 나 또한 마찬가지지만 놀기 위해서 바둑동네에 가는 것과 밥줄로써 바둑동네 근처를 기웃거리는 것과는 전혀 다르므로 차라리 싫증을 내기 마련인데, 강도사는 달랐다.

"오늘 새끼줄이 워뗘?"
무엇을 좀 해보려고 찡그린 얼굴로 줄담배를 태우고 있을 때면 전화가 왔다.
"뭐 그냥……."
"난 지금부터 나가볼 참인디……."
"이따가 만나지요. 뭐."
바둑을 두자는 것인데, 그의 전화를 받고 한 번도 거절을 한 적이 없다. 약속된 원고가 똥끝을 타게 만드는 경우에도 나갔다. 안 나가야지 안 나가야지 하면서도 이상한 힘으로 끌어당기는 그 무엇이 있는 것이어서 결국 집을 나서게 만들고는 하였다.
우리가 만나는 곳은 한국기원 502호였다. 그곳에는 조선일보에 관전기를 쓰는 이광구 씨가 있었고 이인환 청년이며 노승일 씨가 찾아왔다. 5천 원 또는 만원씩을 묻고 토너먼트를 벌인 다음 '미선집'에서 같이 저녁을 먹었는데 가장 진지한 자세로 바둑을 두는 것이 강도사였다. 몸이 안 좋다며 '우황청심원'을 털어넣고 바둑을 두는 것이었는데, 이광구 씨가 내게 말하였다.
"강 선생하고 두면 부담이 돼요. 어찌나 진지하게 두는지 이기는 것이 죄스러울 지경이라니까요."

5
강도사한테서 전화가 온 것은 금년 초였다. 몹시 추운 날이었는데 불광 전철역이라는 것이었다. 집으로 오시라고 했더니 굳이 잠깐만 나오라고 하였다. 몹쓸 병이라는 판결을 받았다는 말을 들은 것은 다방에서였다. 언제나 그렇듯이 지그시 눈을 감은 채로 마치 남의 말을 하듯 그 끔찍한 말을 들려주는 그의 얼굴빛은 그래서 그런지 흙빛에 가까웠다. 신동문 선생의 농장으로 내려간다는 날 전화통으로 들려오는 그의 목소리는 그러나 명랑한 것이었다.

"올라와서 바둑 한 번 두자. 인제 호선(互先)으로두 자신 있다구."

6

10·26 직후의 일이다. 관철동의 어떤 마주앙집에서였는데 입 가진 사람마다 떠들어대는 소리로 저자바닥을 이루고 있었다. 지그시 눈길을 내리깐 채로 없는 듯이 앉아 있던 그가 탁 소리가 나게 빈 잔을 내려놓았다.

"박 아무개가 어떻게 됐다고 해서 세상이 달라질 것 같은가?"

스스로 병을 기울여 단숨에 뒤집고난 그가 말하였다.

"무(無)는 무(無)야."

황야(荒野)에서

3년.

 길다고 할 수 있는 세월은 아니었지만 그렇다고 해서 결코 짧은 세월만도 아니었습니다. 통속적인 분류법에 따라 인생이라는 것을 60년으로 한정할 때 그 60년의 20분의 1이 되는 3년은 엄청난 기간일 수 있었습니다. 더구나 10대의 끝 무렵을 거쳐 20대로 접어들게 된 소생으로서는 무엇보다도 '소년'을 별리(別離)하고 '청년'으로 접어들게 된 것이었으므로, 보통의 세월 3년과는 그 의미가 다른 것이었습니다.

 평생 동안 매달릴 작정은 아니었습니다. 6년 또는 10년을 탐구하여 볼 결심도 아니었습니다. 3년 동안만 일념으로 파고들어 본다면 그 무엇이 되어도 될 수 있을 것이라는 자신이 있었습니다.

 그러하였는데…. 백념(百念)·천념(千念)으로 뒤엉키어 오던 것이었습니다. '마음'은 분명 하나이겠으되 그 하나의 마음에서 비롯되는 망상과 번뇌는 백천 가지를 넘어 팔만 사천 가지로 가지를 뻗고 새끼를 쳐서 그 본래의 진원지인 한 마음을 갈가리 찢어발기던 것이었습니다. 아아, 번뇌망상은 어디에 그 뿌리를 감추고 있는 것인지…. 참으로 불가사의한 것이었습니다. 알아낼 도리가 없는 것이었습니다. 참으로 불가사의하고 참으로 알아낼 도리가 없다는 그 생각이 또 하나의 번뇌로써 다만 추가될 뿐이었습니다.

생각하면 얼마나 치기만만한 어린 아이의 발상이었는지 모릅니다. 평생을 두고 궁구하여도 그 한끝의 끝이나마 잡아볼 수 있을지 의문이고, 그리하여 몇생을 두고 일념으로 궁구하여 그 공덕이 가득차서 넘칠 때에야 마침내 비로소 그 도(道)의 실체와 만나게 될 것이었습니다만, 그때는 그러한 생각이었습니다. 생각하면 되돌아보기도 모골이 송연할 지경입니다만, 그러나 한편으로는 또 그 무지할 정도의 확신과 저돌성이야말로 깨달음에의 첫 발자국이 아닐까 하는 또 하나의 망상이 일어나기도 하는 것이니, 소생이야말로 어쩔 수 없는 중생인지도 모르겠습니다.

언제나 고통스럽고 알 수 없는 것은 삶과 죽음이라는 근원의 문제였습니다. 막막한 '한 물건(一物)'이었습니다.

호남선 새벽 완행열차를 타고 구례구라는 간이역에서 내려 구례를 거쳐 화엄사(華嚴寺)에서 하룻밤 잔 다음, 섬진강 길을 따라 화개(花開)를 거쳐 쌍계사(雙溪寺)에서 국수를 한 그릇 얻어먹고 나서 지리산(智異山)으로 올라갔던 것은 60년대 말이었습니다. 스물두 살. 피바다를 이루고 있는 단풍숲을 헤치며 아버지와 아버지를 포함한 그 시절의 헌걸찬 정신들을 떠올리며 산길 이십 리를 올라 칠불암(七佛庵)에 도착하자마자 실신하듯 쓰러져버렸습니다. 신선들이 노닐었다는 구름 위의 집인 운상원과 함께 아자방 선원으로 유명하던 그 절은 군경토벌대에 의하여 불타버린 채로 하꼬방 같은 생철 움막 한채만 있었는데, 아무도 없었습니다. 도무지 잠을 이룰 수가 없었습니다. 산적이라는 이름으로 화적이라는 이름으로 미륵당 또는 당취(黨聚)라는 이름으로 그리고 또 반역의 이름으로 민란의 이름으로 소요의 이름으로 효수(梟首)된 수천 수만 봉두난발의 수급(首級)들. 창검이 부딪치고 화살이 나르고 대

포소리, 소총소리, 바람을 찢는 죽창소리, 자욱한 피안개를 헤치며 어머니를 부르다가 죽어간 애빨치의 비명소리며 아낙네며 어린아기들 목맺힌 울음소리. 민주조선·자유조선·해방조선을 부르짖으며 쓰러져간 구빨치·신빨치들의 부릅뜬 눈…. 아버지와 아버지 동무님네들의 함지를 부르며 미친 듯이 지리 큰 뫼의 골짜기를 더듬다가 보름만에 벽소령(碧少嶺)을 넘어 마천(馬川)을 지나 금대(金臺)에서

하룻밤을 잔 다음 벽송사(碧松寺)를 거쳐 다시 노사(老師)가 계신 무문관(無門關)까지 돌아가기에는 꼭 한달이 걸리었습니다.

무문관을 나오신 노사를 모시고 해인사(海印寺)로 갔습니다. 노사는 소림원(少林院)에 주석(住錫)하시고 소생은 총림(叢林)의 선방에서 정진을 하였는데, 용맹정진을 하던 그 밤마다 들려오던 솔바람소리며 먼 골짜기에서 들려오던 설해목 넘어지던 소리를 잊을 수가 없습니다.

3년이 두번 지나갔지만 또한 마찬가지였습니다. 이름도 없고 색깔도 없고 소리도 없고 내음도 없는 그 도라는 것은 잡힐 듯 잡힐 듯 그러나 결코 잡혀지지 않는 허공과도 같았습니다. 여러 선방과 독살이 또는 토굴을 전진하며 화두와 씨름하였는데, 스스로의 능력에 대한 회의와 조직체의 모순과 비리에 대한 분노며 젊음이 주는 갈등 따위로 해서 방황하기 시작하였으나, 삼일수하(三日樹下)의 객승(客僧)이 된 것이었습니다.

고월(古月)이라는 옛 도반(道伴)을 다시 만나게 된 것은 무주 구천동에 있는 백련사(白連寺)에서 였습니다. 우리는 계룡산 동학사(東鶴寺) 위에 있는 심우(尋牛) 토굴이라는 곳에 바랑을 내리고 정진을 하였는데, 한철을 못 견디고 그 곳을 나와 강원도쪽을 헤매던 끝에 다시 가보았더니, 그는 이미 이승의 사람이 아니었습니다. 목침 위에 올라서서 장삼끈으로 목을 맨 다음 딛고 있던 목침을 발뒤꿈치로 톡 차버렸던 것이었습니다. 처음으로 '소설'이라는 것을 써보았던 것도 그 무렵이었습니다.

'무승적 제적'이라는 우스운 기록을 남기며 격렬한 방황의 여로로 접어들게 만들었던 졸작「목탁조(木鐸鳥)」가 그것인데, 74년 여름이었습니다. 칠장사(七長寺)라는 옛절에 객으로 잠시 머물 때였습니다. 휴양을 와 있다간 어떤 여자대학생한테서 뜻밖에도 소포가 왔는데, 라이너 마리아 릴케의『문학을 지망하는 청년에게』라는 손바닥만한 헌 책이 들어있었습니다. 문학 이야기는 물론이고 불교이야기도 입 밖에 낸 적이 없으며 그리고 그 처녀를 비롯한 여대생들과는 거의 한마디도 이야기를 나누지 않고 낭랑한 원음(原音)으로 새벽 쇳송과 도량석만 하였을 뿐이었으니, 모를 일입니다. 어째서 그러한 책을 보내주어 이처럼 고통스럽게 만들었는지. 스물여덟 살 때였습니다.

4부

사라져 버린 것들을 위하여

배꼽을 드러내 놓고 다닌다는 것은
한마디로 속이 허하다는 것을 말한다.
유한한 육체를 살찌울 수 있는 밥과 고기는
지천으로 널려 있는데
허기진 영혼을 채워줄 양식이 없다.
공허하다.
공허함을 메워보려고 밖으로 헤매보지만
어디에도 영혼의 허기를 채워줄
양식이 보이지 않는다.

노을이었습니다. 놀이 지고 있었습니다. 놀이 잦아들고 있었습니다. 그 때에 이 숨탄것은 산령각(山靈閣) 뒤켠의 애두름에 아그려쥐고 앉아 있었는데, 턱을 들면 건듯 이마에 와 닿고 펼치면 또 건듯 곤두박질로 달려와 손에 잡힐 듯 가까움고도 마안한 곳에 맞닿아 있는 하늘과 땅인 것이었습니다. 부르르부르르 사무치는 외로움에 몸을 떨며 가없는 저 삼계(三界)의 바다를 무량수(無量數)로 외오돌던 끝에, 아흐. 마침내 다시 만나 꽃잠의 어르기를 하고 있는 하늘신폭 땅신폭인 것이었습니다.

배꼽을 보호하자

 뱃속에 든 아이와 어머니의 몸을 연결해 주는 줄을 가리켜 태(胎)라고 부른다. 아기집 벽에 꼭 붙어있어 어머니의 몸으로부터 영양분을 받아들이고 노폐물을 내보내는 이 줄은 새로운 생명이 태어나게 해주는 생명줄로, 탯줄이다. 삼줄이라고도 한다.
 삼신(三神)할머니의 점지를 받아 아이가 태어나면 산바라지를 맡은 이는 가위로 탯줄을 잘랐다가 사흘이 지난 뒤 산모가 깔고 있던 짚더미 등속과 함께 태운 다음 그 재를 가까운 내에 뿌린다. 이렇게 하는 것으로 새로운 생명 탄생의 의식을 마치게 되는데, 예전에 왕실이나 부유한 집안에서는 백자항아리에 잘 밀봉하여 봉산(封山)과 선산(先山)에 묻었으니, 태항아리이다. 정기를 받고 태어난 그 땅에 묻음으로써 무병장수와 부귀다복을 기원하였던, 우리 민족만이 지니고 있던 아름다운 풍습이었다.
 탯줄을 끊은 자리가 배꼽이다. 사람의 몸 가운데서도 가장 중요한 곳으로 여겨 보호해온 것이 바로 이 배꼽이다. 몸뚱이의 가장 정중앙에 자리잡고 있는 이 배꼽을 통해 땅과 하늘의 기운을 받아들이므로 오장육부의 정상적 운행과 기맥(氣脈)의 순환을 순조롭게 해주는 생명의 핵심이 된다. 사람이 잠을 잘 때 배를 차게 해서는 안 된다고 하는 것이나 이부자리 없이 생활하는 선승(禪僧)들이 잠을 잘 때면 궁둥이 밑에 받치고 결가부좌하였던 좌복(坐服)으로 배만 덮는 까닭이 다 여기서부터 비롯된다. 여성의 경우는 더구나 무엇보다도 배를 차게 해서는 절대로 안 된다는 것이 우리 어머니들의 가르침이었다. 배꼽에 낀 때까지도 함부로 파내서는 안 된다고 하였으니, 행여라도 생명의 근원을 다칠까 두려워해서였다.

이른바 '배꼽티'라는 것이 유행하고 있다. 그냥 배꼽을 드러내 놓고 다니기만 하는 것이 아니라 그곳에 화장을 하거나 무슨 금속제 고리같은 것을 걸어 남다르게 유별난 배꼽임을 뽐내는 여성까지 있다.

"머리에 구원의 투구를 쓰고, 허리에는 진리의 허리띠를 매고, 다리에는 평화의 신발을 신으라"고 한 것은 기독교의 성자(聖者)였던 바울이었다. 머리로는 수많은 이웃 즉 탐욕의 불길 속에서 허덕이고 있는 중생을 살릴 생각을 하고, 허리로는 식색(食色)을 초월하여 진리를 추구하는 삶을 살고, 다리로는 사람사람이 모두 함께 더불어 살 수 있게끔 평화의 길을 닦는 사람이 되어야 한다는 이 말씀은 너무도 깊고 그윽한 것이어서 감히 입에 올리기에도 저어되지만, 한 가지 분명한 것은 사람의 몸 가운데 가장 중요한 곳이 허리라는 사실이다.
　사람은 힘이 있어야 산다. 허리는 힘이 뭉친 곳이다. 허리에 힘이 빠지면 사람은 주저앉는다. 죽음이다. 사람이 살 수 있는 기간은 허리에 힘이 떨어지기 전까지이다. 허리에 힘을 넣어 주는 관문이 바로 배꼽이다.
　'안에서 잃은 것을 밖에서 얻으려는 것이 현대인의 특징'이라고 한 것은 키에르케고르였다. 속이 비어 있는 사람이 방황한다는 말이다. 속이 차 있는 사람은 밖에서 무엇을 구하려고 하지 않는다.
　배꼽을 드러내 놓고 다닌다는 것은 한마디로 속이 허하다는 것을 말한다. 유한한 육체를 살찌울 수 있는 밥과 고기는 지천으로 널려 있는데 허기진 영혼을 채워 줄 양식이 없다. 공허하다. 공허함을 메워보려고 밖으로 헤매보지만 어디에도 영혼의 허기를 채워 줄 양식이 보이지 않는다.
　'배꼽티'를 입고 다니는 여성들이 한 가지 모르고 있는 사실이 있으니, 건강이다. 배꼽을 드러내 놓고 다니면 그 배꼽 속으로 바람이 들어간다. 바람 속에는 온갖 독성으로 범벅이 된 중금속이 들어있다. 뱃속에 중금속들이 쌓이고 보면 그 사람의 몸이 어떻게 되겠는가. 온갖 악질에 걸릴 위험이 높은 것은 그만두고 우선 불임의 가능성이 크다. 아름다운 생명을 낳고 길러야 될 어머니로서 이보다 더 큰 불행이 어디 있겠는가. 심각하게 생각해 볼 문제이다.

옷을 입어야 사람이다

동물들은 옷을 입지 않는다. 가죽에 붙어있는 털이 그대로 옷이 되므로 추위를 막기 위한 옷이 따로 필요하지 않다. 몸이 곧 옷이요 옷이 곧 몸이다.

사람들은 옷을 입는다. 가죽에 털이 있다지만 진화의 과정을 거치면서 아주 적어져서 따로 옷을 입지 않고서는 우선 추위를 막을 수 없다. 몸은 몸이고 옷은 옷이다. 몸과 옷이 나뉘어 있으므로 옷을 입고 안 입는 것은 전적으로 그 사람의 마음에 달려있다. 사람은 단순한 옷걸이가 아니라 옷을 골라서 입을 수 있는 주인이다.

고대의 유대인들은 우주를 옷으로 보았다. 진리를 옷으로 보았던 것이 칸트였다. 옷 만드는 법을 정연하게 보여주는 것이 칸트 인식론의 핵심이다.

칼라일이 『의복철학』을 썼던 것은 칸트가 『순수이성비판』을 쓰고난 다음이었다. 사람은 왜 옷을 입어야만 하는가에 대해서 생각하던 끝에 사람의 본질을 깨달은 사람이 칼라일이다. 사람은 옷을 입음으로써 비로소 영원의 세계에 대한 생각을 할 수 있다는 데서 출발한 것이 『의복철학』이니, 사과 한 알이 떨어지는 것을 보고 만유인력의 이치를 깨달았던 뉴턴과 같은 발상이었다.

『의복철학』을 꿰뚫고 있는 중심개념은 자유이다. 그 어느 것에도 걸림이 없이 대자연과 우주의 푸른 하늘을 훨훨 날아다닐 수 있는 대자유의 세계. 옷의 노예였던 사람이 당당한 주체의식으로 옷을 부리게 되는 과정을 적어나간 것이 『의복철학』이니, 정신의 옷이 자연이요 사람이 살아가는 시간과 공간은 사람의 정신이 짜내는 옷의 날과 씨로 보았다.

우리 민족처럼 밝고 깨끗한 것을 좋아한 민족도 없었다. 민족주의적 발상에서 하는 말이 아니라 서구쪽에서 가장 앞서간다는 지성인들이 하는 말이다. 예로부터 백의민족이라고 불렸던 것도 다 까닭이 있었으니, '해같이 밝은 옷'이 음운변화되어 '하얀옷'으로 바뀌었던 것이다.

여름이 되면 괴롭다. 내남적 없이 겪는 무더위를 말하는 것이 아니라 눈 둘 데가 없다는 말이다.

대문만 나서면 마주치게 되는 것이 여성들인데, 어지럽다. 명색이 옷이라고 입었다는 것이 살만 겨우 가린 '핫팬티'에 허벅다리 위로 훨씬 올라가는 '짧은 바지'에 '미니스커트'에 속옷의 선과 색깔까지 그대로 드러나게 꽉 끼이는 바지에 눈만 한번 흘겨도 금방 씻어질 만큼 얇은 웃도리 명색은 또 소매가 없어 겨드랑이 속의 겨웃이 다 들여다보이니, 어디에 눈을 둔다는 말인가.

70년대까지만 하더라도 여성들의 옷차림에는 직업에 따른 분간이 뚜렷하였다. 옷차림과 얼굴의 상태만 보고 그 여성이 무엇을 하는 사람인가를 한눈에 알 수 있었다.

미니스커트라든가 불두덩이 도드라지게 꽉 끼는 바지에 짙은 화장을 하고 귓불과 목 팔 손가락에 주렁주렁 장신구를 매어 단 것은 십상팔구 '직업여성'이라고 불리던 술집 여자였고, 노출이 적고 풍덩한 옷차림에 화장기 없는 맨얼굴인 것은 가정부인이었고, 눈빛처럼 흰 '칼라' 밑으로 코스모스 대궁 같은 목이 서러운 것은 중고등학교 여학생이었고, 수수한 원피스나 투피스 또는 검정색 스커트에 흰 블라우스를 받쳐 입고 화장기 없이 뽀얀 얼굴로 맑은 눈을 반짝이는 것은 여대생이었다.

80년대로 접어들면서부터 그런 구분이 점점 흐릿하여지기 시작하더니 요즘에는 숫제 구분조차 할 수 없게 되었다. 직업과 나이에 따른 구분도 없을 뿐 아니라 어떤 면에서는 가정부인들의 화장이 더 짙고 옷차림이 난하다.

옷을 제대로 입을 줄 알아야 사람이다. 적어도 사람이 무엇인가에 대해서 생각할 수 있는 사람만이 마침내 사람일 수 있다. 옷을 벗으면 이미 사람이 아니다. 스스로를 귀하게 여기는 사람이라면 몸을 가릴 줄 알아야 한다.

목마른 영혼

 벼는 심은 지 90일이면 패고, 팬 지 60일이면 익는다. 한낮에 꽃이 피는데 밤이슬이 줄기를 타고 포기 속으로 들어가면 머금고서 여무니, 이때에야 익는 것이다. 벼꽃이 희고 화판이 작으면 쌀이 나쁘고, 화판이 많고 누르면 쌀이 좋다.

 옛 농서(農書)를 펼쳐보는 심정은 착잡하기 짝이 없으니, 냉해로 해서 벼가 익지 않는다는 보도 때문만은 아니다.
 문제는 보다 근본적인 데에 있다. 계급으로서의 농민이 이미 사라져버린 것은 물론이고, 땅을 기반으로 한 문명 또는 문화 자체가 사라져버릴 상황에 와 있는 것이다. 몇 해 전 만났던 어떤 농촌 청년의 말이 상기도 귓전을 두드린다.
 "여름 한철 민박만 쳐도 일년 농사짓는 것보다 난디, 워떤 시러베 자슥이 농사질라고 할 것이요이!"
 세상이 좋아져서 그런 것인지 요즘은 유아교육의 중요성을 나라에서까지 역설하고 있는데, 그 사람의 인격형성에 유년시절이 중요한 것이라면 그 사람이 유년시절을 보낸 곳이 어디냐 하는 것이 결정적으로 중요할 듯하다. 필자 또

래의 연배로서 사변 직후인 유년 또는 소년시절을 풍성하게 보낸 사람은 드물 것이고, 그런 의미에서 우리 모두가 '굶주린 인생'들인 것이라면, 여기서 도시와 농촌 또는 산촌은 확연하게 구분되는 것 같다

모두 함께 굶는 사회에서는 다만 나 혼자서만 특별히 배가 고프지는 않을 터이다. 도시 빈민촌의 아이들은 고샅길만 벗어나면 얼마든지 만나게 되고 또 보게 되기 마련인 잘 사는 집 아이들의 풍성한 삶에 의해서 그 배고픔이 더 늘어났던 것이라면, 농촌 또는 두메의 아이들은 똑같이 매일 점심을 굶고 주전부리라고는 개떡이라고 불리는 밀기울과 쑥 버무린 것이나 산야(山野)에 널려 있는 자연식품뿐임으로 해서 그 배고픔이 평준화되고 감면되었던 것은 아닐는지.

그렇다. 햇빛이며 바람이며 물이며 흙이며 나무며 풀이며 하다못해 그 풀섶에서 가냘프게 울어대는 벌레들까지도 도회지의 그 어떤 맛좋은 과자며 사탕이며 또 온갖 가공식품보다도 풍성한 유년시절의 '양식'이 되었던 것이었다. 그런 의미에서, 그리고 우리가 살아가야 할 앞으로의 세상은 갈수록 더욱 더 살아내기가 고달프고 피폐할 것이므로, 무슨 보석처럼 번쩍이는 도회지의 전기불빛 아래서가 아니라 눈물처럼 반짝이던 두메산골의 등잔불 아래서 유년시절을 보내었음을 필자는 얼마나 다행으로 여기고 있는지 모른다. 굶주림은 그러나 반드시 육신의 굶주림만이 전부는 아닐 것이며, 영혼의 굶주림이야말로 이 세상의 그 어떤 '밥'

으로도 채워지지 않을 영원한 공복일 터이고, 철학이며 종교가 설 수 있는 지점 또한 바로 이 근처가 아닐 것인지….

화학조미료와 설탕을 쓰지 않은 김치와 된장찌개와 시래기를 넣고 끓인 우거지국에 반 넘어 보리가 섞인 밥을 말고, 또 보리고추장에 쓱쓱 비벼서 먹은 다음 살짝 태워서 노릇노릇해진 누룽지를 끓인 눌은 밥을 먹고, 그리고 구수한 숭늉을 한 대접 마시고 나면, 비로소 밥을 먹은 것 같다. 어머니의 음식인 때문이다. 고향의 음식이며 '조선의 음식'인 것이다.

'조선의 음식'이라니? 마음놓고 숨을 쉬고 마음놓고 물을 마시고 마음놓고 밥을 먹을 수 없는 세상에 와 있는지 이미 오래 된 세상에서 이 무슨 한갓진 소리라는 말인가. 산은 산이 아니요 물은 물이 아닌 세상에서 이 무슨 사치한 감정의 허영이라는 말인가.

기러기들이 오고, 제비가 돌아가고, 뭇새들이 먹이를 갈무리하고, 천둥이 비로소 소리를 거두고, 겨울잠을 자려는 벌레들이 굴문을 좁히고, 물이 비로소 마르니 8월… 이라고 옛사람은 말하였다. 가을이라는 것이다. 그런데… 기러기는 희귀조가 되었고, 근원으로 돌아가 새로운 생명의 탄생을 준비해야 될 물은 썩어가고 있다.

이 글을 쓰기 위하여 나는 또 몇 그루의 소나무를 없이하는 업(業)을 짓고 있는가. 옴 미기미기 야야미기 사바하.

무엇을 어떻게 먹을 것인가?

"채식을 하신 덕분인 것 같습니다."
 업갚음을 하기 위하여 삼도천(三途川)을 넘나들기 이레 만에 의식의 눈을 떴을 때, 의사선생이 한 말이었다. 열여섯 해 전이었다.
 필자가 처음 병원으로 실려갔을 때 의사들은 사망선고를 하였다고 한다. 의학적으로는 도저히 살아날 가망이 없는 상태이니 영안실로 내려갈 준비를 하라고 하였다고. 그 말을 들은 어머니는 까무러치셨고, 밤길을 달려온 인연의 사람들은 장례의 절차를 논의하였다고 한다.
 그런데 또한 인연이었던가. 아직도 더 갚아야 할 업이 남아있다는 말. 그렇게 도저히 살아날 가망이 없다고 의사들도 포기를 하였던 사람이 마지막으로 한 번만 더 생사 여부를 확인하여 보자는 부탁을 받은 의사들이 숟가락으로 발바닥을 긁자, 꼬물꼬물 살아나더라는 것이었다. 그렇게 다시 살아나게 된 것을 필자는 살가리 찢겨져서 썩고 병든 모순과 질곡의 이 분단시대를 온몸을 붓 삼아 뚫고 나가는 진정한 작가가 되어보라는 시련의 채찍으로서 받아들이거니와,

필자가 살아온 삶의 역정을 필자와 인연된 사람들한테서 들어 조금쯤 알게 된 의사는 그렇게 말하며 웃던 것이었다.

그렇다. 나는 채식을 하였다. 전쟁 뒤끝의 똥구멍이 찢어지게 가난한 살림살이였으므로 유년과 소년 시절은 당연히 채식이었고, 이십대의 청년시절은 산중에서 보내었으므로 또한 당연히 채식이었으며, 그렇게 삼십여 년의 세월 동안 다져진 식성이므로 지비(知非)의 나이에 이른 지금도 여전히 채식인 것이다. 지금이야 물론 전혀 육식을 하지 않는 것은 아니지만 채식이 체질로 되어버렸으므로 스스로 즐겨서는 육식을 하지 않는다.

그때에 의사선생한테서 들은 말이지만 사람의 육체가 어떤 극한적인 상황에 부닥치게 되었을 때는 평소에 육식을 한 사람과 채식을 한 사람은 그 반응의 양태가 전혀 다르다고 한다. 육식을 한 사람은 상황의 질곡을 돌파하지 못한 채 그대로 주저앉는 데 반해서 채식을 한 사람은 스스로 살아나고 다시 또 새롭게 살아나는 자생력과 재생력이 놀라우리 만치 높다는 것이다. 한마디로 피가 맑기 때문이라는 것인데 그렇게 말하며 의사는 웃던 것이었다. 물론 농으로 한 말이겠으나 전적인 농담으로만은 들려오지 않았었다.
"김 선생의 경우를 논문으로 써서 세계 의학계에 보고해 볼 생각입니다."

우리 집에서는 쌀밥을 먹지 않는다. 그렇다고 해서 순 꽁보리밥이나 잡곡밥만을 먹는다는 말이 아니라 보리를 삼분지 일 가량 섞어 먹는다는 말이다. 쌀밥이 건강에 해롭다는 이기적 육체주의 또는 무슨 유행추미적(流行追尾的) 건강주의자들의 흉내를 내서가 아니라, 체질적으로 그렇게 되어 있다. 국도 고깃국보다 된장국이 좋고 기름도 외제 버터보다 참기름이나 들기름이 좋으며 고추장도 찹쌀과 엿기름을 넣어 만든 찹쌀고추장보다는 보리로 만든 보리고추장이 더 좋다.

우리 집에서는 또 반찬을 만들 때 무슨 비료가루처럼 생긴 조미료와 설탕을 쓰지 않는다. 스스로 우러나오는 맛이 아니라 인위적으로 가공된 맛에는 도무지 입맛도 당기지 않을 뿐더러 무엇보다도 우선 비위가 상해서 먹을 수가 없는 것이다.

조미료와 설탕을 쓰지 않은 김치와 된장찌개와 시래기나 우거지국에 보리밥을 말고 또 보리고추장에 비벼서 먹은 다음 살짝 태워서 눌린 누룽지를 긇인 눌은 밥을 먹고 그리고 구수한 숭늉을 마시고 나면, 마침내 밥을 먹은 것 같다. 어머니의 음식인 것이다. 우리가 잃어버리고 있는 고향의 음식인 것이다. 조선의 음식. 처음에는 촌스럽다고 흉을 보며 무슨 샐러드며 샌드위치 따위의 서양 음식을 만들어서 나와 어머니의 식성을 근대화시켜 보려고 하던 아내도 요즈음에는 먹다 보니까 자기도 그게 좋다는 것이다. 당연한 일이다. 아름다이 지켜져 내려오던 민족의 얼을 파괴하는 이른바 제도교육을 받아와서 그렇지 그 여자 또한 조선의 딸일 것이므로.

사람은 밥을 먹지 않고서는 살 수 없다. 우리가 나날이 대하게 되는 음식은 곧 그 음식을 먹는 사람의 정서를 결정짓고, 정서는 또 의식의 방향 곧 세계관을 결정짓는 기본조건이 된다. 따라서 그 사람과 그 사람의 집안에서 어떤 음식을 주로 먹느냐 하는 것은 결정적으로 중요하다. 음식은 곧 사람인 것이다.

지금은 이른바 민주화의 시대이다. 입 가진 사람마다 모두 민주주의를 이야기하고 있다. 민주주의의 핵심은 무엇인가? 여러 가지의 답이 있을 수 있겠지만 한마디로 줄여 말해서 밥이다. 골고루 평등하게 밥을 나누어 먹자는 것이다. 평등하고 자유로운 세상을 만들기 위하여, 밥을 먹을 때마다 우리는 스스로에게 묻고 또 물어야 할 것이다.

"무엇을 어떻게 먹어야 할 것인가?"

다시는 돌아갈 수 없으리

 언제나 배가 고팠다.
 내남적없이 가난하던 시절, 옥 같은 쌀밥에 고깃국은 정월 초하루 설날이나 한가윗날 차례를 지낼 때와 제삿날 밤에나 구경할 수 있었고, 언제나 보리밥이었다. 그것도 온전한 보리밥은 드물었고 보리죽이 아니면 밀기울 버무린 것이나 술지게미 그리고 쑥개떡을 먹었는데, 그나마도 형편이 못 미치는 애옥살이에서는 송기를 벗기거나 먼산나물로 연명하였으니, 문자 그대로 초근목피였다. 점심이라는 것을 먹는 집이 드물었다. 시늉일망정 아침은 일찍 먹었고 점심은 건너뛴 채로 서둘러 저녁이라고 입매 시늉만 하고 나서 하마 배가 꺼질까봐 등잔불을 끈 다음 일찍 잠자리에 들고는 하였다.
 언제나 배가 불렀다.
 봄이면 알도 배지 않은 칡뿌리를 뽑아먹고 송화가루를 받고 나물을 캐고 논에서 자운영을 뜯고 길섶에서 삘기를 뽑거나 찔레순을 꺾어 먹었다. 여름이면 으름과 다래며 개복숭아 아가배 오디 버찌 뽀루수를 따먹었다. 논에서는 우렁을 캤고 고동을 줍다가 싫증이 나면 둠벙을 막았다. 귀떨어진 바가지로 둠벙의 물을 다 퍼내면 추라치에 붕어와 미꾸라지며 새우가 종구라기 가득 건져졌다.
　유리처럼 맑은 개울에서는 바짓가랑이를 무릎 위로 걷어올리고 반두질을 하거나 단지를 엎어 고기를 잡았으며 참외서리 콩서리로 굴풋한 속을 달래고는 하였다. 빠가사리나 모래무지 또는 송사리는 훌륭한 밥반찬이 되었고, 조심조심 가만히 돌멩이를 들추고 잡아낸 가재는 아궁이 불에 구워 먹었는데, 날개와 다리를 떼어내고 살짝 구워서 소금에 찍어먹는 잠자리와 함께 아이들이 맛볼 수 있었던 유일한 '남의 살'이었다.
　여름의 끝이면 또 밀밭으로 갔다. 밀을 한주먹 가득 훑어 입에 넣고 한참 동안 씹다가 두 손가락으로 잡아늘여서 얇은 미롱지처럼 만든 다음 거기에 입술을 대고 빨아들이면 뽕뽕하고 꼭 꽈리 터지는 소리가 났다. 밀껌은 그러나 찰기가 부족하여서 한참을 씹다보면 이내 흐물흐물하여져 버렸지만 아이들은 언제나 밀밭가를 맴돌았다. 그러다가는 다시 또 논으로 달려가고는 하였다. 그리고 "훠어이, 훠어이, 길나라비 훠어이" 하고 새떼를 쫓는 시늉을 하면서 슬그머니 볏낟을 훑는 것이었다. 한주먹 가득 볏낟을 훑어서 호랑에 넣고 걸어가며 손톱으로 한 낟씩 까내어 입에 넣고 천천히 씹는 것이었다.
　언제나 들려오던 음악소리였다.

구새먹은 상수리나무 도토리나무 우거진 앞산 솔수펑이에서는 꾀꼬리가 울고 뒷산 오리나무숲에서는 또 뻐꾸기가 울었다. 오르고 또 되오르며 종다리가 울어대는 보리밭에는 메뚜기 방아깨비 사마귀 여치 풀무치 베짱이 찌르레기가 날아다니
고 맹꽁이가 자발맞게 울어대고 주먹만한 개구리가 곤두박질하는 웅덩이 위를 맴도는 것은 보리잠자리였다. 뿐인가. 자욱한 는개가 비장만을 하던 한여름 해거름녘마다 들려오던 애장터의 애우는 소리에 힘도 내음도 없는 물방귀만 뀌다가도 날만 새면 달음박질쳐 올라가 꺼내어보던 민탈의 물총새알이었다.

 죄 사라져버리었다.

 그로부터 어언 사십 년의 세월이 흐른 지금— 산은 이미 옛산이 아니요 물도 이미 옛물이 아니며, 그리고 그러한 산천 사이에서 살고 있는 사람들 또한 이미 옛사람들이 그도록 올곧고 참다웁게 지켜내고자 애를 태웠던 '조선의 마음'을 잃어버린 지 오래인 것이니—

할머니가 들려주시는 옛날이야기에 미주알을 졸밋거리던 밤마다 눈물처럼 반짝이던 반딧불도 도깨비불도 그리고 여우가 어슬렁거리던 애장터와 상엿집이 사라진 것은 물론이고 참새떼가 씨가 말라가므로 들판에는 허수아비가 사라졌으며 이른바 '보양탕'으로 '싹쓸이'를 하여가는 바람에 배암 또한 사라지고 있어 들쥐떼와 들고양이떼만 날뛰고 온갖 수입 과자며 수입 실과에 중독된 아이들은 '서리'라는 말을 아예 영어·일어보다 모르며 밀밭마저 사라져버리었다.

봄이 와도 보리밭 위를 날아다니는 것이라고는 송장메뚜기밖에 없고 맹꽁이도 개구리도 보이지 않는다. 맹독성 농약과 화학비료에 다 죽고 미제 개구리 일제 붕어가 다 잡아먹어 개구리도 물고기도 씨가 말라간다. 귀떨어진 쳇바퀴만 들고 논고랑을 훑어도 미꾸라지 우렁 붕어 새우 참게 고동 소쿠리 가득 건졌건만 해동갑을 하도록 고랑마다 더듬어봐도 보름보기된 잔챙이 한 마리 없고 농약과 비료에 범벅되어 시뻘겋게 독이 오른 모포기 사이로는 물땡땡이 물매암이 맴을 돌지 아니하며 헤엄치는 물방개 소금쟁이 물장군 하나 없는 논배미에는 캐어보고 건져내볼 그 무엇조차 없다.

산으로 가보지만 사정은 또한 마찬가지. 해마다 늘어나는 골프장과 스키장에 파먹히어 벌건 속흙을 드러내고 있는 사태난 산에서는 칡뿌리는 그만두고 삘기 한줌 뽑아보기 어렵다.

뒷동산에는 해바라기하는 자고새 콩새가 없고 논두렁에서 해동갑하는 티티새 홍여새도 없는데 온 산을 다 뒤져봐도 고아먹을 무릇은 그만두고 잔대 더덕 도라지 고사리 한 뿌리 남아있지 않다. 으악새숲을 헤쳐보아도 어지러이 날아오르던 개개비떼 보이지 않고 식전 아침부터 귀청이 떨어지게 울어쌓던 까막까치도 없는데 해가 거우듬하여지면 서부터 울기 시작하여 이슬이 엉그는 새벽까지 애가 끊어져라 구슬프게 울어대던 소쩍새도 뜸부기 소리도 끊어졌으니— 고향은 없다.

고향이 없는 시대에 무슨 재주로 시를 쓰며 또 소설을 쓸 수 있다는 말인가. 대재앙의 종말을 향하여 전속력으로 질주하고 있을 뿐인 절망의 자동차 위에서 무슨 서정이 나오고 무슨 전형이 나올 수 있다는 말인가. 남은 것은 오로지 '돈'일 뿐이니, 무엇을 어떻게 썼든지 간에 많이만 팔리면 장땡인 세상이다. 시에는 음악이 없고 소설에는 또 자연풍광을 그려내는 묘사가 없다. 모든 것을 오로지 물량과 속도로만 계산하는 이 가공할 '컴본주의' 시대에 이 무슨 한갓진 소리라는 말인가.
이런 새꼽빠지는 소리를 하기 위하여 이 중생은 또 몇 그루의 소나무를 없이하는 업을 싯고 있는가. 옴남 옴남 옴남.

놀랍고 슬펐던 까닭

 중국의 한 석유탐사반은 최근 중국 북서부 신강(新疆)지방의 타클라마칸 사막 깊숙한 곳에서 넓이 1백 평방킬로미터의 오아시스에 유토피아를 이루고 외부세계와 단절한 채 살고 있는 2백여 명으로 구성된 한 종족을 발견했다고 중국통신사(CNS)가 25일 보도. 이 종족은 선조들이 약 3백50년 전에 이곳에 정착한 뒤 외부와는 단절한 채 원시적인 방법으로 살아왔기 때문에 중국 최후의 왕조였던 청왕조나 현대의 사정들에 관해 전혀 아는 게 없었다고.

 얼마 전 신문의 '해외토픽'란에 나온 기사인데 두 가지의 감정을 느꼈다. 놀라움과 슬픔.
 신강성이라면 열개가 넘는 소수민족이 살고 있는 위구르 자치구를 말한다. 곤륜산맥과 천산산맥에 둘러싸인 광활한 분지의 중심부는 사막이 되고 그 주변의 산기슭에는 오아시스를 이룬 곳도 있는 표고 1천~2천 미터의 고원지대로 예로부터 서역(西域)이라고 불리던 지역의 일부로서 동서교통의 요충이었다. 2백여 명으로 이루어진 이 종족이 어떤 종족이며 그리고 어디서 어떤 경로를 통해 그곳으로 가게 되었는지는 알 길이 없으나, 한 가지 분명한 사실은 원시공동체의 형태로 살고 있을 것이라는 점이다. 명왕조가 청왕조로 바뀌었다가 공산혁명이 이루어져 오늘에 이르고 있는 것을 모를 정도라면 그들에게는 통신수단이니 뭐니 하는 이른바 '문명'이 없었다고 봐야겠다. 문명의 기초가 되는 문자가 없었다고 봐야겠다. 아니 필요가 없을 것이다.

  문자가 없으므로 책이 없을 것이고 책이 없으므로 온갖 알음알이를 가르쳐 주는 학교가 없을 것이다. 학교가 없으므로 이른바 지식인이 없을 것이다. 지식인이 없어 '국가'라는 이름의 최고 착취기관이 없을 것이므로 공업 우선의 개발독재가 없어 조상 전래의 토지로부터 내몰리는 농민이 없을 것이고, 농촌이 해체되지 않으므로 달동네로 기어들어 미친듯이 올라가는 전세값·사글세값을 못 대 스스로 목숨을 끊는 도시빈민이 없을 것이며, 부자들의 대량소비를 전제로 한 대량생산이 없을 것이므로 열악한 노동조건 아래 신음하는 노동자가 없을 것이다. 사람으로 이 세상에 태어나서 겪게 되는 모든 고통과 불행의 근본원인인 사유재산이라는 게 필요없을 것이므로 자본가가 없을 것이다. 자본가가 없어 착취가 없을 것이므로 계급투쟁이 없을 것이다. 진정한 의미로서의 '노동'만 있을 것이다. 더불어 함께 사는 2백 명 공동체가 자유롭고 평등해서 행복하게 살아가는 데 필요한 물건을 사람사람이 타고난 바 그 재주에 따라 더불어 함께 만들어서 더불어 함께 나눠 쓸 것이다. 잉여생산물이 필요없으므로 남보다 좋은 물건을 더 많이 소유하고자 하는 일체의 다툼이 없을 것이다. 다툼이 없으므로 노래하고 춤추며 살 것이다. 극락세계가 아니고 무엇인가. 토마스 모어며 캄파넬라가 묘사한 '유토피아'가 아닌가. 이런 세계가 있다니! 기사를 읽고 놀랐던 까닭이다.

그런데… 외부세계에 발견당하였다. 콜럼부스한테 발견당하면서부터 아메리카 원주민의 불행이 시작되었고 서구열강에게 발견당하면서부터 우리나라를 포함한 동양의 불행이 시작되었듯이 석유탐사반한테 발견당하면서부터 이들의 불행은 시작된다. 자본주의의 이리떼가 이들을 문명세계로 이끌어내려고 할 것이다. 우선 '코카콜라'와 '아이스크림'을 안겨 줄 것이고 냉장고며 에어컨이며 비디오며 그리고 각종 전자제품을 안겨 줄 것이다. 이른바 문명이 필요 없이 행복하게 살던 원시공동체는 깨어지고, 이들은 아메리카·라틴 아메리카 인디언들이 그러한 것처럼 탐욕스러운 문명세계 관광객들의 '밥'이 될 것이다. 관광객이라는 승냥이떼가 터뜨려대는 카메라 앞에 서 주는 대가로 받는 몇 푼의 팁으로 코카콜라며 아이스크림을 사먹으며 아이스크림이 녹아 내리듯 그렇게 사라져갈 것이다. 기사를 읽고 슬픔을 느꼈던 까닭이다.

사라져버린 것들을 위하여 1
— 먼 곳의 그림내에게

오리치를 놓으려 아배는 논으로 날여간 지 오래다
오리는 동비탈에 그림자를 떨어트리며 날어가고 나는 동말랭이에서 강아지처럼 아배를 부르며 울다가
시악이 나서는 등뒤 개울물에 아배의 신짝과 버선목과 대님 오리를 모다 던져버린다.

장날아츰에 앞 행길로 엄지 따러 지나가는 망아지를 내라고 나는 조르면
아배는 행길을 향해서 크다란 소리로
— 매지야 오나라
— 매지야 오나라
새하러 가는 아배의 지게에 치워 나는 山으로 가며 토끼를 잡으리라고 생각한다
맞구멍난 토끼굴을 아배와 내가 막어서면 언제나 토끼새끼는 내 다리 아래로 달아났다.
나는 서글퍼서 울상을 한다

— 백석의 「오리 망아지 토끼」

노을

 슬프던 것이었습니다. 슬펐습니다. 무엇보다도 한매 슬프던 것이었고, 그리고 또 무엇보다도 한매 서럽고 원통하던 것이었습니다. 손끝만 스쳐도 하마 썸벅 버히어질 것처럼 시퍼렇던 청춘이. 묏채만한 바윗덩이를 삼키어도 금방 삭아 버리고, 석달열흘간 줄밤을 새워도 당시롱 매롱매롱하여지며, 천 근의 짐을 지고도 하룻밤에 천리길을 줄달음질쳐 갈 수 있다는 스물몇 살의 나이가. 아아, 목이 찢어져라 목탁새가 울던 신새벽마다 검은약처럼 곧추세워지고는 하던 슬픔의 밑뿌리가. 그 찰랑한 외로움이.

 해넘이였습니다.

 어느듯 그렇게 또 날은 저물어서 벌써부터 밤새가 퍼들껑하는 소리에 이 숨탄것은 고개를 들었습니다. 그동안 아그려쥐고 앉아 저근듯 울었던 모양으로 눈이 쓰리면서 그리고 보슬이가 어린 듯 눈앞은 또 뿌옇게 흐려오는 것이어서 이 숨탄것은 언뜻 눈앞의 아릿다운 살터가 눈에 들어오지 않았습니다. 이 숨탄것은 그래서 몇 번이고 힘껏 눈을 감았다가는 뜨고 감았다가는 다시 뜨기를 되풀이하였는데, 눈을 감았다가는 뜨다 말고 그만 "아!" 하고 숨을 삼키어야만 하였습니다.

 노을.

 그때에 이 숨탄 것은 그만 보았던 것입니다. 슬픔이라는 것의 참모습을 보아버렸던 것이었습니다. 아니, 아름다움

이라는 것의 참모습이라고나 할까. 그것도 아니라면 마치 물 묻은 손으로 전기를 만졌을 때처럼 저릿저릿하게 온몸이 떨려오던 어떤 법열(法悅)의 경지.

노을이었습니다. 놀이 지고 있었습니다. 놀이 잦아들고 있었습니다. 그 때에 이 숨탄것은 산령각(山靈閣) 뒤켠의 애두름에 아그려쥐고 앉아 있었는데, 턱을 들면 건듯 이마에 와 닿고 펼치면 또 건듯 곤두박질로 달려와 손에 잡힐 듯 가까웁고도 마안한 곳에 맞닿아 있는 하늘과 땅인 것이었습니다 부르르 부르르 사무치는 외로움에 몸을 떨며 가없는 저 삼계(三界)의 바다를 무량수(無量數)로 외오돌던 끝에, 아흐. 마침내 다시 만나 꽃잠의 어르기를 하고 있는 하늘신폭 땅신폭인 것이었습니다.

불.
불이었습니다.
불의 바다였습니다.

불담 좋은 참나무장작 태운 숯잉걸을 뿌린 듯, 비 그은 하늬녘 하늘가를 에두른 갑션무지개인 듯, 망백(望百)의 노비구(老比丘)가 그 한뉘 동안 어깨에 드리우고 있던 대가사(大袈裟)를 좌악 펼쳐놓은 듯, 장미며 채송화며 맨드라미 봉선화에 참꽃과 산당화며 잇꽃 같은 참붉이 꼭두서니빛 꽃잎들만 한곳에 모아 돌절구통 속에 넣고 짓찧어 놓은 듯, 숨막히게 눈부신 황덕불빛 놀이 시나브로 으깨어지고 있었습니다.

바람이 불 적마다 잔물결처럼 엷은 주름을 접으며 출렁이는 놀의 물동그라미 사이로 은어 비늘 같은 물둘레가 우렷한 것으로 봐서 놀은 가람물에 부딪치고 있는 것이었으니, 아아, 눈부셔라. 꽃잠의 어르기를 하고 있는 놀과 가람물인 것이었습니다. 저문 가람과 어르기를 하느라 그 배를 뒤척일 적마다 낮게 내려앉은 하늘신폭 가득 펼치어진 놀은 다라니(陀羅尼) 입염불 맞추어 법고(法鼓)를 두드려대는 사미(沙彌) 아희의 오조(五條)가사 자락처럼 숨넘어가는 자진자진모리로 펄럭이고 있었는데, 장려(壯麗)한 것이었습니다. 아릿다운 것이었습니다. 가잘비기 어려운 아릿다움이었고 슬픔이었으며 쓸쓸하면서 또 막막한 두려움이었습니다. 그리고 또 그것은 법열이었습니다. 법열과도 같은 저릿저릿한 떨림이었습니다. 목타는 그리움.

 건듯 몸을 일으킨 이 숨탄것은 저도 모르게 땀 전 두 손바닥을 모아 가슴에 대고 있었습니다. 두방망이질치는 가슴을 눌러 막으며 깊숙히 허리 숙여 손곧춤을 하고 났을 때 몰록 놀은 사라지고 거짓말처럼 놀이 사라진 곳에는 아이오 쪽빛 가람물만이 성성(惺惺)하게 흘러가고 있었습니다. 성성하면서 또 적적(寂寂)하게 흘러가고 있었습니다.

 어둠이 내리고 있었습니다. 땅거미가 잦아들면서 밤이 깔리고 있었습니다. 갓 솎아낸 푸성귀의 속잎처럼 싱싱하게 푸르른 화라지며 우듬지에서는 밤새들이 저마다 제물엣소리로 노래부르고 먼 골짜기로부터 멧짐승이 울부짖는 소리가 귀를 물어뜯고 있었는데, 아. 무너지듯 주주물러앉으며 이 못난 하늘 밑의 벌레는 두 무릎을 끌어안았습니다. 끌어안고 있던 두 무릎 위에 턱을 올려놓았습니다. 그리고 두 눈을 꼬옥 감았습니다. 방금 전 가람물 위로 잦아들던 놀을 보고 소스라치는 놀라움으로 맛보았던 법열 같은 떨림은 어디로 가고 잉큼잉큼 어둠에 대한 두려움이 밀려왔던 것이다.

 천지간에 나 혼자서만 내팽개쳐져 있다는 외로움. 천지간에 하늘 밑의 벌레는 그만두고 배밀이로 기어다니는 긴 짐승에 개구리와 올챙이며 송사리에 파리와 모기와 누에노리에 지어 하늘 밑의 벌레를 머리로 한 느리와 토록한테 짓밟히고 뜯기워지다가 마침내는 그리고 뿌리 뽑히어지고야마는 막풀마저도 미적이 명색이라면 다 저마다 의견모하고 있는데, 이 탯덩이 혼자 테 밖으로 밀려나 있다는 쓸쓸함. 마안한 저 하늘신폭가에 걸려있는 갑션무지개 좇아 업더지며 곱더져 곤두박질쳐 가다가 월형충청풍덩, 밑모를 무명(無明)의 바다에 빠져 버리고 말았다는 막막함. 빠져 나오려고 탁난치면 탁난칠수록 더더욱 깊숙한 돌림의 진구렁창에 갇히었다는 두려움. 홀수. 한 사람 몫. 외괴로움. 옴남. 옴남. 옴남. 아, 아버지. 그리고 어머니.

 보일 듯 보일 듯 그러나 보이지 않고 잡힐 듯 잡힐 듯 그러나 또 잡히지 않는 '그 무엇'을 미좇아 불근닥세리 마음밭을 갈아보던 60년대 끝 무렵의 이야기인데, 서른 해 가까이 지나간 지금에 와서 새꼽빠지게 그 어름을 뒷눈질하여 보는 마음은 참으로 애젖합니다. 그물같이 상처만 있던 온 즈믄골잘울 가지의 느낌이 빛살처럼 빠르게 엇스쳐 지나가면서 명치끝이 타는 듯합니다. 이 솔봉이 같은 덤거리 숨탄 것 혼자 마음에 느끼어 슬퍼함을 지다위하거나 지점벌여대자는 것이 아니라, 모든 것들이 사라져가고 있습니다. 사라져 버리었습니다.
 둥두렷 떠오르는 가윗날 달빛처럼 빛나던 은어도 사라졌고 은어의 알자리인 가람물도 사라졌으며 그리고 무엇보다도 한매 그 눈 시리게 맑은 믈옥의 가람물과 입주기를 하고 어르기를 하며 시나브로 슴배이던 노을도 사라졌습니다.

웃는 듯한 분홍빛으로 눈물겨운 그 노을을 바라보며 가없고 바닥 모를 슬픔에 겨워 하던 하늘 밑 벌레의 외로움 또한 사라져 버리었습니다. 물무늬만한 그림자도 남겨 놓지 않은 채 사라져가고 있습니다.

꿈 같고 허깨비 같고 물거품 같고 그림자 같으며 그리고 또 이슬방울 같고 번갯불과도 같은 게 모로미 중생들의 살매라고 한다면 다만 '불경(佛經)처럼 서러울' 뿐이므로 할 말이 없지만, 어디선가 퐁드랑퐁드랑 들려오는 소리 있어 가만히 귀기울여 보니—

"보완다 보왜라!"

유두(流頭)와 개장

한 해 가운데 가장 더운 음력 유월 보름을 가리켜 유둣날이라고 불러왔던 것은 삼국시대부터였습니다. 유둣날이라는 것은 글자 그대로 흐르는 물에 머리를 감는 날이라는 뜻이다. 똑같이 흐르는 물이라고 해도 새녘으로 흐르는 물이 가장 푸르고 양기(陽氣)가 한창 뻗친다고 해서 꼭 그런 자리만을 찾아가 머리 감고 몸을 씻었으니— 서울에서는 정릉 골짜기와 악박골 그리고 사직단 위쪽의 활터와 낙산(洛山) 밑이었으며, 광주에서는 무등산의 물통물떠러지요, 제주도에는 한라산의 성판물떠러지가 유명짜하였습니다.

들옥처럼 맑고 푸르게 흘러내리는 물에 머리를 감고 몸을 씻는 것은 날구장창으로 되풀이되는 저잣거리 살림살이

의 노랑북새통 속에서 이지가지 때에 더럽혀진 몸과 마음을 옥같이 맑게 씻어냄으로써 보다 낫게 아름답고 훌륭한 삶을 살아내보고자 하는 비원에서 나온 하나의 거룩한 굿이었습니다. 비나리였습니다.

유두를 하고 나서 사람들은 햇밀가루로 국수를 말고 오려잡은 벼로 풋바심하여 떡을 찌고 이슬 젖은 첫물 참외와 수박이며 복숭아 자두 앵두 능금 딸기 오얏 포도 같은 햇실과로 조상님들께 제사를 젓수었습니다. 그런 다음 상을 퇴한 제사음식 싸 가지고 맑은 물가를 찾아 머리 감고 몸을 씻으며 즐거웁게 놀았습니다. 붓하는 선비들은 산을 등 뒤로 하고 앞으로 물이 흐르는 정자에 올라 맑은 술을 마시며 시부(詩賦)를 짓고 때조를 읊조렸으며, 나라의 밑받침돌을 이루고 있던 거지반의 농군을 머리로 한 여느 사람들은 시냇가로 나가 고기를 잡고 개장을 끓여 탁배기라고 불리던 막걸리를 마시었는데, 흐드러지는 풍물가락에 맞추어 춤을 추는 모래 마당에서는 장 씨름판이 벌어졌습니다.

유두를 앞뒤로 하여 초복 중복 말복이 이어지는데, 여느 사람들이 즐겨 먹었던 음식이 '개장'입니다. 토실하게 살이 오른 누렁이를 장작불에 그슬리어 밑둥이 실한 파를 듬뿍 넣은 위에 더구나 닭고기와 죽순을 얹어 푹 끓여낸 다음 고춧가루 듬뿍 쳐 옥밥에 말아 먹었으니, 더위를 먹어 허해진 몸을 보하여 온갖 여름병을 쫓아냄으로써 튼실하여진 몸으로 가을걷이를 채비하자는 속내에서였습니다. 그리고 더하여 삿된 기운을 물리치고자 찹쌀가루로 빚은 새알심 박은 팥죽을 먹었습니다. 한마디로 조상님들께 고마움을 드리고 튼실하여진 몸과 마음으로 올바르게 살아가고자 하는 바람에서 나온 아릿다운 풍속이었습니다.

그러하였는데… 산이 이미 옛산이 아니듯이 물도 또한 옛물이 아닙니다. 마음놓고 먹을 수 있는 수돗물이 없어 지하수를 끌어올리고 정수기를 달고 생수라는 것을 기름값보다 비싼 돈 주고 사먹을 수밖에 없는 세상에 머리를 감고 몸을 씻을 정한 물이 어디에 있겠는지요. 좀더 편하고 쉽게 살고 좀더 걱정 없이 즐거웁게 살고자 닥치는 대로 살터를 깨뜨리어 헐어버리고 힘으로 빼앗고 마구 대하다가 끔찍하게 마구 무찔러 죽여버린 옰 또는 버력으로 이제는 살터 한테서 무서운 앙갚음을 당하고 있는 판에 이르렀으니, 으으. 두려웁고여. 어디에 가서 머리 감을 물을 찾는다는 말인가.

사람들의 마음이 탈났으므로 산천이 탈났고 산천이 탈났

으므로 사람들의 마음 또한 탈난 지 오래이니, 아름다이 지켜 내려가야 할 '세시풍속'인들 남아있을 리 없습니다. 다만 옛날 이야기로서만 전하여져 올 뿐입니다. 맑은 물을 찾을 길 없는 오늘의 사람들은 저마다 '샴푸'로 머리를 감고 '린스'로 헹궈냄으로써 그러지 않아도 썩어 버린 가람과 바다를 더욱더 썩게 만들고 있을 뿐인 것입니다.

우리 겨레가 본디부터 지녀온 보신먹거리인 개장을 양사람들의 풍습에 맞춰 '혐오식품'으로 판때려서 드러내 놓고는 못 팔게 하고 있지만 천년을 넘게 이어져 내려온 풍습은 그렇게 쉬 없어질 수 있는 게 아니니, 언제나 빈 자리가 없는 게 '영양탕'으로 이름을 바꾼 '보신탕집'입니다. 그러나 우리의 조상님네들이 잡숫고 허한 여름몸을 보하시던 조선토종 황구는 사라져버린지 오래이고 모두가 양잡견들인데, '가스'불로 구워내고 값싼 가짜 '하이타이'로 씻어낸 다음 양소채인 이른바 개량파를 넣고 대충 끓여낸 것을 매운맛이 하나도 없는 개량고추와 곁들여 먹을 수밖에 없으니, 복날의 개장풍습 또한 사라져버린지 오래.

칠석(七夕)과 꽃트림

"낼 아침 일어나거던 까그매허구 까치 점 잘 마슬러보넌겨."

"새꼽빠지게 왜 까그매허구 까막까치는 마슬러본대유?"

"머리털이 홀랑 벳겨져 있을 테니께."

"얼라?"

"근우와 직녀가 혼인을 헷년디 맨날 놀구 먹으면서 게으름만 펏거던. 그래서 크게 노헌 옥황상제께서 근우는 미리내의 저편 동쪽으루 보내구 직녀는 미리내의 이편 서쪽으루다 갈러노셨단 말여. 이러니 근우와 직녀는 시퍼란 강물이 수수천만리루다 가루질러 있넌 미리내를 사이에 두구 서루 눈물만 흘리구 있을 수밖의. 이런 슬픈 사연을 안 까그매허구 까치가 돌팍을 머리에 이구 하늘루 올러가서 다리를 놔줘 두 사람이 서루 만나게 허니, 이게 오작교라. 아이구우, 돌팍을 날러다가 하늘에 다리를 놔줄라니 월마나 심들었어. 그래서 까그매허구 까치의 머리털이 홀랑 벳겨지게 되넌겨, 몽구리마냥. 알것남?"

칠월칠석 전날 밤이면 들려주시고는 하던 할머니의 옛날 이야기였습니다. 밝는날 아침이면 부리나케 일어나 시눙만의 삽작 밖으로 사랑께로 뒤란 장독대 쪽으로 내달으며 까마귀와 까치를 찾고는 하였는데, 까악! 깍! 깍! 깍깍! 꽁지를 깝죽깝죽 방정맞게 흔들어대며 날아다니는 까마귀와 쨕쨕까치는 간밤 내내 오작교를 놓아주느라 머리털이 죄 벗겨져버린 것 같기도 하고 그렇지 않은 것 같기도 하여 당최 종잡을 수 없었으나, 하. 까닭모를 슬픔이 복받쳐 올라 달음박질쳐 뒷동산으로 톺아오르고는 하였넌 어린시절이 아련한 그리움으로 눈물나고여.

칠월 보름 백중날이 되면 할머니는 또 풀이치기 허리춤

에 매달려 간당거리는 염낭끈을 풀으시었고, 꼬깃꼬깃하게 접힌 지전 몇 장을 손에 쥔 이 숨탄것은 백중장이 서는 모둠내를 향하여 달음박질치고는 하였습니다.

저마다 돈살 곡식자루와 벼릴 연모에 빵꾸 때울 고무신 짝이며 가래 끓는 소리 안타까운 늙은이들을 태운 소달구지 곁으로는 제 키보다 더 높은 장작더미 솔가지와 푸장나무를 바지게 가득 진 나무꾼 엄지머리들과 푼거리질 나선 아낙네와 중다버지들이 지칫거리고 있었고 질끈질끈 하얀 목수건으로 이마에 테를 두른 병정 나갈 장정들과 대처바람을 훔쳐본 '하이칼라'짜리들이 '베루베또' 치마에 눈처럼 흰 옥양목저고리 받쳐입고 무릎까지 올라오는 살색 양말에 '빼쪽구두' 신고 '한두박구'로 한껏 멋을 낸 벌때추니들을 나비눈으로 훔쳐보며 씩둑깍둑 웃어싸면서 영바람 내고 있는 신작로가로는 갖은 명색 장돌뱅이며 말감고들이 여리질을 하였는데, 꽹매꽹 꽹매꽹 꽤갱맥 꽤갱맥 꽹매꽹 꽹 꽹매꽹꽹… 북소리 둥둥 울리면서 진양 중모리 중중모리 휘모리 엇모리 거쳐 느진자진모리로 넘어가다가 자진자진모리로 숨넘어가는 징소리 따라 갖은 재주를 다하여 노는 한잡이꾼들 보며 손뼉쳐 웃고 소리질러대는 삼동네 사람들 가랑이 틈 파고드는 청삽사리 황삽사리. 숨넘어가게 자진가락으로 징을 치며 경중경중 뛰어다니는 것은 박살뫼 손서방이고 손북을 들고 곤댓짓을 하여가며 팔딱팔딱 개구리뜀으로 뒷걸음질 치는 것은 등너머 육손이 아베인데, 화

 줏머리인 듯 패랭이 위로 훨씬 치솟아 오른 열두발 상모를 돌려대는 것은 구렛굴 이서방이며, 구경 나온 사람들 사이로 벅구잡이 하는 장밭 정서방의 오미뇌 좇아 가로 뛰고 세로 뛰는 중다버지들이었으니, 꽃트림이었습니다.
 털찝잡을 녈손 노려 빨간딱지 하얀딱지 돌리고 종발 속에 주사위 넣고 흔드는 야바위판이며, 엿치기에 심지뽑기며 팔딱팔딱 재주넘는 잔나비 놀려 녈손 끄는 약장수의 구성진 너스레를 듣고, 뽕짝뽕짝 까강깽깽 손풍금 소리 깡깽이 소리 맞추어 유행가 부르며 손님 끄는 악극단패에, 검정치마 흰저고리 차림에 오동바가지 몸뚱이로 배 쪽만 빨간 성경책 들고 하나님 믿어 구원을 받으라고 목쉰 소리로 외쳐대는 전도부인 구경하는 것도 좋고, 꽃트림 사이로 난장

을 기웃거리며 눈깔사탕 요꼬시 셈베이 미루꾸 막과자로 주전부리를 하는 것도 좋았지만, 이 애소리의 발길을 잡아 끄는 곳은 냇가의 모래밭이었습니다. 왕모래 위에 세모래로 둥그렇게 테를 둘러 비게 뽑고 판물려서 결판내는 상씨름판. "으라차차!" 소리와 함께 모래바닥이 물고개쳐 오르면서 윗통을 훨씬 벗어부친 채 저마다 힘빼물던 장정들을 번차례로 메다꽂은 판막음장사의 손에 꼬삐를 잡힌 황소가 영각하는 소리 하늘높이 울려퍼지던 것이었습니다.

 이제는 그러나 오작교의 옛이야기를 들려주는 할머니도 안 계시고 터질듯 부풀어오르는 오줌보를 발뒤꿈치로 눌러 막으며 두 손바닥으로 턱받치고 앉아 "얼라아. 그레서유? 그레서 그 담은 또 워치게 됐대유우?" 마른침 삼켜가며 묻는 손주들도 없습니다. 오작교를 놓아줄 까마귀와 까치가 제물로 드문새가 되어버렸으므로 견우와 직녀의 애짭잘한 그리움 또한 사라져버린 것은 그러므로 당시롱 마땅한 일인지도 모른다. 하늘 밑 벌레들의 마음이 썩고 산천 또한 썩고 탈나버린 마당에 까마귀는 어떻게 숨을 쉬고 까치는 또 무엇을 먹고 산다는 말인지요.
 이른바 '컴퓨터 시대'로 접어든 지 오래인 지금 땅에 꽂아둔 것들의 알갱이를 보다 많이 얻어내기 위한 수의 하나로 저 삼국시대부터 내려오는 풍속인 칠석과 백중을 이야기하는 것이 무슨 뜻이 있겠는지요. 칠월 열엿새부터 팔월 보름까지 아낙네들 모아 베짜기 내기를 시켜 상을 주던 칠석은 내 자식 일류대학에 붙게 해주고 내 남편 높은 자리에 오르고 오로지 돈만 많이 벌어와 우리 식구만 잘 살게 해달라고 절에 가서 비는 날로 바뀌어버렸고, 시나브로 없어져 버린 노록딸깃날 대신 하루를 실컷 놀림으로써 백날을 더 부려먹자는 속내평의 '머슴날'에서 비롯된 백중은 '여름휴가' 또는 이른바 '바캉스'라는 것으로 바뀌어버렸습니다.

* 그림내:내 그림(그리움의 준말). 곧 내가 그리워하는 사람. 정인(情人). 오리치:야생오리를 잡으려고 키를 끈달린 막대기로 받쳐 물가에 세워놓던 것. 동비탈: 산비탈. 동말랭이:산꼭대기. 시악(特惡):마음 속에서 공연히 생기는 심술. 엄지:짐승의 어미. 메지:망아지. 한매:우선. 먼저. '일단'은 왜식 어휘임. 묏채:산덩이. 줄밤:연이은 밤. 당시롱:아직. 또. 오히려. 매롱매롱:눈이 초롱초롱 빛나는 모양. 찰랑한:맑고 밝게 쏟아지는. 어슨듯:슬쩍. 삽시간. 퍼들껑하다:새나 물고기가 날개나 꼬리를 치는 소리를 한번 내다. 아그려쥐다:쪼그리다. 저근듯:잠깐동안. 보슬이:보슬비처럼 뽀얗게 눈자위에 어리는 눈물. 살터:대자연. 마안하다:끝없이 아득하게 멀다. 외오돌다:혼자서만 반대쪽으로 돌다. 꽃잠:첫날밤. 어르기:남녀간 정을 통하거나 교합하는 것. 하늘신폭: 하늘의 한끝에서 다른 한끝까지. 땅신폭:땅의 한끝에서 다른 한끝까지. 비 긋다:비가 잠시 그치다 갚셔무지개:쌍무지개. 참붉이:진홍(眞紅). 황덕불:깊은 산속에서 장작같은 것을 쌓아놓고 불을 붙여 맹수의 습격을 막고 둘레를 환하게 밝히던 불. 물동그라미, 물둘레:파문. 우렷하다:모양이나 빛깔이 희미한 가운데 은근하면서도 똑똑하다. 가람:강. 가잘비다:비교하다. 견주다.

손곧춤:합장. 몰록:'문득'이라는 뜻의 선불교(禪佛敎) 문자. 아이오:갑자기. 주주물러앉다:섰던 자리에 그냥 내려앉다. 잉큼잉큼:가슴이 가볍게 빨리 뛰는 모양. 지어:심지어의 본디말. 느리:사슴 삵 범 따위의 큰 종에 속하는 짐승. 토록:작은 종의 짐승. 미적이:동식물을 통튼 생물. 월형충청풍덩:줄이 축 늘어지면서 두레박이 물을 툭쳐 우물에 빠지는 모양. 탁난치다:몸부림치다. 돌림:업(業) 옴남:정법계진언(淨法界眞言). 불근닥세리:불모지. 상치다:맺히고 뒤엉키어 있다. 애젖하다:안타깝게 애틋하다. 온즈믄골잘울:백천만억조. 덤거리:못난 사람. 지점벌여대다:같잖은 말이나 조리없는 얘기를 자꾸 떠벌리어 지껄이다. 입주기:'키스'의 우리말. 슴배이다:스며들어 젖어지다. 웃는 듯한 분홍빛:빛깔 가운데 웃는 빛깔은 분홍빛 밖에 없음. 살매:운명. 퐁드랑퐁드랑:조약돌 같은 것이 물속에 가볍게 자꾸 떨어질 때 내는 소리. 보완다 보왜라:예전 군사가 한둔할 때 병졸들이 잠들지 않도록 주의시키어 외치던 소리로, 대마루판에 올라선 인류문명에 대한 경책의 뜻으로 썼음. 새:동(東). 물떠러지:폭포. 날구장창:날마다 잇달아서. 노랑북새통:부산한 법석. 이지가지:여러가지. 붓하다:붓을 놀리어 글을 쓰다. 때조:시조. 옥밥:쌀밥. 옮:업보(業報). 벼락:하늘이 내리는 징벌. 탈:병. 판때리다:시비와 선악을 가리어 결정하다. 꽃트림:백중날 풍물치며 놀던 것. 마슬러보다:짯짯이 훑어보다. 새꼽빠지게:'새삼스럽게'의 내포(內浦)쪽 말. 미리내:은하수. 풀이치기:속치마. 벌떼추니:밖으로 싸돌아다니기를 좋아하는 여자. 나비눈:못마땅해서 사르르 굴려 못 본 채하는 눈짓. 영바람내다:의기양양하게 뽐내다. 여리질:손님을 끄는 것. 화줏머리:솟대의 꼭대기. 벅구잡이:소고(小鼓)와 비슷하나 그것보다는 훨씬 큰 자루가 달린 북치는 사람. 오미뇌:꽁무니. 털찝잡다:속여먹다. 비게:예선을 통과한 장사. 물고개:파도. 드문새:희귀조. 애짭잘하다:가슴이 미어지도록 안타깝다. 안타까워서 애가 타는 듯하다. 노록딸깃날:이월 초하루 종날. 하리아드렛날.

사라져버린 것들을 위하여 2
— 먼 곳의 그림내에게

어머니 어머니 하고
외워 본다.
이 가을
아버지 아버지 하고 외워 본다.
이 가을
가을은
오십먹은 소년
먹감에 비치는 산천
구비치는 물머리
잔 들고
어스름에 스러지누나
자디 깨다
깨다 자다.

— 박용래의 「먹감」

한가위

찰랑한 하늘입니다.

모둔오월 보내고 미끈유월 지나 어정칠월 넘기고 보면 동동팔월이니, 가을입니다. 뼘들이로 높아져만 가는 하늘 아래 물결소리 고요한데, 뉘집에 녈손이 들었는가. 아니면 대가리를 쳐들 적마다 자꾸만 달아나는 하늘을 더위잡으려고 그러한 것인가. 컹컹 가이짖는 소리가 나면서 퍼들껑 날아오르는 멧꿩이고 멧꿩이 날아오른 뒤란 장독대 위로 떨어지는 것은 그리고 풋감입니다.

누가 말하였던가. 더도 말고 덜도 말고 한가위 만큼만이라고. 해마다 되풀이 되는 가뭄과 장마에다 사람의 살림살이에 해끼치는 갖은 벌레들이 뜯어먹어 반타작도 못되는 가을걷이라지만 들에는 그래도 새떼가 빨아먹고 남긴 오곡이 영글었고 사람들은  솟증을 풀었습니다. 뜨물에 우려질 동안을 차마 못 기다려 물코 훌적이며 땡감이나 씹다가 오려송편 깨강정에 호두 은행 모과 능금이며 청실뢰 홍실뢰 입에 문 아이들은 워리가이와 함께 가로 뛰고 세로 뛰고, 스치기만 하여도 썸벅 버히어질 것만 같은 억새풀인 듯 와삭와삭 풀발 세운 무새 옷으로 한껏 차려입은 아낙네들은 남정네 어깨짬으로 놀이판을 기웃거리며, 올게심니로 짖고 빚은 밥과 떡 너무 먹은 늙은이들은 뒷간  나들이가 잦아지는데, 줄다리기 하고 닭싸움 소싸움에 소놀이 돌고 거북놀이 돌며 살찐 황계(黃鷄)다리 안주하여 백주(白酒)잔 좋이 마셔 핏종발이나 올린 젊은 뼉다귀들은 모래강변에 펼치어진 씨름판으로 달려갑니다.

　가윗날을 쇠기 비롯한 것은 신라의 세번째 임금인 유리 이사금 구년 적부터였으니, 천구백육십사년 전이었습니다. 아시에는 그때의 살림살이에서 아주 높은 자리를 차지하였던 옷감만들기 곧 길쌈을 권하여 북돋아주기 위한 것이었으나 차차 길쌈과 가을걷이를 으뜸으로 하여 사람들의 살림살이에서 꼭 있어야만 되는 모든 업주가리(業主茄利)를 드높이기 위한 것으로 탈바꿈되었습니다.

　사람들은 잘 영근 햇곡식으로 먹을 것을 만들어가지고 윗뉘 할아버지 할머니들의 신주(神主)와 무덤을 돌보았습니다. 이제도 이어지고 있는 차례와 성묘가 그것인데, 주가 되는 먹을 것이 송편입니다. 제대로 할 가을걷이에 앞서 잘 여문 콩 팥 밤 대추 햇것으로 넣고 곱게 빚은 오려송편을 윗뉘 할아버지 할머니들께 올려 흠향(歆饗)하시게 하고 나서 밥과 술과 떡과 강정과 경단이며 식혜에 햇실과로 배부르게 먹으며 더불어 함께 짓는 고루살이 품앗이 농사인 두레로 이룩한 땀의 열매를 기쁨으로 즐겼던 이 가윗날은 이천 년 가까이 줄대온 아릿다운 풍습이었습니다.

 그러하였습니다. 고봉떼기 옥밥을 갖은 양념으로 다져 굽고 찌고 끓인 고기반찬하여 배부르게 먹은 아이들은 줄넘기 숨바꼭질에 공기놀이 빠꿈살이 풍계묻이와 바람개비놀이 풀싸움 꽃싸움이며 자치기 말타기로 해동갑하고, 아낙네들은 그네를 뛰고 줄다리기에 또 활쏘기를 하였으며, 달음박질쳐 높게더기 오른 먼장질로 팔다릿심 기른 남정네들은 줄다리기와 씨름을 하였는데, 사람들의 신바람을 북돋아 주는 것이 풍물패였습니다. 꽃트림.

 꼭두서니빛 마고자에 황백흑(黃白黑) 삼색 끝동을 소매에 달아 입고 남색 허리띠를 가슴에 둘러띠어 뒤로 잡아맨 위에 이지가지 빛깔의 물명주 은폭 드림을 구색 맞춰 세폭씩 뒷등에 매달아드린 잽이들이 치는 풍물소리 맞추어 농군들은 씨를 뿌려 가꾸었고, 길을 내고 보를 막았으며, 땀을 흘린 만큼 거두어들이는 기쁨을 즐기었습니다. 뿐만 아니라 되와 왜가 쳐들어왔을 적에는 싸울아비들의 힘을 돋우어 주는 일까지 하였으니, 우리 겨레의 역사와 그 명치를 함께하여 온 것이었습니다. 두레에서부터 비롯된 '풍물'이 왜식말투인 '농악'으로 바뀌면서 그 노는 가락이며 탯깔 또한 많이 줄어들고 바뀌어버려 영 서름하기는하나 이러한 모습들은 칠십년대까지만 하더라도 흔하게 볼 수 있었고, 지금도 그 그림자만은 그림자놀이로나마 남아있습니다.

한가위가 닥쳐오면 대처사람들은 옛살나비로 달려갑니다. 우리 겨레살림의 본디꼴 또는 참모습을 찾아 이른바 '민족 대이동'을 하는 것입니다. 이천 년 가까이 이어져 내려온 이러한 풍습은 '농본주의'가 사라지고 '컴본주의 시대'가 되었다고 해서 주주물러앉지 않습니다.

그런데 무언가 이상합니다. 저마다 물방개딱지 같은 쇠달구지 몰고 '내 놀던 옛동산'을 찾아보지만, 얼라? 예전의 그곳이 아닙니다. 아그데아그데 열린 머루와 다래며 아가배 개복숭아 오디 버찌 뽀루수에 으름을 따고 다식(茶食) 박을 송화가루 받고 나물 캐고 약물 받고 참외서리 논두렁 콩서리로 굴풋한 속을 달래며 알도 배지 않은 풋칡 뽑아 먹던 뒷동산 그 솔수평은 허리가 잘린 채 벌겋게 파헤쳐져 오륙십년대 아이들의 기계충 자국과도 같은 '골프장'과 '스키장'이 되었고, 찔레순을 꺾고 자운영을 뜯고 삘기를 뽑아 먹으며 네잎 클로버를 찾던 논틀밭틀 위로는 '러브호텔'이 들어찼으며, 단지를 엎고 반두질을 하여 종다래끼 가득 고기를 잡으며 탐방구질 멱을 감던 시냇가로 뛰어오르는 것

은 미제 개구리 일제 붕어요 그 징그러운 뱃구레 밑으로 흐
르는 것은 온갖 맹독성 중금속 섞인 썩은 물이니, 아! 산은
산이 아니고 물은 또 물이 아닌 지 하마 오래 전이어서 머
리칼이 다만 하늘 높이 솟구쳐오를 뿐인 이 목숨죽임의 회
두리판 앞에서 무슨 말을 할 수 있다는 말인가.

 도망치듯 옛살나비를 벗어나 대처의 '세멘공구리' 숲속
으로 돌아온 사람들은 버릇처럼 텔레비전을 켜보지만, 외
롭습니다. 신문을 보고 잡지를 보고 베스트셀러 시집과 소
설책을 보고 녹음기를 틀고 비디오를 보고 영화를 보고 컴
퓨터의 자판을 두드려보다가 '인터넷의 바다' 속으로 빠져
들어가 보지만, 외롭기는 마찬가지. 전화를 걸고 삐삐를 쳐
봐도 또한 마찬가지.

 사람들은 그 무엇인가를 찾아 뽀로로 뽀로로 끊임없이
호아가며 투그리고 있습니다. 금방이라도 잡아먹을 듯 할
개눈 부릅떠빨며 허벙저벙 갓방 인두 달듯 하고 있으니, 보
난대로 죽이리라! 보다 손쉽고 편해서 즐거운 몸기르기 삶
을 위하여 악착스레 돈을 벌고 또 번 돈을 쓰기 위하여 쉴
틈이 없습니다. 사람들은 슬픈 개미에 지나지 않습니다. 끊
임없이 돈을 미좇아, 낯통을 미좇아, 맛있고 몸에 좋다는 먹
거리를 미좇아, 아름답고 잘생긴 짝을 미좇아, 그리고 또 힘
부림을 미좇아 허벙저벙 엎더지며 곱더져 달음박질쳐 보지
만, 양에 차지 않습니다. 게걸떼지 못합니다. 허우룩합니다.
허우룩함을 메워보려고 다시 또 돈 나는 구멍을 찾아 헤매

게 되니, 돌다가 보아도 물방아일 뿐입니다. 개미 쳇바퀴.

신작로

이 하늘 밑의 벌레가 옛살나비땅을 떠난 것은 단기(檀紀) 사천이백구십일 년이었습니다. 어리꾸지게도 이제는 '시'가 되었으나 한내라고 불리던 대천에서 청양 쪽으로 한 오십 리쯤 들어간 곳에 있는 충청남도 보령군 청라면 장현리 구렛골은 아주 한갓진 산골이었습니다. 전깃불은 마땅히 들어오지 않았고 남폿불이 있는 집도 드물었으니, 내남적 없이 석유등잔불이나 접시불이 아니면 솔불을 썼던 때였습니다. 신문이나 잡지를 보는 집도 없었고 라디오 명색이라고 해야 등짝에다 고무줄로 약통 친친 붙잡아맨 고물 '제니스 라디오' 한 대가 고작이었고, 탈 것이라고는 저마다 부리고 있는 정강말 한 필씩이 또한 고작이었으니, 달구지와 비루먹은 노새 두어 마리 빼놓고는 자전차 한 대 없는 두메였습니다. 땅마지기나 지니고 있는 몇 집 빼놓고는 털메기 아니면 메싸립을 신었고 만월표 흑고무신이 하마 닳을세라 사람들

이 안 볼 때면 두 손으로 벗어들고 가는 사람들이었습니다. 불곽을 아껴 꼭 아궁이에 묻어둔 불씨나 화롯불에 담배를 붙여 무는 남정네들이었고, 나들잇벌 유똥치마 옥색고무신이 행여 어찌될까봐 햇대보 속 고이 모셔두고 시렁 위에 높이 얹어두는 아낙네들이었습니다. 헐수할수 없는 애옥살이 찰가난인 사람들은 풀떼기나 메물푸저리 아니면 술도가에서 얻어온 지게미를 물 붓고 끓여 찔레꽃머리를 넘기었고 꼬치미 뜯어 삼복을 견디다가 얼음도 풀리기 전에 먼산나물을 다니었습니다. 일년 열두 달 가야 자동차는 그만두고 자전차 한 대 보기 어려워 어쩌다 꿈에 떡맛 보기로 지나가는 '도라꾸'를 미좇아 가느라고 등에 메고있던 책보 안 생철필통 속의 연필심을 부러뜨려 어머니한테 걱정을 듣고는 하던 것이 상기도 아련한 그리움으로 떠오릅니다.

다섯 살 나던 해부터 할아버지 앞에 두 무릎 꿇고 앉아 진서(眞書)라고 불리던 한문과 붓글씨 쓰는 법을 배우기 비롯하였는데, 아버지를 닮아 책읽기를 좋아하였다는 이십소년 큰 삼촌이 낮두억시니들이 휘두르는 참나무 몽둥이에 맞아 가르릉 가르릉 피가래를 끓이기 몇 달 만에 이뉘를 버리신 다음이었지요. '육니오사변'이 터진 다음해. 이 숨탄것이 돌도 채 되기 전에 어디로인가 끌려간 아버지는 상기도 돌아오실 줄 모르는데, 천지를 무너뜨릴 듯 들려오는 방포소리였습니다. 방포소리 기막히고 화약내음 코 썩는 가운데 금방이라도 방구들이 내려앉을 것만 같게 터져나오는 것은 그리고 할아버지의 긴 호요바람소리였습니다.
"독서지유환지시니 절학무우라."

독서지유환지시(讀書之有患之始)— 이 누리에서 일어나는 온갖 근심걱정은 다 책을 읽는 데서부터 비롯되나니, 절학무우(絶學無憂)— 마침내 책을 없이하지 않고서는 근심걱정이 끊어지지 않을 것이라는 말씀이었는데, 무슨 까닭으로 다섯살배기 어린 손자아희한테 산죽(山竹) 뿌리로 다듬은 서산(書算)대로 학치 패가며 글을 가르쳐 주시는 할아버지였습니다. 백수문(白首文)이었습니다. 할아버지와 할아버지의 할아버지에 그리고 큰 삼촌과 아버지도 그것으로부터 머리지어 문리(文理)를 틔우셨다는 그 책은, 육대조 할아버님께서 방정(方正)한 해서(楷書)로 써놓으신 것이었습니다.

"천지현황(天地玄黃) 천지현황이라…. 하늘은 가맣구 땅은 누르다. 천현이지황(天玄而地黃)이니, 하늘은 그 이치가 깊구두 그윽해서 헤아리기가 어려운데 땅은 또 누런빛이 나는고여."

스스로 묻고 스스로 또 답하시던 할아버지는 후유 하고 긴 한숨을 내리쉬시었습니다.

"문리가 터진즉 이 도리를 알려니와 이 책의 대원즉슨 천지현황 이 늑자 속에 들어있다구 헤두 과인이 이닐 것이니라. 아울러 이 늑자 속에 천지이치 또한 들어있을 것임은 물론이며. 배우구 익혀 스사로 그 몸을 세울진저."

 몇 점이나 되었는가? 시래기죽으로 입맛이나 다시다 만 아침이라 눈에 헛거미가 잡히면서 힘도 내음도 없이 자꾸만 비어져나오는 물방귀를 발뒤꿈치로 눌러막으며 두 무릎 위에 올려놓고 있던 두 주먹을 꼭 오무리는데,
 "새힘으로 무심허게 갈어서 황소힘으루 줘야 허너니…."
 경면주사(鏡面朱砂)로 간을 막아 줄을 친 삼첩장지(三貼壯紙)에 씌어진 육대조 할아버지의 글씨를 서산대로 짚어 주던 할아버지는 벼룻집의 뚜껑을 열으시었고, 몇 점이나 되었는가? 아침에 죽을 먹었으니께 즘심에는 그레두 보리꼽살밀망정 밥이 나오것지. 미주알을 졸밋거리며 두 주먹을 꼭 오무리는데, 후-유우— 지그시 눈을 감은 채 삽작가를 오르내리는 애소리의 나래짓처럼 그야말로 새힘으로 무심하게 먹을 갈던 할아버지는 몇 번 묵선(墨銑)을 본 다음 아버지가 처음 붓 잡는 법을 배웠다는 무심필(無心筆)에 듬뿍 먹을 적시더니 헌 신문지 위에 길영(永)자를 쓰시었습니다.
"역입이구 현완이로구나."

 대컨 붓글씨의 고갱이는 역입(逆入)과 현완(懸腕)이니, 외로 갔다가 바로 가고 위로 올라간 다음에야 비로소 다시 똑바르게 내려그을 수 있다고 하시었습니다. 일점 일획도 역입과 현완의 짝수에서 벗어나 가지고는 백 마지기의 논에 댈 물만큼 먹을 갈아봐도 안 되는 것이 필법(筆法)으로, 글씨의 힘은 여기서부터 나온다고 하시었습니다. 팔을 높이 들어올리는 것이 현완으로 높이 들어올릴수록 그 어느 것에도 막힘없이 저 가고 싶은대로 갈 수 있는 힘이 나온다고 하시었습니다. 역입에서 비롯하여 현완으로 끝마치는 것이 글씨의 짝수이며 또한 삶의 짝수라고 하시었습니다. 글 짓는 본과 글씨 쓰는 본은 아주 다르니— 좋은 글을 짓기 위해서는 먼저 기(氣)를 넓혀야 하고, 글씨를 잘 쓰기 위해서는 무엇보다도 먼저 마음을 바로잡아야 된다고 하시었습니다.

 마땅새 다시는 돌아갈 수 없는 옛살나비여서인가, 그 어름을 되돌아보는 마음은 여간 애젖한 게 아닙다. 애짭잘합니다. 콩볶는 듯한 총소리에 놀라 뒷산으로 피란을 갔던 것은 '육니오사변'이 터지던 다음달 초 해거름녘이었고 '양코배기'와 '토인(土人)'이 어찌 생겼나 보겠다고 신작로로 나갔던 물퍼니고개 너머 아녀자 다섯 명이 총맞아 죽었다는 나발을 들은 것은 그 다음날이었습니다.

"청의자남래(靑衣自南來)허니 사승즉비승(似僧卽非僧)이요 비호비왜(非胡非倭)라. 푸른옷을 입구 남쪽으로부터 오니 중 같되 중이 아니요 오랑캐두 아니며 왜인 또한 아니로구나."

무슨 비기(秘記)인지를 혼자말씀으로 뇌어보던 할아버지의 긴 한숨소리에 금방이라도 내려앉을 것만 같은 보꾹이었으니, 아. 사람이 어느 누가 죽음이 없으리요만은 애매하게 죽는 것보다 더 큰 슬픔이 없고, 죽음에 어느 누가 분하고 억울하지 않으리요만은 죄 없이 죽는 것보다 더 심함이 없는 것이겠지요.

지나 마르나 견딜 수 없는 것은 배고픔이었습니다. 내남적없이 똥구녘이 찢어지게 가난하던 시절이었으므로 점심을 먹는 집이 드물었습니다. 이제나 질까 저제나 질까 모가지가 다 뻣뻣해지도록 올려다 보는 긴긴 해를 견디기 위하여 아침은 부러 늦게 먹었고 땅거미도 걷히기 전 이른 저녁을 먹은 다음에는 하마 배가 꺼질세라 서둘러 등잔불의 붓나올을 내리고는 하였습니다. 그러나 이 하늘 밑의 벌레한테 배고픔보다 더욱 견딜 수 없는 것은 외로움이었고, 외로움보다 더더욱 견딜 수 없는 것은 그리움이었습니다.

할아버지의 엄하신 눈빛을 기하여 달음박질쳐 올라가는 뒷동산 솔수펑 속에서는 낮부엉이가 울었습니다. 구세먹은 상수리나무 도토리나무 우거진 앞산 말림갓에서는 봄이면 꾀꼬리가 울고 뒷산 솔수펑 윗쪽 오리나무숲에서는 뻐꾸기가 울고 있었습니다. 뻐꾸기 울음소리를 어깨 너머로 받아넘기며 개개비떼 어지러이 날아오르는 으악새숲을 헤치노라면 이름모를 묵뫼가 있었고, 뙤똑하니 도드라지는 그 무덤가로 서럽게 피어있는 할미꽃을 들여다보고 있노라면 구구— 구구— 멧비둘기는 또 깃을 치며 날아올랐는데, 저 아래로 허릿바처럼 가느다랗고 길게 이어져 하염없이 산모롱이를 돌아가는 것은, 그리고 신작로(新作路)였습니다.

종짓굽이 떨어지면서부터 이 애소리는 들로 산으로 쏘다니기를 좋아하였으니, 돌림이런가. 또는 앞뒤에 그렇게 매기어진 살매. 시울나붓이 담긴 보리곱살미 꼭꼭 씹어먹은 다음 국민학교까지 가는 이십리길 짱짱한 길섶에서 삘기를 뽑았고 찔레순을 꺾었으며, 황새가 그 긴 부리로 찍어대는 논에는 우렁이며 논고동에 미꾸리가 지천이었고, 논둠벙을 막고 물을 퍼내면 붕어와 새우와 추라치가 양동이 넘게 건져졌는데, 개헤엄질 치며 멱을 감고 물수제비 뜨다가 반두질하고 묵은 된장 넣은 단지를 엎는 시냇물에서는 또 모래무지 메기 빠가사리 장어 잉어 조개가 종구라기 가득 들어왔습니다. 학교에서 배급 탄 '미공법사팔공호' 우유가루 찐 것 토막내서 야금거리며 어머니의 깨어무는 한숨소리에 뼈가 녹고, 할머니의 관셔엄보살 소리에 새들도 숨죽이며, 놋재떨이가 깨어시라고 두드려대시는 할아버지익 장죽(長竹) 소리에 하늘이 무너질 것만 같은 집으로 가는 신작로는, 그리고 장 곽곽한 황톳길이었습니다. 누가 이 열중이의 이름을 소리쳐 부르며 달음박질쳐 올세라 타박타박 하염없이 뒷눈질하는 그 길가에 목타는 그리움으로 피어있는 살사리꽃이었고, 봄이면 민들레꽃. 행길가와 논틀밭틀이며 산자락마다 지천으로 돋아나는 쑥 나승개 씀바귀 질경이 비름 자운영 소루쟁이 뜯어 무쳐 먹고 국 끓여 먹고, 열매 따먹은 까마중이와 방아풀 안질뱅이 쇠풀은 탈난 데 달여 먹고, 바랭이 뚝새풀 뜯어 부림짐승 먹이고, 명아주 으악새 싸리는 버히어다 비를 매었으며, 칡 뽑고 아카시아꽃잎 훑어 굴픗한 속을 달래었습니다. 쑥부쟁이 감국 더위지기는 늦가을에 피어났고, 봄여름이면 여치와 베짱이에 애반디 늦반디가 눈물겨운데, 메뚜기는 논두렁에서 뛰어오르고 땅개비는 밭이랑을 기어다니며, 사마귀는 참외밭에 놀고 잠자리는 고추밭을 맴도니, 개울가 미루나무숲에서 우는 쓰르라미요, 개구리 우는 무논이 좁다 헤엄쳐 다니는 방개와 소금쟁이인 것이었습니다. 학교를 오갈 적마다 장 동무하여 주는 까투리 장끼며 멧비둘이와 굴뚝새 새매 수리부엉이는 지나 마르나 그곳에서만 노는 텃새였고, 꾀꼬리 뻐국새 때까치 물총새 콩새는 제비 올 때 묻어와서 해오라기 갈 때 미좇아가던 드난이 철새였습니다.

　는개마저 자욱하게 비장만을 하는 때면 도깨비불에 눈멀미 나는 상엿집 뒷쪽 애장터에서 들려오는 애울음소리였으니, 으으. 무서워라. 솥적다. 솥적다. 솥적어서 배고파 못 살겠다며 밤새도록 울어예는 솟쩍새소리와 함께 애를 후비던

 그 소리가 참으로는 그러나 무섭다기보다 어쩌면 그렇게 구슬프던지 아껴 먹던 입 속의 우유가루 찐 것이 차마 넘어가지 않았습니다.
 "싸게싸게 댕겨오넌겨, 이. 용천뱅이 무서니께 핵교 파허 걸랑 해찰부리지말구 득달같이 집이루 오란 말여. 알것남."
 왜정 때 마을사람들이 총칼 찬 왜헌병 왜순사의 울골질 아래 닦았다는 그 행길가에는 또한 왜정 때 팠다는 방공구뎅이가 몇 개 있었는데, 얼라? 어머니가 언제나 얼음에 박 밀듯 조심하라고 신신당부하시는 봄이면 방공구뎅이 위로 무더기무더기 피어 있는 참꽃이었습니다. 왜정 끝 무렵과 사번 때 수수백명의 '주의자'들 몰아넣고 몰사주검시켰다는 방공구뎅이 위로 피어 있는 피처럼 붉은 그 꽃잎을 따먹으며 슬픔을 하고 그리움을 하느라, 월사금과 육성회비를 못 내고 미술도구 공작도구에 운동복이며 원족비를 못 가지고 가서, 명주꾸리가 세 타래씩 들어간다는 용둠벙에서 멱을 감느라, 또 할경하겠노라 을러대는 못된 상급생네 집 닭 먹일 개구리 잡느라 감물고 저문 신작로길 잰걸음치는 이 열중이의 눈에 들어오는 것은, 그리고 불빛이었습니다. 청산가리를 태울 때 나는 것 같은 시퍼런 불이 눈앞을 획 스치고 지나갔는데— 석유기름 받아온 깡통 속에 한웅큼 집어 넣고 팔랑개비 돌리던 반딧불이나 정월 대보름날 밤 논두렁밭두렁 태우던 쥐불도 아니고, 궂은 비 오는 밤 상엿집이나 애장터 또는 둥구나무 터진 구멍 사이로 보이던 인불도 아니며, 화등잔만하게 커다란 두 눈에서 철철 흘러넘친다는 호랑이의 눈빛도 아니면서 나타났다 사라졌다 당최 옴나위를 못 하게 넋살을 앗아가는 그 야릇한 불은, 도깨비불이었습니다. 어마 뜨거라. 질금질금 오줌을 지리며 두 주먹 부르쥐고 달음박질쳐 가는 이 열중이의 뒤를 쫓아오는 것은, 으으. 징그러워라. 용천뱅이였습니다. 눈썹이 죄 빠져 나가고 손마디가 죄 문드러져 나간 용천뱅이들이 어떤 때는 서너 명씩 무리 지어 각설이타령 뽑아대며 신작로를 누비고 가는 것이었는데, 열 살 안쪽의 어린아이들만 골라 보리밭 속이나 밀밭 아니면 방공구뎅이 또는 상엿집과 애장터로 끌고가서 배를 가르고 간을 꺼내 먹는다고 하였습니다. 사람들은 그래서 눈썹이 보이지 않게 마구라기 깊숙이 눌러쓰고 입성이 추레한 떠돌뱅이를 긴짐승 대하듯 하였는데, 가분재기 늘어난 용천뱅이들이었습니다. 사변통에도 없었던 것은 아니나 그들이 그렇게 가분재기 늘어나게 된 것은 '휴전'이 된 다음부터였습니다. 그리고 그것이 헐수할 수 없게 된 '야산대(野山隊)'라는 이름으로 불리워지던 '재산인민유격대원'들이 취할 수밖에 없었던 삶의 마지막 수였다는 것을 알게 된 것은 그 훨씬 다음의 일이었으니, 아. 얼락배락한 역사의 물고개 속에 묻혀 버린 슬픈 이야기인지요. 그렇게 애짭잘한 속내도 모른 채 먼 골짜기에서 승냥이가 울고 여우와 삵괭이며 개호주까지 어슬렁거리는 높드리 지나 지레목까지 체금 불며 톺아오르면, 으름과 다래며 잔대 무릇 더덕에 갖은 산나물과 칡뿌리가 지천이었습니다.

그로부터 어언 마흔 해가 흘러갔습니다. 옛살나비를 다시 찾았던 것은 이 숨탄것의 나이 서른여덟 살 적이니, 열여섯 해 전이었습니다. 어떤 신문사의 청을 받고서였는데, 참으로 온즈믄골잘울 가지의 느낌이 서로 엇스쳐 지나가면서 명치끝이 타는 듯하였습니다. 이 숨탄것이 태어나서 열두 해 동안 뼈를 여물리었던 옛살나비 집은 사라지고 없었습니다. 누군가의 밭으로 바뀌어 있는 그곳에 아그려쥐고 앉아 하염없이 담배나 죽이고 있는 이 숨튄것의 눈에 들어오는 것은, 신작로였습니다. 왜국병대가 말타고 달려오고 양귀자(洋鬼子)의 무리가 '제무시'와 '찌뿌차' 타고 달려온

길이라고 하였습니다. 마지막 조선사람이었던 할아버지께서 보셨던 것은 무너져버린 조선의 살매였겠지만 이 숨탄것이 보았던 것은 닥치는 대로 불질해대던 흰 낯에 푸른눈의 양코배기 병정과 오동바가지를 뒤집어쓴 듯 온몸이 새까만 토인병정들이었습니다.

신작로만큼은 옛날과 다름없었습니다. 함께 반두질을 하고 멱을 감으며 자치기 말타기를 하던 불알동무들은 거지반 다 대처로 나갔고, 몇 사람만 남아서 바랄 것 없는 농사에 구누름으로 목을 매고 있는 옛살나비땅은 사람의 입이 반 밑으로 줄어 있었습니다. 달라진 것이라고는 오직 전깃불 하나가 들어왔다는 것뿐.

옛살나비땅을 다시 찾았던 것은 그그러께였습니다. 그 어름의 그립고 슬프고 또 막막하기만 하던 이야기를 다룬 많이 모자라는 소설명색『길』을 가지고 '문학프로'로 찍어보겠다는 어떤 방송국 사람들과 함께였는데, 얼라? 아무 잡된 것이 섞여있지 아니하고 아주 조촐하며 깨끗하던 한 어린 넋한테 가없는 슬픔과 그리움을 안겨주던 신작로가 '세멘공구리'로 막 뒤덮여지고 있었습니다. 한겨울에도 미리 맞춰놓지 않으면 방을 잡을 수 없다는 대천해수욕장 갯가에 아그려쥐고 앉아 쓴 화학주나 마시다가 밤차를 탈 수밖에 없었으니, 그 많이 모자라는 장편소설 명색의 마루도리가 신작로였던 것이었습니다. 곽곽한 황토먼지 숨막히는 신작로가 아니라 물방개딱지 같은 쇠달구지들이 끊임없이 오갈

두 찻줄 '세멘 공구리길'로는 아무런 슬픔도 할 수 없고 그리움 또한 할 수 없는 것이었습니다.

* 찰랑한:맑고 밝게 쏟아지는. 가이:개의 본디말로 충청도에서는 지금도 쓰여지고 있음. 퍼들껑:새나 물고기가 날개나 꼬리를 치는 소리를 한번 내는 것. 오려송편:올벼로 빚은 송편. 청실뢰:푸른배. 홍실뢰:누른배. 올게심니:그 해의 농사에서 가장 잘익은 곡식 가운데 벼, 수수, 조 등의 목을 골라 뽑아다가 묶어 기둥과 방문 위나 벽에 걸어놓던 것으로 다음 해 풍년이 든다고 믿었음. 아시:처음. 새. 애벌. 업주가리:사람이 살아갈 수 있는 방법, 곧 생산체계. 고루살이:평등한 삶을 뜻하던 말로, 이것의 이두(吏讀)를 한자로 표기한 것이 '和白'임. 공동체. 고봉떼기:시울 위로 넘치게 담은 밥. 옥밥:쌀밥. 빠꿈살이:소꿉장난. 풍게묻이:무슨 물건을 어떠한 곳에 감춰두고 서로 찾아내던 아이들 장난의 한 가지. 높게더기:산중턱의 평평한 땅. 먼장질:산에 올라 과녁없이 활을 쏴 팔힘을 기르던 것. 꽃트림:백중날 풍물패들이 놀던 것. 그림자놀이:텔레비전프로. 옛살나비:고향. 명치:목숨. 주주물러앉다:섰던 자리에 그냥 주저앉다. 아그데아그데:열매 같은 것이 잇달아 열린 모양. 논두렁콩서리:콩을 통째로 꺾어다 불속에 넣어 익으면 꺼내먹던 것으로, 밭콩보다 논두렁콩이 더 맛있었음. 굴풋한:속이 비어 무엇이 자꾸 먹고 싶은. 헛헛한. 탐방구질.물징구질. 뽀로로:중중걸음으로 재게 움직이는 모양. 호아가다:이리저리 왔다갔다 하며 돌아다니다. 할개눈:눈동자가 비뚤어지게 옆으로 흘겨 보는 눈. 부릅떠빨다:눈을 부릅뜨며 흘기다. 허병저병:허둥지둥. 낯통:명예. 힘부림:권력.

어리꾸지다:어리숭하여 갈피를 잡을 수 없다.　선기:단기. 천지인(天地人) 삼신(三神) 가운데 인신(人神)의 고유한 말이 '선'으로 한자 '仙'이 들어오면서 잊혀진 것이니, 단군이 아니라 선군이고 단기가 아니라 선기가 맞음.　접시불:접시를 등잔 삼아 피우던 불.　정강말:정강이의 힘으로 걷는 말이라는 뜻으로 무엇을 타지 않고 제 발로 걷는 것.　메싸립:연한 싸릿가지와 칡덩굴로 결어 만들었던 신. 불곽:성냥.　찔레꽃머리:초여름 찔레꽃이 필 무렵이면 보릿고개에 가뭄까지 겹쳐서 연중 가장 힘든 때였음.　꼬치미:오뉴월에 돋아나는 산나물.　호요바람:한숨을 지으며 내뿜는 바람.　머리짓다:어떤 일의 처음이나 시작이 되다　애소리:날짐승의 어린 새끼.　묵선보다:먹이 잘 갈렸는지 갈던 면을 살펴보는 것으로 치밀하고 광택이 나야 좋은 먹이라 하였음.　무심필:풀을 먹이지 않고 풀어서 쓸 수 있게 터럭끝을 가지런히 하여 맨 붓.　고갱이:핵심.　짝수:이치.　본:법.　마땅새:결코.　애젖하다:안타깝게 애틋하다.　에짭잘하다:가슴이 미어지도록 안타깝다. 안타까워서 애가 타는 듯하다.　나발:소문.　지나마르나:변함없이 늘.　붓나올:심지.　묵뫼:옛무덤.　돌림:업(業).　살매:운명.　시울나붓이:시울에 겨우 찰 만하게.　살사리꽃:코스모스.　부림짐승:가축.　애장터:어린아이들이 죽으면 단지나 항아리 속에 넣어 외진 산자락에 두던 곳.　감물다:입술에 감아들이어 꼭 물다. 마구라기:벙거지.　가분재기:뜻하지 아니하게 갑자기.　별안간.　체금:풀피리.　온즈믄골잘올:백천만억조.　아그려쥐고:쪼그리고.　구누름:자조적으로 욕을 해대며 중얼거리는 것.　마루도리:집을 지을 때 보에 동자기둥을 앉치고 그 위를 다시 도리로 이어주던 '상량'으로 '주제'라는 왜식 말 대신 써보았음.

사무치게 그리운 당신

혹시 벙어리가 아닌가 하고 걱정들을 하셨으리만큼 나는 남다르게 말이 늦은 편이었다. 설은 나이라고는 하지만 네 살이 되도록 "맘맘" 아니면 "어버버버…" 밖에 할 줄 몰랐다고 하였다.

여름 어느날 해거름녘 모깃불이 매캐한 내를 피워주고 있는 마당의 멍석가에 모여앉은 식구들이 저마다 돌아오지 않는 자식과 돌아오지 않는 언니와 돌아오지 않는 오라버니를 걱정하며 저녁상을 가다리고 있는데, 멍석가를 기어 다니며 흙을 주워먹던 아이가 아이오 고개를 젖히더니,

"아버지!"

그 어린아이는 타는 듯 붉은 노울이 깔려 있는 한밭쪽 허공을 우러르며 두번 더 부르짖더라는 것이다.

"아버지! 아버지!"

그렇게 분명한 발음으로 세 번을 소리쳐 아버지를 부르고 난 아이는 고개를 꺾으며 으앙 하고 울음을 터뜨렸다고 하였다. 어마지두에 두레박을 떨어뜨려 박살을 낸 어머니가 구르듯 뛰어와 나를 안았고, 식구들은 아이가 입을 뗀 것만이 다만 신통해서 저녁을 굶고도 배고픈 줄을 몰랐는

데, 그렇게 한 번 시작된 나의 울음은 그날밤이 다가도록 그칠줄 몰랐다고 하였다.
  6·25가 터지던 달의 끝이나 그 다음달 초쯤이었다고 한다. 그때가 바로 아버지가 운명하시던 순간이었으니 아아. 몸뚱이는 잃어버리고 혼으로나마 그렇게 당신을 대신하여 분단의 역사를 살아가게 될 자식이 있는 집으로 돌아오셨던 아버지인 것이었다.
  언제나 배가 고팠다. 그러나 배고픈 것보다 더욱 견딜 수 없는 것은 외로움이었고, 외로움보다 더더욱 견딜 수 없는 것은 그리움이었으니, 할아버지 앞에 두 무릎을 꿇고 앉아 진서(眞書)를 배우기 비롯한 다섯 살 적부터 뒷산으로 달음박질쳐 올라가게 되는 것은 그러므로 지극히 당연한 일이었다. 낮부엉이가 우는 뒷산 솔수펑을 지나 개개비떼 어지러이 날아오르는 으악새숲을 헤치면 이름모를 옛무덤이 있었고, 뙤똑한 그 무덤가에 쪼그리고 앉으면 저 아래로 허리띠처럼 가느다랗고 길게 이어진 것은, 그리고 신작로였다. 소리쳐 나의 이름을 부르며 아버지가 달음박칠쳐 오실 것만 같았다.
  나에게 있어 아버지는 풀리지 않는 화두와도 같다. 지천명에 이른 나이임에도 불구하고 상기도 나는 아버지로부터 자유롭지 못하니, 업이련가. 서럽고 외로운 중음신(中陰身)이 되어 구만리장천 허공중을 떠돌고 계실 아버지 생각만 하면, 오구구 몸뚱이가 오그라든다.

길 위에서

 나는 그 해의 여름 한철을 길 위에서 보내었다.
 내가 산마다 골마다 빈틈없이 박혀있는 눈부신 금박 단청의 절집을 마다하고 흙바람 부는 길 위에서 보냈던 것은, 그러나, 전혀 나 스스로의 뜻에 의해서가 아니었다. 소설 때문이었다. 그 전 해의 겨울에 난생 처음으로 써보았던 소설이 어떤 종교 전문지에서 모집하는 종교소설 현상모집에 당선되어 그 해 일월 일일자부터 연재가 되기 시작하였는데, 그 일로 말미암아 제적을 당하였던 것이다. 그 소설이 악의적으로 불교계를 비방하고 전체 스님네를 모독했다는 것이었다. 호출장을 받고 가보니 감찰원 당국자는 전체 이백장 가량에서 이제 겨우 서너번 그러니까 도입부 정도가 발표된 내 처녀소설의 군데군데에 붉은 밑줄을 쳐놓고 있었다.
 당국자는 목소리를 높였다.
 "불교계에서는 현하 박정희 대통령 각하의 유신정책에 발맞춰 호국불교로서의 빛나는 전통을 오늘에 되살리고 있으며 국가의 새마을운동에 발맞춰 새절운동을 하고 계신 훌륭한 스님들도 많은데, 어째서 하필이면 방황하는 승려,

타락한 승려를 주인공으로 삼아 불교계를 비방하고 전체 스님네를 모독하느냐?"
나는 말하였다.
"본질적으로 우리 인간은 불완전한 존재 곧 중생이고, 중생들이 온갖 모순과 대립과 갈등 속에 싸우면서 살아가는 이 세계는 그리하여 고해(苦海)고 예토(穢土)인 것이며, 인생이 괴로움의 바다며 세계가 더러운 땅이라는 투철한 현실인식으로부터 출발되는 것이 바로 문학일 것이다. 인생이 즐겁고 세계가 이미 이루어진 정토(淨土) 곧 아름다운 땅인 것이라면, 우리는 굳이 문학이라는 고통스러운 작업을 할 필요가 없을 것이다. 따라서 인생이 왜 괴롭고 세계는 왜 예토인 것인가를 극명하게 밝혀내어 중생들을 깨달음과 정토의 세계로 나아가게 해 주는 것이 바로 문학이고 문학하는 자의 사명일 것이다. 그런 의미에서 종교와 문학은 본질적으로 서로 같다고 본다. 모든 것이 남김없이 이루어진 세상이라면 종교가 무슨 소용이 있고 문학은 또 무슨 필요가 있겠느냐?"
쇠귀에 경을 읽는 것이었지만 나는 식은땀을 흘리며 말하였다.
이제 막 미숙하기 짝이 없는 소설 한 편 썼을 뿐이다. 나는 결코 어떤 특정 집단이나 특정 인물을 비방하거나 모독하고자 소설을 쓴 바 없다. 오직 각성하지 못한 나 자신을 꾸짖고 싶었을 뿐, 어떻게 비방하고 어떻게 또 모독할 수 있으랴. 십년 가까이 밥을 먹여주고 옷을 입혀주고 거기다가 인류가 발견한 최고의 진리를 가르쳐준 내 정신의 근원을. 비난과 비판은 다르다.

어디로 갈까 하고 망설이면서 막막한 심정으로 부산역 대합실에 쭈그리고 앉아 있는데, 누가 어깨를 쳤다. 동업의 객승이었다. 그가 웃으며 손을 내어밀었다.

"김씨, 축하해."

김씨, 김씨라…. 내 속성(俗姓)이 김가였던가? 잠시 망연해 하고 있는데, 그 객승이 말하였다.

"제적됐더군, 제적. 그것도 무승적 제적. 따라서 자네는 이제부터 사문이 아니라 김씨야."

나는 이런저런 증명서 따위를 제출해야 된다는 것이 번거로울 뿐만 아니라 이른바 도를 구하겠다고 나선 자로서 무슨 '쯩'을 갖는다는 것이 우습다는 생각이어서 승적을 취득하지 않고 있었는데, 감찰원 당국에서느 고민 끝에 '승적은 없되 승적이 있는 것으로 간주하여 제적시킨다'는 묘안을 짜낸 것이었다. 이른바 '무승적 제적'이었다.

상기자는 악의적으로 불교계를 비방하고 전체 스님네를 모독한 해종행위자이며 반종행위자이므로 무승적 제적을 시키는 바 상기자에게 일체의 숙식을 제공하지 말 것임은 물론이고 만약 이를 어기는 자는 상기자와 동일한 사로 간주하여 처벌할 것임.

감찰원에서 전국 사암(寺庵)의 주지들 앞으로 보낸 공문서였다. 그때부터 나는 삼일수하(三日樹下)의 나그네로 격렬하게 방황하였는데, 우스운 것은 내가 파계를 함으로써 제적을 당한 것이 아니라 제적을 당함으로써 파계를 하기 시작하였다는 점이다. 하기야 사람사람이 본디부터 가지고 있는 그 마음의 본바탕 자리를 찾지 못한 상태에서 지계(持戒)를 한다는 것은 한갓 잔나비의 흉내에 지나지 않는 것이요, 그 마음의 본바탕 자리를 찾은 상태에서 파계를 한다는 것은 한갓 밥을 먹고 똥을 싸는 일상의 행위에 지나지 않는 것이라고 누가 꾸짖는다면 할 말은 없는 것이기도 하지만.

경상도로도 가고 전라도로도 았으며 강원도로도 가고 또 경기도와 충청도로도 갔지만, 어느 한 군데도 나를 받아주는 곳은 없었다. 나 또한 십여년의 밥그릇이 있었으므로, 감찰원의 공문을 받았다고 해서 문전축객을 하는 곳은 없었지만, 괴로운 일이었다. 큰절로도 가고 암자로도 가고 산 속의 토굴로도 갔다. 비록 드러내 놓고 나가달라고 하는 곳은 없었지만 견딜 수 없는 것이었다. 회의가 왔던 것이다. 내 엉터리의 중노릇과 그리고 무엇보다도 스물아홉 해 동안 살아온 내 인생에 대하여.

삼각산 골짜기에 있는 이른바 보살절에서, 별이 보이지 않는 서울의 밤하늘을 올려다 보던 나는 부처님께 삼배를 드렸다. 순천향병원 영안실에서 사흘간 시다림(尸茶林)을 해주고 받은 만오천원으로 남대문시장에 가서 기성복과 기성화를 사다놓은 날 새벽이었다. 그리고 나는 십여년 전에 새벽 산길을 올라갈 때와 똑같은 조건, 곧 무일푼의 상태로 산을 내려왔다. 1976년 늦가을이었다.

산을 내려온 지 어언 스물세 해가 지나갔다. 열아홉살의 홍안소년은 귀밑머리가 희끗희끗한 쉰세살의 장년이 되었다. 생육하고 번성하는 저자의 율법에 따라 남매를 두었는데, 사내아이의 이름은 미륵이고 계집아이의 이름은 보리라고 부른다.